受益一生的
世界历史故事

■史　言　编著

中国书籍出版社
China Book Press

· 本书编委会名单 ·

张晓华　黄　军　王佳琦
林　菲　汤国明　朱彩茹
肖　潇　王旭丹

前　言

几千年来，人类走过了一条极其不寻常的道路，在这条道路上充满着兴盛与衰微，辉煌与悲怆，和风丽日与腥风血雨；往事如烟，人事更迭……这一切汇成了浩瀚的历史长河，铸成了灿烂的现代人类文明。人类走过的每一步都是那么艰辛，世界发展的每一个阶段都是那么值得回味，值得深思！

世界历史在其发展繁荣的过程中，既有繁荣辉煌，又有曲折艰难，但却一直步履坚定地向前迈进。当永恒的金字塔筑起人类文明的第一块基石，蔚蓝而又浪漫的爱琴海孕育了古希腊的兴盛，许多古老而曾经辉煌的文明却渐次失落，人们只能在遗迹上凭吊神秘的赫梯、亚述、腓尼基、安息、玛雅、印加……随着哥伦布撩开美洲大陆的神秘面纱，一个崭新的世界开始展现在人们的面前；当瓦特的一声汽笛吹响了欧洲工业文明的序曲，资本与殖民的高歌猛进则预言了东西方急速失衡的降临。而信息革命的兴起，使东西方突破了地域的限制，人类得以在无限广阔的领域中共享信息，世界成了一个"地球村"……

中国人素来重视学习历史。从世界历史的兴衰演变中体会生存智慧，从叱咤风云的历史人物中感悟人生真谛，小而言之个人是修身齐家的需要；大而言之国家是立于不败的前提。处在当今信息化时代的中国，不仅要从自己的历史，更要从世界历史的发展中汲取营养。

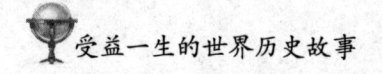

哲人培根说过:"读史使人睿智"。是的,历史蕴含着经验与真知。学习历史,不仅是为了掌握关于过去的一门学问,更不是只为获得展示儒雅、炫耀渊博的一种资本,了解昨天,更重要的是为了把握今天,创造明天,是为了充实自己的头脑,汲取宝贵的人生启迪。

为了适合学生阅读,本书汲取以前世界史作品的成功与合理之处,在内容上注重简洁性和通俗性的统一。力求将世界历史的丰富与精彩更直观、更真实、多层面地表现出来,希望对广大青少年学生有所帮助。

目 录

古代文明／1

古埃及王国的统一…………………………………… 2
胡夫金字塔…………………………………………… 4
《汉谟拉比法典》…………………………………… 5
史诗《吉尔伽美什》………………………………… 7
犹太王大卫…………………………………………… 9
荷马和《荷马史诗》………………………………… 11
军事强国亚述………………………………………… 13
巴比伦之囚…………………………………………… 15
古巴比伦城和空中花园……………………………… 18
居鲁士大帝…………………………………………… 19
大流士一世改革……………………………………… 22
雅典的民主…………………………………………… 24
苏格拉底之死………………………………………… 26

争战中的帝国／29

罗马军团……………………………………………… 30
马其顿的年轻统帅…………………………………… 32
征服波斯……………………………………………… 34
亚历山大之死………………………………………… 37
孔雀王朝的阿育王…………………………………… 39

斯巴达克起义 ……………………………… 41
恺撒大帝 …………………………………… 43
埃及艳后克里奥帕特拉 …………………… 46
火山灰下的庞贝城 ………………………… 48
君主制的开创 ……………………………… 50
君士坦丁大帝 ……………………………… 52
民族大迁徙 ………………………………… 54
西罗马帝国覆灭 …………………………… 57

中世纪／59

法兰克国王克洛维 ………………………… 60
拜占庭的扩张 ……………………………… 61
日本大化革新 ……………………………… 64
查理大帝 …………………………………… 66
美洲玛雅文化 ……………………………… 68
卡诺莎之行 ………………………………… 70
奥斯曼土耳其的崛起 ……………………… 72
君士坦丁堡的陷落 ………………………… 74
俄罗斯的崛起 ……………………………… 76
黑死病肆虐欧洲 …………………………… 78
英法百年战争 ……………………………… 80

文艺复兴时期／83

哥伦布发现新大陆 ………………………… 84
麦哲伦环球航行 …………………………… 85
殖民掠夺 …………………………………… 87
大诗人但丁 ………………………………… 90
文艺复兴时期的美术三杰 ………………… 92
圣彼得大教堂 ……………………………… 94
丰臣秀吉 …………………………………… 96
德川幕府 …………………………………… 99
哥白尼与《天体运行论》 ………………… 101

乌托邦	103
塞万提斯	106
鲜花广场上的火刑	108
东印度公司	110

资产阶级革命 / 113

查理一世被押上断头台	114
克伦威尔	116
英荷战争	118
"太阳王"路易十四	120
彼得大帝改革	122
英法七年战争	124
叶卡捷琳娜二世	126
普加乔夫起义	128
俄、普、奥瓜分波兰	130
俄土战争	133
富兰克林	135
克劳塞维茨和《战争论》	136
莱克星顿枪声	139
美国《独立宣言》	141
美开国总统华盛顿	143
攻占巴士底狱	145
法国的《人权宣言》	147
战神拿破仑	149
拿破仑兵败莫斯科	151
第一个黑人共和国海地	153

工业革命带来的变革 / 155

瓦特改良蒸汽机	156
英国宪章运动	158
席卷欧洲的革命	160
革命诗人裴多菲	163
《共产党宣言》	165

第一国际的建立	167
埃及抗英斗争	169
印度反英大起义	172
苏伊士运河	174
俄国1861年改革	176
美国南北战争	178
日本倒幕运动	180
铁血宰相俾斯麦	182
普法战争	184
巴黎公社	186
亚当·斯密著《国富论》	189
达尔文环球考察	191
巴斯德发现病菌	193
诺贝尔与诺贝尔奖	195
发明大王爱迪生	197
五一国际劳动节	199
三国同盟	202
瓜分非洲的柏林会议	204
东学党起义	206
巴拿马运河	209
美西战争	211
日俄战争	213

"一战"到"二战" / 215

三国协约	216
大棒政策与金元外交	218
萨拉热窝事件	220
施蒂芬计划	223
凡尔登"绞肉机"	225
"阿芙乐尔号"的炮声	227
俄国二月革命	229
车厢里的停战协定	230
巴黎和会	233

目录

土耳其之父 …………………………………… 235
非暴力不合作运动 …………………………… 237
华盛顿会议 …………………………………… 240
新经济政策与苏联成立 ……………………… 242
啤酒馆暴动 …………………………………… 244
《非战公约》 ………………………………… 246
罗斯福新政 …………………………………… 248
纳粹党上台 …………………………………… 250
道威斯计划 …………………………………… 253
苏联的建设与宪法的确立 …………………… 254
马德里保卫战 ………………………………… 256
轴心国的形成 ………………………………… 259
慕尼黑阴谋 …………………………………… 261
闪击波兰 ……………………………………… 263
法国沦陷 ……………………………………… 265
不列颠之战 …………………………………… 267
偷袭珍珠港 …………………………………… 269
世界反法西斯同盟建立 ……………………… 272
斯大林格勒保卫战 …………………………… 273
中途岛海战 …………………………………… 276
击溃"沙漠之狐" …………………………… 278
围歼山本五十六 ……………………………… 280
德黑兰会议 …………………………………… 282
诺曼底登陆 …………………………………… 285
雅尔塔会议 …………………………………… 287
墨索里尼的末日 ……………………………… 289
攻克柏林 ……………………………………… 292
第一颗原子弹 ………………………………… 294
日本投降 ……………………………………… 296
正义的审判 …………………………………… 298
联合国建立 …………………………………… 301

5

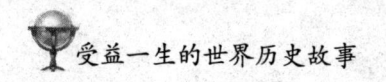

冷战时期 / 303

丘吉尔的"铁幕"演说 …………………………… 304
柏林危机 …………………………………………… 306
华沙条约 …………………………………………… 308
欧洲共同体 ………………………………………… 310
日内瓦会议 ………………………………………… 312
万隆会议 …………………………………………… 313
古巴猪湾事件 ……………………………………… 315
古巴导弹危机 ……………………………………… 317
越南战争 …………………………………………… 319
纳赛尔之死 ………………………………………… 321
苏联入侵阿富汗 …………………………………… 323
英阿马岛之战 ……………………………………… 325
海湾战争 …………………………………………… 328

世界新格局 / 331

东欧剧变 …………………………………………… 332
苏联解体 …………………………………………… 334
科索沃战争 ………………………………………… 337
美国"9·11"事件 ………………………………… 339

古代文明

人类在长期的生产和生活实践中，不仅创造了物质财富，而且创造了文学、天文、地理、医药、艺术、宗教等原始的精神文明，这些都是群星璀璨的早期文明的主要内容。从人类发展的轨迹看，在原始社会之后的最初的阶级社会中，文明古国是人类最早的初始文明的源头，它们分别是尼罗河畔的古埃及、两河流域的西亚古国、印度河流域的古印度以及古中国、古希腊、古罗马。这时候，人类社会进入了早期文明的繁荣时代。

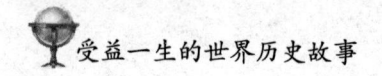

古埃及王国的统一

古希腊著名的历史学家希罗多德曾说："埃及是尼罗河的礼物。"事实也证明，没有尼罗河，就没有古埃及的辉煌文明。

尼罗河全长6600千米，是世界第一长河，发源于非洲中部的高原，从南向北，流入地中海。它流经埃及的那一段只占全长的1/6。

一般来说，河水泛滥不是件好事，但对于古埃及人来说，这却是尼罗河赐给他们的礼物。每年的7月，尼罗河的发源地就进入了雨季，暴雨使尼罗河的水位大涨。7月中旬的时候，水势最大，洪水漫过河堤，淹没了尼罗河两岸的的沙漠。11月底，洪水渐渐退去，给两岸的土地留下厚厚的肥沃的黑色淤泥，聪明的古埃及人就在这层淤泥上种植庄稼。虽然埃及大部分土地都是沙漠，干旱少雨，但是由于古埃及人靠着尼罗河，根本不用为农业灌溉发愁，所以古埃及人称尼罗河为"母亲河"，尼罗河两岸也成了古代著名的粮仓。

南部尼罗河上游的谷地一带的王国叫作上埃及王国，国徽是白色的百合花，保护神是鹰神，国王戴白色的王冠，由22个城邦组成。北部尼罗河下游三角洲一带的王国叫下埃及王国，国徽是蜜蜂，保护神是蛇神，国王戴红色的王冠，由20个城邦组成。

两个王国为了争霸、统一，经常发生战争。大约在公元前3100年，上埃及在国王美尼斯的统治下，逐渐强大起来。美尼斯亲率大军，征讨下埃及，下埃及迎战，两军在尼罗河三角洲展开激战。美

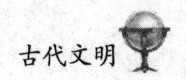

尼斯率领军队与下埃及的军队厮杀了三天三夜，终于取得了胜利。下埃及国王和一群俘虏跪在美尼斯面前，双手捧着红色的王冠，毕恭毕敬地献给美尼斯，表示臣服。美尼斯接过王冠，戴在头上，上埃及的军队举起兵器，齐声呐喊，庆祝胜利。从此，埃及成为统一的国家。

为了纪念这次胜利，并加强对下埃及的控制，美尼斯就在决战胜利的地点修建了一座城市——白城，希腊人称之为孟斐斯，遗址在今埃及首都开罗附近。美尼斯还派奴隶在白城周围修建了一条堤坝以防止尼罗河泛滥时将城市淹没。埃及统一后，下埃及人从未停止过反抗，直到400年后，统一大业才真正完成。

美尼斯是古埃及第一位国王，他自称"两国的统治者"、"上下埃及之王"，有时候戴白冠，有时候戴红冠，有时候两冠合戴，象征着上下埃及的统一。在埃及史上，美尼斯统治的王国被称为"第一王朝"，是古埃及文明兴起的标志。现在，开罗的埃及博物馆里有一块《纳美尔（美尼斯的王衔名）记功石板》，用浮雕记录了美尼斯征服下埃及、建立统一王国的丰功伟绩，这是目前为止埃及发现的最古老的石刻历史记录。因为古埃及的国王被称为法老（原意为宫殿，相当于称呼中国皇帝的"陛下"），所以此后长达3000年的时间被称为法老时代。第三代国王阿哈首次采用王冠、王衔双重体制，就是王冠为红白双冠，王衔是树、蜂双标，分别代表上下埃及，并定都于孟斐斯。从公元前3100年美尼斯统一埃及到公元前332年埃及被亚历山大征服，法老时代的埃及一共经历了31个王朝。

古埃及人拥有辉煌的古代文明。他们创造了象形文字，在天文学、几何学、解剖学、建筑学、历法方面也有很高的成就，对西亚、希腊和欧洲有很大的影响，为人类文明做出了不可磨灭的巨大贡献。在美尼斯之后的2000年里，埃及无论从财富还是从文化角度，都是当时世界上最先进的国家。

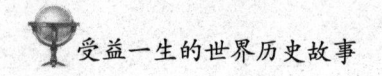

胡夫金字塔

埃及有句谚语说：人类惧怕时间，而时间惧怕金字塔。单从字面意义上看，金字塔让我们感到震惊，它的古老似乎已经无法用时间的长短来衡量；再从它的内涵看，它已经成为埃及文明的象征，是人类文明的绝唱，这无疑是时间赋予金字塔的辉煌。可是如果时光倒转到4000多年以前，金字塔不过是埃及国王的坟墓而已。

金字塔，在阿拉伯语中意为"方锥体"，是一种方底、尖顶的石砌建筑物，因为它规模宏大，从四面看都呈等腰三角形，很像汉语中的"金"字，所以，中文形象地把它译为"金字塔"。迄今发现的埃及金字塔共约80座，其中最大的胡夫大金字塔，被称为古代世界七大奇迹之首。

胡夫金字塔，位于埃及首都开罗西南约10千米的吉萨高地，它是世界上规模最为宏大，也是较为古老的金字塔，始建于埃及第四王朝第二个法老胡夫统治时期，被认为是胡夫为自己建造的陵墓。根据古埃及宗教理论：人死之后灵魂可以继续存在，只要保护好尸体，3000年以后就会在极乐世界复活并从此获得永生。因此，古埃及的每位法老从登基之日起，便着手为自己修建陵墓，以求死后超度为神。胡夫统治时期正逢古埃及盛世，因此其陵墓规模也空前绝后。

胡夫金字塔原高146.5米，后因顶端受到风雨侵蚀，现在的高度仅为136.5米，大致相当于40层楼房那么高。在1889年法国巴黎的艾菲尔铁塔建成以前，几千年来它一直是世界上最高的建筑。胡夫金字塔通身由近230万块巨石砌成，每块石头重约1.5～160吨，

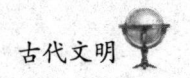

石块的接合面经过认真打磨，表面光滑，角度异常准确，以至于石块间都不用任何黏合物，全部自然拼接，在没有被风蚀、破坏的地方，石缝中连薄薄的刀片也难以插入，可以想见其工艺的精湛。

胡夫金字塔、哈佛拉金字塔和孟卡拉金字塔在吉萨高地一字排开，组成灰黄色的金字塔群。在哈佛拉金字塔旁边有一座高约20米、长约46米的气势磅礴的狮身人面像，它由来于设计师的灵感。

公元前2500年左右的某天，工匠们正在吉萨高地忙着修建金字塔时，法老哈佛拉前来巡视。一切似乎都很满意，正当法老要转身离开的时候，他看到了一座光秃秃的小山。自己的陵墓旁边竟然有这么一个倒胃口的东西，他很不高兴。建筑师慌忙向他解释：这座小山包的石头里含有贝壳之类的杂质，无法使用，因此放弃了对它的开采。但是，法老不想听这样的解释，他要的是一座完美的、和周围景物协调的金字塔。于是，设计师们开始了苦思冥想——埃及古代神话给了他们灵感。他们把小山包设计成哈佛拉的头像和狮子的身躯，既体现了法老的威严，又显示了狮子的勇猛，法老哈佛拉看后赞不绝口。

《汉谟拉比法典》

古巴比伦王国是继阿卡德王国之后两河流域出现的又一个强大的奴隶制国家，第六代国王汉谟拉比在位（公元前1792年～前1750年）时，古巴比伦王国到达极盛，他自称"宇宙四方之王"。

汉谟拉比每天在宫殿里要处理大量的申诉案件。由于古巴比伦王国地域广大，人口众多，所以案件堆积如山，汉谟拉比焦头烂额也应付不过来。他就把过去苏美尔人和周边其他一些国家、民族的法律收集起来，经过修改，再加上当时古巴比伦人一些约定俗成的习惯，编成了一部法典。汉谟拉比命令石匠把这部法典刻在石柱上，竖在首都巴比伦城的马尔都克大神殿里，让臣民们观看。这个石柱高2.25米，上部有一块浮雕，雕着两个人。坐着的是太阳神沙马什，站着的是汉谟拉比。他正在从太阳神手中接过象征着权力的权杖，表示自己的权力是太阳神授予的，人民必须服从他的命令，否则将受到神的惩罚。浮雕下面用巴比伦楔形文字密密麻麻地刻满了法律，一共282条，分51栏4000行，大约有8000多字。汉谟拉比在法典的序言中写道："安努与恩里尔（古巴比伦的神）为人类造福，命令我，荣耀而敬神的国王，汉谟拉比，弘扬正义，消灭邪恶不法之人，恃强而不凌弱，使我如同沙马什一样，统治百姓，光耀大地。"

当时古巴比伦的统治阶级是奴隶主，被统治阶级是自由民和奴隶。法典上的法律条文主要就是处理三者之间的关系的，处理的原则是以牙还牙，以眼还眼。比如两个人打架，如果其中的一人被打瞎了一只眼睛，按照法典的规定，对方的一只眼睛应该被弄瞎。但是，法典对奴隶主、自由民、奴隶有着不同的规定：如果奴隶主把自由民的眼睛弄瞎，那么只要赔偿银子1迈拉（重量单位）就没事了。如果把奴隶的眼睛弄瞎了，则无须任何赔偿。如果奴隶不承认他的主人，而主人拿出这个奴隶属于自己的证明，那么这个奴隶就要处以被割去双耳的刑罚，如果奴隶打了自由民的嘴巴也要割去双耳。自由民医生给奴隶主治病，如果在开刀的时候奴隶主死了，那么医生就要被砍掉双手。

这部法典还体现了一定的公正精神。比如它规定如果有人"打了居高位的人嘴巴"，那么执法者只能给予犯罪人"鞭笞六十"的处罚，而不能按照"居高位的人"的意愿或执法者自己的意愿去随心所欲地处罚。

法典不鼓励告密，其中规定："如果一个自由民控告另一个自

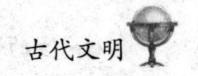

由民杀人，但是经查证是诬告，那诬告者处以死刑。""如果一个法官作出了判决，但后来又更改了判决，那么将被处以原诉讼费12倍的罚金，并撤销其法官的职位。"

史诗《吉尔伽美什》

《吉尔伽美什》是人类历史上第一部史诗，是古代两河流域文学作品的代表作。早在4000多年前就在苏尔美人的口中代代流传，到了古巴比伦王国时期才以文字的形式记载下来。

史诗的主人公吉尔伽美什是乌鲁克城（今伊拉克南部）的一位英雄。他"三分之二是神，三分之一是人"，力大无比，四处闯祸。后来他成为了乌鲁克城的统治者，更加不可一世，荒淫暴虐，人民苦不堪言，纷纷向天神哭诉。于是天神派恩奇下凡，去制服吉尔伽美什。恩奇是一个浑身长毛，生活在草原上整日与野兽为伍的半人半兽的野人。他心地善良，经常帮助野兽逃脱猎人的追捕。后来，他听到吉尔伽美什的事，就来找他决斗。

两人展开了激烈的搏斗，最终不分胜负，惺惺相惜，他们结成了莫逆之交。从此，吉尔伽美什弃恶从善，两人开始携手为乌鲁克的人民造福。他们打死了吃人的狮子，做了很多好事。

乌鲁克四周是一片平原，树木很少，人民建造房屋时缺少木材。吉尔伽美什和恩奇就一起来到森林里为人民伐木。但森林里住着一个叫芬巴巴的妖怪，不让他们砍树。两人与妖怪展开大战，终于将它杀死。在回去的路上，一位女神从天而降，来到吉尔伽美什的面前，说："请过来，做我的丈夫吧，吉尔伽美什！如果你接受了我的爱情，就能享受无尽的荣华富贵。"原来吉尔伽美什斩妖除魔的英雄行为赢得了女神的爱慕。但吉尔伽美什非常讨厌女神，严词拒绝了她的求爱。女神觉得受到了莫大的侮辱，气冲冲地飞回天上，派了一头天牛前去报复吉尔伽美什。

这头天牛庞大无比，非常凶残，能口吐烈火，一下子就能烧死几百人，老百姓深受其害。吉尔伽美什和恩奇非常气愤，拳脚雨点般地打在天牛身上，它很快就奄奄一息了。女神看到后，急忙下凡前来抢救天牛，但为时已晚，天牛已经被两位英雄打死了。

女神见自己的报复计划失败了，坐在乌鲁克的城头痛哭不止，吉尔伽美什和恩奇却哈哈大笑。女神气得浑身发抖，飞回了天上。

回到天上后，女神向神仙们哭诉。女神的父亲天神安努非常生气，决心为女儿报仇。他施展法力，使恩奇得了重病，变得又瞎又聋，还受到噩梦的折磨，没过多久就死了。一直守护在他身旁的吉尔伽美什伤心欲绝，眼泪像瀑布一样流了下来，同时也开始对死亡产生了无限恐惧。

在埋葬了好友之后，吉尔伽美什决心去寻找人类的始祖、大洪水中唯一幸存的人乌特·纳比西丁，向他请教永生的秘密。

人们劝他："你是找不到人类始祖的，还是不要去了。"吉尔伽美什不听，穿越了大沙漠，躲过了大蝎子的攻击。没有路的时候，他就钻进地洞，继续赶路。一天，吉尔伽美什来到大海边，在一位渔夫的帮助下乘船来到了人类始祖的居住地——幸福之岛。

"人为什么要死呢？"吉尔伽美什问人类始祖乌特·纳比西丁。

"孩子，世界上哪有不坏的房屋？哪有永不分离的兄弟？上天规定每个人注定都是要死的。"乌特·纳比西丁回答道。

"那你怎么没有死？"

"当年大洪水暴发前，一个好心大神提醒了我，所以我没有死，后来就成了人类的始祖。"

"那怎样才能永远不死呢？"

"海底有一株青春草,吃了后可以永生。"

吉尔伽美什听了大喜,告别了人类始祖乌特·纳比西丁,跳入海中,采到了青春草。当他正想吃掉时,忽然想起了乌鲁克城中的善良百姓,决定把青春草带回去,让大家都长生不老。

在回去的途中,吉尔伽美什把青春草放在泉水边,自己跳进去洗了个澡。当他爬上岸时,发现青春草不见了。他急忙四处寻找,只见一条老蛇正在吞食青春草,吉尔伽美什急忙跑过去,老蛇却蜕掉了一层皮,精神焕发地逃走了。吉尔伽美什只好垂头丧气地回乌鲁克去了。

《吉尔伽美什》语言优美,情节曲折,生动地反映了当时的人们探索生死奥秘的愿望和希望掌握自己命运的理想,是世界文学宝库中的珍品。

犹太王大卫

4000多年前,一个叫闪族的游牧民族生活在几乎全是沙漠的阿拉伯半岛上,为了生存,他们赶着羊群从一个绿洲走到另一个绿洲。在阿拉伯半岛的北面,两河流域到地中海东岸宛如新月的弧形地区,被称为新月沃地。这里水量丰沛,土地肥沃,草木茂盛,尤其是地中海东岸的巴勒斯坦地区,更是被称为"流着牛奶和蜂蜜的土地"。闪族中一支叫希伯来的部落为了夺取这片土地,和居住在这里的迦南人展开大战,结果被打得大败。

公元前1700年,因遭受严重的旱灾,希伯来人赶着羊群,来到了风调雨顺的埃及,受到统治埃及的喜克索人的优待,居住在尼罗河三角洲一带,变游牧为农耕。

希伯来人在埃及过了几百年的安定生活。不料，生活在尼罗河上游的埃及人打败了喜克索人，将他们全部赶出埃及。"城门失火，殃及池鱼"，希伯来人的地位一落千丈，成为奴隶。公元前1300年，埃及法老拉美西斯二世穷奢极欲，大兴土木，建造富丽堂皇的宫殿，强迫希伯来人从事艰苦的建造和运输工作。几十年后，拉美西斯病死，埃及四周的野蛮人和海盗纷纷入侵，烧杀抢掠，希伯来人在首领摩西率领下，趁机越过红海，逃出埃及。经过辗转迁徙，他们来到巴勒斯坦一带定居下来。

当时巴勒斯坦除了迦南人以外，还有一支从海上迁徙过来的腓力斯人。为了生存，希伯来人同这两个民族展开了激烈的战斗。

公元前1000年的一天，希伯来人在国王扫罗（出身以色列部落）的率领下，在一个山谷和腓力斯人对峙。这时，从腓力斯军营中走出来一个叫哥利亚的壮汉。只见他身材高大，虎背熊腰，身披铠甲，手握长矛。他走到希伯来人的军营前，用长矛指着希伯来人说："来啊，希伯来人！来和我决一死战！如果你们打败了我，我们腓力斯人就全当你们的奴隶。如果我打败了你们，你们就必须成为我们的奴隶！"希伯来人见哥利亚身材高大，都非常害怕，没有一个人敢前去迎战，连希伯来人的首领扫罗也面带惧色。一连几天，哥利亚都在希伯来人的军营前叫阵，腓力斯人也呐喊助威，大骂不敢迎战的希伯来人是胆小鬼。希伯来人又羞又怒，但始终没有一个人敢去迎战。

这时一个叫大卫的牧童来给在军营的3个哥哥送饭。他听到哥利亚的叫骂声后，问哥哥是怎么回事。大卫听完哥哥的讲述，非常生气，说："有什么好怕的？！让我去迎战，杀死那个狂妄的大块头，煞煞腓力斯人的威风！"

国王扫罗对他说："你还是个小孩子，而哥利亚是个大力士，你根本打不过他！"大卫轻蔑地说："没什么好怕的！我放羊的时候，一只狮子来吃我的羊，结果被我赤手空拳打死。难道哥利亚比

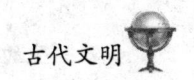

狮子还厉害吗？"扫罗听了非常吃惊，同意他明天迎战哥利亚。

第二天早晨，大卫去小溪边捡了5块鹅卵石，拿着他的牧羊杖和甩石鞭，走到在希伯拉军营前叫阵的哥利亚面前。哥利亚见希伯来人派了一个牧童来迎战，不禁哈哈大笑，对大卫说："你们希伯来人都死绝了吗？怎么派了一个牧童来迎战？你要是不想死的话，还是回去放羊吧！"其他的腓力斯人也哈哈大笑起来。大卫平静地说："你攻击我，用的是长矛；而我攻击你，靠的是上帝。"

哥利亚大喝一声，舞动长矛，冲向大卫。大卫不慌不忙，掏出一块鹅卵石，放在甩石鞭上，然后奋力一甩。"嗖"的一声，鹅卵石像流星一样飞出，正中哥利亚的额头。哥利亚顿时血流如注，惨叫一声，倒地而亡。腓力斯人大吃一惊，希伯来人趁机杀出，大获全胜。

后来扫罗不幸战死，希伯来长老们经过商议，推举出身犹太部落的大卫为以色列犹太国王。

大卫登基后，率领军队从石头做的下水道中出其不意地攻占了迦南人的一个叫耶布斯的城市，并改名为"耶路撒冷"（意为大卫城或和平之城），作为以色列犹太王国的首都。

大卫在位约40年，打败了周围很多民族。当时，犹太王国国土空前辽阔，盛极一时。

荷马和《荷马史诗》

荷马是西方古代最伟大的史诗作家，他创作了欧洲历史上最早的文学作品《荷马史诗》。大约公元前9～前8世纪，荷马出生在古希腊爱奥尼亚。他自幼双目失明,但听觉异常灵敏,且有一副好嗓子。8岁时,出于爱好也是为了谋生,他跟从当地著名的一名流浪歌手学艺。经过多年的勤学苦练,荷马成了一名十分出色的盲人歌手。

老师去世后,荷马背着老师留下的七弦竖琴独自一人到各地卖艺。他四处漂泊,几乎踏遍了希腊的每一寸土地。每到一处,他一边弹琴,一边给人们吟唱自己创作的史诗。他的诗在七弦竖琴的伴奏下,美妙动听,情节精彩,很受人们的欢迎。几年下来,荷马成了一个家喻户晓的人物。其他歌手见荷马的史诗那么受欢迎,也争相传唱。这样,荷马的史诗便在民间广泛流传开来。到公元前6世纪中叶,雅典城邦的统治者组织学者把口头流传的荷马史诗整理成文字,就是现在人们读到的《荷马史诗》。

《荷马史诗》包括《伊利亚特》和《奥德赛》两部分,共48卷。《伊利亚特》共24卷,15693行,以特洛伊战争为题材,反映了希腊氏族社会转折时期的社会生活图景。特洛伊是小亚细亚西北部的古城,地处海运交通要冲,相当富庶繁荣。传说那里国王的儿子伊罗斯建造了一座坚固的城堡,因此特洛伊又名伊利昂,意思是"伊罗斯的城堡"。而《伊利亚特》的名称就由此而来,意思是"伊利昂之歌",它讲述的是希腊人对特洛伊的远征中的一场最重要的战役。希腊联军统帅阿伽门农抢了阿波罗神庙祭司的女儿,阿波罗为此用神箭射死了很多希腊人,并把瘟疫降临到了希腊军营。勇猛善战的希腊英雄阿基里斯坚决要求阿伽门农释放祭司的女儿,后来遭到了阿伽门农的羞辱。大怒之下,阿基里斯拒绝出战,希腊人因此屡战屡败。这给了特洛伊人喘息的机会,他们的统帅赫克托尔大举反攻,把希腊人打到了海边,并要乘势烧毁希腊人的舰船。危急时刻,帕特洛克罗斯借用阿基里斯的盔甲和盾牌扰乱了特洛伊人的斗志,并击溃了他们的进攻。但就在反攻到特洛伊城门的时候,赫克托尔杀死了帕特洛克罗斯,并夺走了盔甲和盾牌。亲密战友的死让阿基里斯非常悔恨,他重新上阵,杀死了赫克托尔,为帕

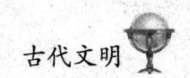

特洛克罗斯举行了隆重的葬礼。

《奥德赛》共24卷，12110行，描写的是特洛伊战争结束后，希腊英雄、伊大卡国的奥德赛国王返回故乡和复仇的经历。战争结束后，奥德赛和他的同伴因为遇到风暴而开始了在海上的10年漂流生活，他们先后遇到了食枣人、吃人的独眼巨人、风神和仙女吕普索等人，并被吕普索强留了7年。后来，在大海女神的帮助下，他们漂到了法雅西亚国王的岛上，法雅西亚国王最后帮助他们返回了家乡伊大卡岛。在奥德赛漂流的最后3年中，有100多人聚集在他的家中，向她美丽的妻子珀涅罗珀求婚，但遭到拒绝。这些人终日在王宫宴饮作乐，挥霍奥德赛的财产。奥德赛回到伊大卡岛后，先和儿子见了面，然后化装成乞丐进了自己的王宫，借机逐个杀死了向他妻子求婚的人，夺回了自己的财产，最后与珀涅罗珀团聚，重登伊大卡国的王位。

《荷马史诗》规模宏大，构思巧妙，结构严谨，语言生动形象，所写人物栩栩如生，具有极高的文学价值。

军事强国亚述

亚述人是居住在两河流域北部（今伊拉克摩苏尔地区）的一个由胡里特人和塞姆人融合而成的民族，他们长脸钩鼻、黑头发、毛发较多、皮肤黝黑。

亚述人的四周都是强大先进的民族，屡屡遭到他们侵略和压迫，曾先后被苏美尔人、赫梯人统治。为了生存，亚述人形成了强悍好斗的习性。亚述人的居住地有丰富的铁矿，他们在掌握炼铁技术后学会了铸造铁兵器，武器装备比周边其他民族的装备要精良得

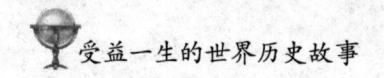

多。苏美尔人、赫梯人衰落后,亚述人乘势而起,开始四出征伐。

公元前8世纪时,亚述人建立了强大的军队,军队分为车兵、骑兵、重装步兵、轻装步兵、工兵、辎重兵等。亚述军队装备精良、训练有素,在与周边的民族作战时,他们将各兵种进行编组,互相配合,发挥最大优势,战斗力倍增。如果在行军中遇到河流,亚述人就把充气皮囊连在一起,铺在河面上,一直铺到对岸,在上面再铺上树枝,很快就建成了一座浮桥,使军队可以迅速通过。在攻城时,面对高大的城墙,当时很多民族都望而兴叹,束手无策,但亚述人拥有先进的攻城槌,可以将敌人的城墙撞塌,还有可以投掷巨石和燃烧的油桶的投石机。

凭借强悍的士兵和精良的装备,亚述人征服了大片的领土。公元前732年,亚述人又南下击败叙利亚人,包围了叙利亚的首都大马士革。他们将俘虏的叙利亚将军绑在木桩上,打得皮开肉绽,血肉模糊,然后带到大马士革城外,企图吓倒叙利亚人。但叙利亚人凭借高大坚固的城墙拼命抵抗,誓死不降。

亚述王发怒了,大喝一声:"把投石机推上来!"士兵们将数十辆投石机推到大马士革城下,然后将巨石和点燃的油桶放在投石机上。投石机上有特制的转盘,士兵们转动转盘,绞动用马鬃和橡树皮编成的绳索。转盘飞快地旋转,士兵们猛一松手,绳索一下子放开,巨石和燃烧的油桶呼啸着飞向大马士革的城墙。"轰!轰!"巨石打在城墙上,尘土飞扬,顿时出现了几个大洞。油桶飞到城内,引燃了很多房屋,引起一片恐慌。

看着千疮百孔的城墙,亚述王得意地哈哈大笑。"把投石机推下去,换攻城槌!"亚述王又下了一道命令。士兵们迅速将投石机撤下,又把攻城槌推了上来。攻城槌是一辆大车,大车上有高大的架子,用铁链悬挂着一根巨大的原木,原木的一端是尖锐的铜头,另一端是一根又粗又韧的皮带。亚述人推着攻城槌来到大马士革城下,叙利亚士兵慌忙向下发射带火的箭,"嗖!嗖!嗖!"火箭像

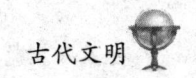

雨点一样射向亚述人和攻城槌。亚述人举起盾牌,挡住了火箭。弓箭手们弯弓搭箭,向城上射去,许多叙利亚士兵中箭坠城,剩下的人纷纷躲到城墙后面。亚述人扑灭了射在攻城槌上的火箭,拉动皮带,然后猛地放手。攻城槌带着巨大的冲击力撞向已经千疮百孔的城墙,"轰隆!轰隆!"眼看城墙就要倒塌了。叙利亚人心急如焚,他们垂下一个大钩子,企图将攻城槌钩翻。亚述人见状,蜂拥而上,抓住大钩子,用力向下拉,城墙上的叙利亚人惨叫着摔下城墙。几十个攻城槌一起撞击城墙,巨大的声音好像天上的雷声。不一会儿,大马士革的城墙坍塌了。

"冲啊!"亚述王大喊。身穿铠甲,头戴铁盔,手拿盾牌和利剑的亚述士兵咆哮着,呐喊着,像洪水一样从城墙的缺口处冲入城内。叙利亚人仍不投降,他们与亚述人进行了激烈巷战,终因寡不敌众而失败。亚述人把俘虏的成年叙利亚男子集中起来,敲碎他们的头颅,割断他们的喉咙,抢走他们的财产和妻女,焚烧他们的房屋。

经过几代人的征战杀伐,亚述帝国的疆域东达波斯湾,南到尼罗河,西抵地中海,北至高加索山,成为一个疆域辽阔的大帝国。由于亚述人的统治极其残暴,激起了被征服的各民族的强烈反抗。公元前612年,米底和巴比伦联军攻陷了亚述首都尼尼微,最后一个亚述王自焚而死,亚述帝国灭亡。

巴比伦之囚

公元前10世纪,以色列犹太国王所罗门死后,他的儿子罗波安即位。由于罗波安平庸无能,导致国家一分为二:北部为以色列王

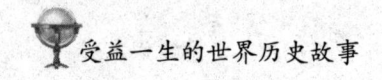

国,首都撒玛利亚;南部为犹太王国,首都仍在耶路撒冷。

公元前722年,亚述帝国国王萨尔贡二世率军进攻以色列王国,攻陷了撒玛利亚后将它夷为平地,掳走了包括以色列王和很多贵族在内的2.7万多以色列人,将他们流放到很远的地方,并把其他民族迁移到这里。存在了200年左右的以色列王国从此灭亡。

以色列王国的灭亡,令犹太王国大为惊恐。为了免遭覆辙,犹太王用低三下四的语气写了一封信,派使者送给亚述帝国国王萨尔贡二世,同时奉上24吨黄金。萨尔贡二世龙颜大悦,决定不再征讨犹太王国,犹太王国的君臣这才松了一口气,从此犹太王国成为亚述帝国的一个附庸国。由于此时希伯来人只剩下一个犹太王国了,所以希伯来人从此也叫犹太人。

后来新巴比伦王国兴起,灭亡了亚述,犹太王国又成了新巴比伦王国的附庸。为了称霸西亚,新巴比伦与埃及展开了长期的激烈的争霸战争。公元前601年,新巴比伦王尼布甲尼撒二世率军与埃及人大战,双方都损失惨重,新巴比伦军队被迫撤回巴比伦。一直臣服于新巴比伦的犹太国王约雅敬见风使舵,趁机脱离新巴比伦,归顺了埃及。

尼布甲尼撒二世得知这个消息后大为震怒,咬牙切齿地发誓说要踏平耶路撒冷。公元前589年,犹太国王约雅敬病死,他的儿子约雅斤即位。尼布甲尼撒二世认为进攻犹太王国的时机已到,亲率大军围攻耶路撒冷。经过两个多月围困,在犹太人内部的亲巴比伦势力强烈要求下,犹太国王约雅斤率领大臣出城投降。尼布甲尼撒二世废黜了约雅斤,封约雅斤的叔叔西底家为犹太王,西底家宣誓效忠新巴比伦王国。随后,尼布甲尼撒二世下令将大部分犹太王室成员和能工巧匠押往新巴比伦的首都巴比伦,并对耶路撒冷的犹太教神庙大肆抢劫。

公元前588年,埃及向新巴比伦发动了大举进攻。犹太国王西底家认为摆脱新巴比伦的时机已到,起来响应埃及人。犹太先知耶利米和亲巴比伦大臣极力反对，但西底家根本听不进去。不久，尼布甲尼撒二世率军击败埃及人，再次围攻耶路撒冷。这次围攻长达18个月，城内缺衣少食，疾病流行，再加上内部分裂，公元前586年，耶路撒冷再次陷落。

尼布甲尼撒二世非常痛恨犹太王国的一再反叛，在犹太国王西底家的面前令人杀死了他的几个儿子，又刺瞎了他的双眼，用铜链锁着西底家押到巴比伦游街示众。尼布甲尼撒二世下令将耶路撒冷所有的贵族、祭司、商人、工匠、贫民一律押到巴比伦，史称"巴比伦之囚"。耶路撒冷四面城墙被巴比伦人推倒，犹太人的宫殿、神庙和民宅被焚烧，全城被洗劫一空，最后被夷为平地，犹太王国灭亡。

沦为囚徒的犹太人在巴比伦被迫终日从事繁重的体力劳动，过着暗无天日的生活。直到尼布甲尼撒二世去世，他们才结束了苦难，重获自由，但仍然不许回耶路撒冷。当时巴比伦是一个国际化的大都市，犹太人聪明勤劳，很多人通过经商、放高利贷，成为富人。他们住在犹太社区里，很多犹太的文化习俗都得以保留。虽然犹太人在这里生活不错，但他们心怀故国，思乡之情越来越重，他们坚信，苦难的日子很快就会过去，他们一定会重返故土，复兴犹太王国。

不久，波斯帝国崛起，灭亡了新巴比伦王国。为了以耶路撒冷为跳板，进攻埃及，波斯王居鲁士允许犹太人返回家园，重建耶路撒冷，还把尼布甲尼撒二世从耶路撒冷耶和华圣殿里掠夺来的5400件金银器皿交给犹太人带回。犹太人欣喜若狂，他们在《圣经》中称居鲁士为"上帝的工具"，上帝保佑他"使各国臣服在他面前"。巴比伦的4万多犹太人组成了一支浩浩荡荡的队伍，开始踏上返乡之路。这些在异国他乡受尽苦难的犹太人跋山涉水，终于望见了旧都耶路撒冷的废墟。他们激动万分，长跪不起，号啕大哭，仰头向天，展开双臂高声感谢拯救了他们的上帝耶和华，欢呼"巴比伦之囚"的时代终于过去。

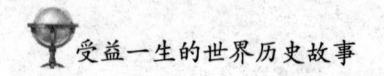

古巴比伦城和空中花园

巴比伦城,曾是两河文明的象征,也是两河文明的发源地。城中的空中花园,更是令人叹为观止。

巴比伦城位于美索不达米亚平原中部,依幼发拉底河而建,在今天的伊拉克首都巴格达以南约90千米的地方。始建于公元前3000年,是古巴比伦王国的政治、经济中心,也是当时的军事要塞。幼发拉底河穿城而过,为城市居民提供了水源和天然的城防屏障。

古巴比伦城总体呈正方形,边长达4千米,该城有一条长达18千米、高约3米的城墙。城墙之间由沟堑相接,并设置300余座塔楼(每隔44米就有一座)以增强防御效果。古巴比伦的城墙还有一个鲜明的特色,它分为内外两重。其中外城墙又分为三重,厚度不均,大约在3.3至7.8米之间,上面建有类似中国长城垛口的战垛,以方便隐蔽射箭。内城墙分为两层,两层中间设有壕沟。巴比伦城也有护城河,是在内、外城之间,河面最宽处达80米,最窄的地方也不下20米。一旦被敌人攻破外城墙,进入两城墙的中间地带,可以决开幼发拉底河的一处堤坝,放水淹没这一地带,让敌人成为名副其实的"城"中之鳖,真可谓固若金汤。

古巴比伦还有著名的伊什塔尔门和"圣道"。伊什塔尔门是该城的北门,以掌管战争的女神伊什塔尔的名字命名。其门框、横梁和门板都是纯铜浇铸而成,是货真价实的铜墙铁壁。这座城门高可达12米,门墙和塔楼上嵌有色彩艳丽的琉璃瓦。整座城门显得雄伟、端庄,而且华丽、辉煌。从伊什塔尔门进去,便是贯穿南北的中央大道——圣道。由于它是供宗教游行专用的，故而得名。整条圣道由一米见方的石板铺砌而成，中央部分为白色和玫瑰色相间排布而成，两侧为红色，石板上刻有宗教铭文。圣道两旁的墙壁上饰有白色、黄色的狮子像。

巴比伦城中最杰出的建筑还当属空中花园，古希腊人称之为世界七大奇观之一。关于花园的修建还有一段动人的故事。

相传，公元前6世纪前期，古巴比伦国王尼布甲尼撒二世在位之初娶了米底公主赛米拉斯。由于两国是世交，二人的婚姻是双方的父亲定下的，在今天看来，有包办之嫌。尽管如此，新娘赛米拉斯对尼布甲尼撒印象也不错，只是巴比伦这个鬼地方令她生厌，因为美索不达米亚平原黄土遍地、沙尘满天，有时天气还酷热难耐。而在她的家乡，却是山清水秀，鸟语花香，还拥有郁郁葱葱的森林，且气候宜人。久而久之，王后思乡成病，终日愁苦，一度饮食俱废，花容月貌的王后很快憔悴不堪。为治愈王后的这块"心病"，尼布甲尼撒二世下令建造空中花园，园中的景致均仿照公主的故乡而建。今天的空中花园遗址位于伊拉克首都巴格达西南90千米处，由一层一层的平台组成，从台基到顶部逐渐变小。上面种满各种鲜花和林木，其间点缀有亭台、楼阁，最难得的是在20多米高的梯形结构的平台上还有溪流和瀑布，来此参观的人们无不啧啧称奇。

居鲁士大帝

公元前7世纪左右，在今天伊朗高原西部生活着两个部落，北部为米底，南部为波斯。公元前612年，米底和新巴比伦联军，灭

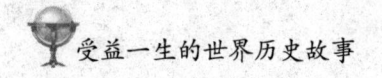

亡了残暴的亚述帝国。从此，米底统治了伊朗和亚述，成为西亚的一个强国，波斯人也臣服于它。

一天，米底国王阿斯提阿格斯做了一个梦，梦见女儿曼丹妮的后代成为了亚洲的统治者。于是阿斯提阿格斯没有把女儿嫁给米底贵族，而把她嫁给一个温顺老实的波斯贵族冈比西斯。他认为这样一来就可以高枕无忧了。

曼丹妮怀孕后，阿斯提阿格斯又做了一个梦，梦见一根巨大的葡萄藤从女儿的肚子里长出来，覆盖了整个亚洲。他找来一个僧侣，要他解梦。僧侣说，曼丹妮的后代必将统治亚洲。阿斯提阿格斯非常害怕，下令孩子一出生就立即处死。

不久，曼丹妮生下一个男孩，就是居鲁士。阿斯提阿格斯命令大臣哈尔帕哥斯把孩子带到宫外处死。哈尔帕哥斯不忍心，就把孩子给了一个牧民，让他来执行。牧民的孩子一出生就死了，于是他的妻子就偷梁换柱，瞒过了哈尔帕哥斯，收养了居鲁士。

居鲁士长到10岁的时候，一次和村里的孩子玩游戏。孩子们推举他为"国王"，一个没落贵族的孩子不服，居鲁士就命令"卫兵"鞭打他，后来事情闹大了，连国王都亲自过问，结果发现了居鲁士的身份。阿斯提阿格斯把僧侣找来，僧侣说居鲁士已经在游戏中当了"国王"，就不会再现实中再当国王了。居鲁士因此得以回到波斯，回到了亲生父母的身边。由于哈尔帕哥斯没有完成任务，阿斯提阿格斯非常生气，就下令杀死他的儿子。从此，哈尔帕哥斯对阿斯提阿格斯怀恨在心。

公元前559年，居鲁士统一了波斯的10个部落，成为波斯人的首领。哈尔帕哥斯就秘密联络居鲁士，密谋灭亡米底，为子报仇。

公元前553年，居鲁士决定起兵反抗米底。为了让波斯人团结在自己周围，他命令所有的波斯人都回家取来镰刀，来到一大片长满荆棘的土地上，让他们在一天之内将荆棘清除干净。波斯人不敢违抗命令，只好埋头苦干，一天下来累得要死。

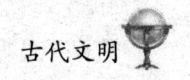

第二天，居鲁士又把波斯人召集到一起，杀猪宰羊，拿出美酒款待他们，波斯人非常高兴。居鲁士高声问："你们喜欢昨天还是今天？"波斯人回答说："我们喜欢今天！"居鲁士乘机说："如果你们愿意听我的命令，那么就会永远和今天一样，反之你们就将会永远和昨天一样！我们波斯人不比米底人差，为什么要受他们压迫？我们要反抗阿斯提阿格斯！"波斯人早就对米底人的统治深恶痛绝，听了居鲁士的话，纷纷响应。阿斯提阿格斯闻讯，急忙令哈尔帕哥斯率军讨伐居鲁士。不料哈尔帕哥斯阵前倒戈，投降了居鲁士。阿斯提阿格斯气急败坏，亲自率军前来，结果战败被俘。

公元前550年，居鲁士正式建立了波斯帝国。波斯的西边是吕底亚国。吕底亚王见波斯崛起，非常害怕，决定趁波斯刚刚立国，一举消灭它。居鲁士率军迎战，吕底亚的骑兵的坐骑是马，而波斯骑兵的坐骑是骆驼。马闻到骆驼身上的刺鼻气味后，掉头就跑，吕底亚军队乱作一团。波斯人乘机进攻，大获全胜，吕底亚国灭亡，成为波斯帝国的一个省。

灭掉吕底亚后，居鲁士又把目光投向了新巴比伦。巴比伦城高大坚固，城墙是用挖护城河的淤泥烧成的砖、中间再加上沥青砌成的，城门用青铜浇铸，所以巴比伦王非常轻敌，认为居鲁士根本无法攻克巴比伦。当时，巴比伦的统治阶级分为王室、贵族和祭司三部分，他们之间争权夺利，钩心斗角。居鲁士得知后，派间谍秘密潜入巴比伦城，送给贵族和祭司很多金银，希望他们能做内应，并保证城破后保证他们的安全。贵族和祭司见钱眼开，半夜里打开城门，波斯人一拥而入，攻陷了巴比伦城。新巴比伦王国灭亡了，波斯成了西亚的霸主。

为了征服埃及，居鲁士释放了"巴比伦之囚"犹太人，让他们回去重建耶路撒冷，以此作为西进的跳板。为了消除后顾之忧，居鲁士亲率大军企图征服波斯东面的马萨革泰人，但不幸阵亡，他的儿子冈比西斯二世继任为波斯王。

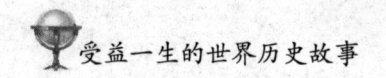

大流士一世改革

冈比西斯死后，波斯王位由假扮王子的拜火教僧侣高墨达篡夺。可是，8个月以来，新王从不召见大臣。大臣们虽然都很惧怕他，但对这样奇怪的事情也不免在私底下议论："为什么新国王不在公众场合露面呢？"也有人传说巴尔迪亚就是拜火教僧侣高墨达。就在人们将信将疑的时候，冈比西斯的一个王妃发现新王没有耳朵。她的父亲欧塔涅斯知道后马上断定新王的确是僧侣高墨达，因为在居鲁士在位时，这个高墨达由于过失被居鲁士下令割去了双耳。欧塔涅斯把这一消息告诉了另外6名波斯贵族。七个人商议决定发动政变，夺回政权。

没几天新王不是真正王子的消息传遍了整个都城，高墨达也听说了。他见真相已经败露，就仓皇逃走，最后在米底被欧塔涅斯和大流士一世等人杀死。

假王既然已经死了，就得再选出一个人来做国王，七个人经过不停争论，欧塔涅斯决定退出王位的竞争，其余6人商定找一天在郊外集合，谁的马先叫谁就当国王。结果，大流士一世在马夫的帮助下当上了波斯王。

大流士一世继位后，面临着严峻的形势。帝国本部的波斯贵族拥兵自立，自称是王位的合法继承人，刚被征服的地区也趁机纷纷独立。

大流士一世经过大小18场战争，残酷镇压了各地的叛乱，重新统一了帝国。

古代文明

公元前520年9月，踌躇满志的大流士一世巡行各地，为了标榜自己，大流士一世在克尔曼沙以东32千米的贝希斯顿村旁的悬崖峭壁上刻石记功，留下了著名的《贝希斯顿铭文》。这个铭文的上半部分是大流士一世的雕像，他左脚踏着倒地的高墨达，右手指向波斯人崇拜的光明与幸福之神阿胡拉·马兹达。8名被绳索绑缚着脖颈的叛乱首领被雕刻得很矮小，与高大伟岸的大流士一世形成鲜明对照。浮雕下半部是铭文，上面写着：

"我，大流士，伟大的王，万邦之王，波斯之王，诸省之王，叙斯塔斯帕之子，阿尔沙马之孙，阿黑门尼德……按阿胡拉·马兹达的意旨，我是国王。"

《铭文》用波斯、埃兰、巴比伦三种文字刻于贝希斯顿山距地面105米高处的悬崖上，宣扬了大流士一世的功业和他的神圣不可侵犯的权力。

稳定了国内局势后，大流士一世把主要精力放在了对外征服上。公元前517年，他派兵夺取了印度河流域西北部的地区，建立起帝国的第20个行省。公元前513年，他率兵亲征黑海北岸，征服了色雷斯，然后海陆两路并进，指向多瑙河下游和黑海北岸的西徐亚人。大流士一世的部队遭到了西徐亚人的有效抵抗，损失8万之众，最后被迫撤退。公元前500年，大流士一世前往希腊在小亚细亚的殖民城邦米利都，镇压当地反波斯的起义。攻下米利都后，他借口雅典的海军支援了米利都而出兵希腊，从而揭开了长达50年的希波战争的序幕。公元前492年，大流士一世派他的女婿马尔多尼率战船600艘出征希腊，但在中途遭遇风暴，损失惨重，无功而返。公元前490年，大流士一世再次兴兵从海上进攻希腊，并在马拉松成功登陆，但拥有强大骑兵的波斯军却被全部由步兵组成的雅典军打得惨败而归。虽屡遭挫败，但大流士一世始终没放弃征服希腊建立世界帝国的念头，不过时间已经不允许他实现自己的愿望了。公元前486年，正当他策划再度出兵希腊时，埃及爆发大规模

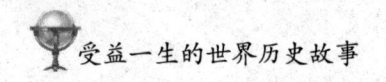

起义，大流士一世亲自前往镇压，未及成功便去世了。

　　大流士一世在位期间，为巩固中央集权，他在政治、经济、军事等方面进行了一系列卓有成效的改革。政治上，他在被征服地区普遍设行省、置总督，对行省采用分权但却相互制约的统治方法，同时尊重被征服地区的宗教、法律和习俗，建立起了有效的中央集权体系。经济上，他实行新的税收制度，统一货币和度量衡。军事上，他自任军队最高统帅，各行省军政分权，建立了以波斯人为核心的步兵和骑兵，和以腓尼基水手为骨干，拥有600～1000艘战船的舰队。为便于调遣各行省军队和传递情报，不惜重金修筑"御道"，设驿站，备驿马，在波斯全境形成驿道网。驿道虽然是出于行政目的修建的，但也极大地便利了商业的发展。此外，他还派人勘察了从印度河到埃及的航路，开凿了尼罗河支流到红海的运河。大流士一世是世界历史上著名的改革家，他的改革奠定了波斯帝国数百年的基业。

　　大流士一世在位期间是波斯帝国的鼎盛时期，他征服了印度河流域和巴尔干半岛的色雷斯地区，使波斯帝国成为古代世界第一个地跨亚非欧三大洲的大帝国。

雅典的民主

　　希波战争结束后，希腊进入了最发达、最繁荣的时期，历史学家把这个时期称为希腊历史上的"黄金时代"。在希腊的城邦中，又以雅典最为发达繁荣。

　　在希波战争时，以雅典海军为主力的希腊海军大败波斯海军。

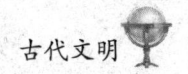

战后，雅典控制了爱琴海沿岸地区，组建海上同盟——提洛同盟，势力扩展到地中海和黑海沿岸，成了一个海上霸主。随着海上势力的扩张，雅典获取了大量的奴隶，各行各业广泛使用奴隶劳动，经济得到了快速发展。整个雅典的奴隶曾经达到40万，占了人口的绝大多数。

在当时的雅典，除了奴隶和奴隶主之间的矛盾以外，还有奴隶主内部的贵族派（贵族奴隶主）与民主派（工商业奴隶主）和自由民之间的矛盾。贵族派极力限制民主派和自由民的权力，维护自己的既得利益，而民主派和自由民则千方百计地要扩大自己的权力，削弱贵族派的权力。当时雅典当政的是著名的政治家伯里克利，他虽然出身贵族，但却站在民主派一边，经过几个回合的较量，在广大雅典公民的支持下，由贵族派把持的掌握雅典大权的元老院不得不将权力移交给民主派控制的公民大会。

公民大会是雅典的最高权力机关，凡是年满20岁的雅典男性公民都有权参加，但妇女、奴隶和外邦人则无权参加。每10天公民大会都要举行一次会议，讨论关于内政、外交、战争、和平等重大问题，每一个公民都可以上台发表自己的意见。会议开始前，祭坛上先要杀死一头小猪，然后由祭司拿着绕场一圈，以消除不洁。接着会议主持人登台宣读提案，再由支持或反对提案的人轮番上台发表演讲。台下的听众则用欢呼和嘘声来表示赞成和反对，但绝不能打断发言者的演讲，否则将会被驱逐出会场，甚至罚款。上台演讲的人也要尊重别人，不得侮辱和诽谤在场的人，否则会被禁止发言和剥夺荣誉。如果几个人同时要求发言，则将按年龄大小排序。它的常设机构是500人会议，成员由贵族奴隶主、工商业奴隶主和自由民组成。公民大会最重要的会议是选举大会。到了这天，会场上座无虚席，雅典人都以平生没有担任过任何公职为耻，所以参选的热情非常高涨。以前雅典的法官、军人、议员和公职人员都没有薪俸，连当兵都要自己购买盔甲、武器和马匹，所以这些职位都被有钱人把持着。伯里克利执政后，宣布军人和公职人员由国家发给薪俸，这样一来，普通公民就可以担任法官、军人、议员和其他公职人员了，这就扩大了普通公民的民主权利。选举大会主要选举10名将军、10名步兵统帅、两名骑兵统帅和一名司库员。这些职位涉及军队和国库，非常重要，当大会主持人念到候选人名字时，公民举手表决，得票最多的人当选。另外，其他的官员如执政官、法官、监狱官等，用抽签的方式决定。

抽签在神庙中进行。神庙中放着两个箱子，一个箱子里放着候选人的名字，另一个箱子里放着黑豆和白豆。抽签时，主持人先抽出一个候选人的名单，在另一个箱子里拿一个豆子。如果拿到的是白豆，那么这个候选人就当选了，反之就是落选。

在选举大会两个月后，原来的公职人员开始向新当选的公职人员移交权力。

雅典的民主制度在当时属于一种非常进步的制度，但仍是奴隶制下的民主，归根到底是为统治阶级服务的，具有很大的局限性。

苏格拉底之死

公元前399年6月一天的傍晚，在雅典监狱中，一位年届七旬的老人与妻子、家属作最后的道别。这位老人，散发赤足，衣衫褴褛，但是神情却非常镇定，丝毫看不出将要被处以死刑。妻子和家属走后，他又与几个朋友交流起来。

不知过了多久，一个狱卒端着一杯毒酒走了进来，老人接过杯子一饮而尽，然后，安详地躺在床上。突然，他好像想起了什么似

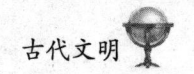

的，翻了个身面向他的朋友说："我曾吃过邻居的一只鸡，还没给钱，请替我还给他。"说完永远地闭上了双眼。

这位老人就是大哲学家苏格拉底。苏格拉底到底是什么原因被判处死刑的呢？

苏格拉底（公元前470～前399年），既是古希腊著名的哲学家，又是一位个性鲜明、从古至今被人毁誉不一的著名历史人物。他的父亲是石匠和雕刻匠，母亲是接生婆，一家人生活十分贫困。

苏格拉底生活在雅典由盛到衰的时期，雅典人在经历过一段繁荣富足的生活后，开始变得奢侈淫逸、道德败坏，经常和周边城市发生战争。19岁时，苏格拉底第一次参加战争，那是为了保卫雅典。他在战场上表现得十分英勇，曾三次冒死救出他的战友。和他一起作战的战友都说，与苏格拉底在一起就会感到安全。从战场上回来后，苏格拉底开始对雅典城的状况进行深入思考。苏格拉底认为要想改变雅典的衰颓现状，就必须先提高雅典人的道德水平，造就治国人才。于是，苏格拉底开始研究哲学并从事教育工作。他培养出许多有成就的人，如柏拉图、色诺芬等著名的哲学家。

为了提高自己的学识，苏格拉底潜心读书，他读遍希腊的政治、历史书籍，眼界变得十分开阔。不过苏格拉底并不满足于书本上的知识，他觉得要想从整体上提高自己，还得不断吸取别人的思想。于是，他四处去拜访当时有名的学者，还不断地请别人到自己家中来谈天。

成名以后的苏格拉底依然过着艰苦的生活。一年四季他都穿着一件普通的单衣，经常赤着脚，吃饭也不讲究，所有精力都用来做学问。他经常公开发表演说或与人辩论，辩论中他经常采用问答形式帮助对方纠正、放弃原来的错误观念，启发人们进行思考。

公元前404年，伯罗奔尼撒战争以雅典的失败而告终，"三十僭主"的统治取代了民主政体，依靠雇佣军起家的克利提阿斯成了最高统治者。

克利提阿斯是苏格拉底的学生。有一次，为了霸占一个富人的财产，克利提阿斯让苏格拉底带4个人去逮捕那个人。苏格拉底当众违逆了克利提阿斯的命令，并且拂袖而去。不仅如此，苏格拉底还多次在公开场合谴责克利提阿斯的暴行。这无疑会惹恼克利提阿斯，于是，苏格拉底被勒令不准再接近青年。对于克利提阿斯的命令与恐吓，苏格拉底根本不加理睬。

后来，"三十僭主"的统治被推翻了，民主派重掌政权。苏格拉底被人诬告与克利提阿斯关系密切，反对民主政治，用邪说毒害青年，苏格拉底因此被捕入狱。大约公元前399年，苏格拉底因"不敬国家所奉的神，并且宣传其他的新神，败坏青年"的罪名被判处死罪。其实，说到被判入狱的真正原因，是他的言论自由的主张与雅典民主制度发生了严重冲突。

按照古希腊的民主制度，每一位雅典公民都能够充分地行使自己的权利，政府还在关键性投票中采用给与参与者一天口粮的方式鼓励公民参与。审判苏格拉底的是由501个雅典普通公民组成的陪审法院，也就是公民大会。苏格拉底的审判大会经历了初审和复审，初审中500个公民进行了投票，结果以280票对220票判处苏格拉底有罪；复审是决定苏格拉底是否该判死刑。复审之前，苏格拉底有为自己脱罪的辩护权利，但苏格拉底的临终辩辞不但没有说服希腊民众，相反还激怒了他们，结果是360票对140票判苏格拉底死罪。

收监期间，苏格拉底的朋友买通了狱卒，劝他逃走，但他决定献身，拒不逃走。最后在狱中服毒受死，终年71岁。

作为一个伟大的哲学家，苏格拉底使哲学真正在人们生活中发挥了作用，为欧洲哲学研究开创了一个新的领域，对后世的西方哲学产生了极大的影响。

争战中的帝国

在亚洲、地中海区域等地兴起的一些奴隶制国家的基础上,经过长时间的分化组合,最终形成了波斯帝国、亚历山大帝国、安息帝国、贵霜帝国、罗马帝国等一些地域辽阔的中央集权的专制帝国。

这些帝国大都是依靠武力建立起来的,虽然它们的建立过程给被征服地区的人民带来了灾难,破坏了各民族独立发展的历史进程,但在另一方面却使世界各地的政治、经济和文化的联系更进一步加强,加速了人类历史从分散走向整体的进程。同样,在各种矛盾激化的情况下,这些帝国最终又走向解体和灭亡。

罗马军团

王政时代，罗马军队主要是由氏族部落组成，有3000步兵和300骑兵。公元前6世纪，罗马人学会了重装步兵方阵。塞尔维乌斯按照地域和财产进行改革，建立了公民兵制，规定凡是17～60岁的罗马公民都有自备武器服兵役的义务，这样就扩大和改组了军队。

共和国初期，罗马军队分为两个军团，分别由两个执政官指挥。每个军团的主力是3000重装步兵，另外还配有少量轻装步兵和骑兵。

公元前4世纪，为了适应长期战争的需要，罗马著名军事统帅卡路米斯进行了军事改革，开始实行军饷制。罗马军团被分成30个连队，每个连队有两个百人队。同时，他废除了原来按财产等级列队的传统，按照年龄和经验把军队分为投枪兵、主力兵和后备兵，排成三队。第一排是年轻的投枪兵，第二排是有经验的主力兵，第三排是最有经验的老兵。作战时，第一排的投枪兵先向敌人投掷长枪，这种长枪长达2米，装着锋利的金属矛头，再加上强大的冲击力，足以刺穿敌人的盾牌和铠甲。投枪兵投掷完长枪后，迅速后撤。第二排主力兵上前手持盾牌和利剑，同敌人展开厮杀。如果不能取胜，那么最有经验和战斗力最强的老兵们就投入战斗。

罗马军队有一个规定，军队在野外宿营时，哪怕是只住一晚也要也必须挖壕沟，筑高墙，以防备敌人偷袭。他们纪律严明，如果有人胆敢违抗命令，立即处死。打仗时，如果全队都当了逃兵，那么罗马将军就将他们排成一排，每隔9个人处死1个。如果作战有

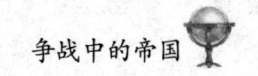

功,不管是士兵还是军官,都有赏赐。

公元前2世纪,罗马占领迦太基后,将那里变成了罗马的阿非利加行省。罗马的商人来到这里掠夺搜刮,并向紧邻迦太基的努米比亚国渗透,激起了当地人民的强烈愤怒。努米比亚国王朱古达派军队对当地的罗马人大肆屠杀,于是罗马向努米比亚宣战。朱古达用金钱贿赂罗马将领,罗马士兵为了金钱甚至把武器卖给努米比亚人。这场战争一连拖了好几年,罗马始终无法战胜努米比亚,引起了罗马民众的强烈不满。罗马贵族马略当选为罗马执政官,并担任军事统帅。

为了战胜努米比亚,马略进行了一系列的军事改革:一、用募兵制代替征兵制。当时罗马平民要有一定的财产才能当兵,符合这一要求的人并不多。为了扩大兵源,马略采用了募兵制,吸引了大批的无产者参军。二、延长服兵役的时间。以前打仗的时候,罗马军队都是临时征集的,打完仗后就解散回家。公民服完16次兵役后就解除义务。马略将公民的兵役时间规定为16年,这就将民兵变成了职业化军人。三、给士兵发军饷。士兵服兵役期间,必须脱离生产,为了使士兵的生活有保障,马略规定士兵可以从国家那里领取军饷。战争胜利后,士兵还可以获得战利品。四、有了充足的兵源后,马略对罗马的军团制度进行了大规模调整。用联队军团代替了三列军团。五、改进武器装备,给重甲兵配备标枪和短剑。六、严格训练,最大限度增强军队的战斗力。

经过改革,马略率领罗马军团很快战胜了努米比亚,接着又战胜了日耳曼人,镇压了西西里岛的奴隶起义。罗马就凭着这支勇猛作战的军队征服了地中海沿岸的土地,将地中海变成了罗马的内陆湖,成了一个横跨亚非欧三大洲的大帝国。

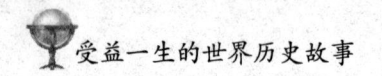

马其顿的年轻统帅

马其顿原来是希腊北部一个落后的奴隶制王国,它积极吸收与它相邻的先进希腊文化和技术,采用希腊文字,逐渐强大起来。公元前4世纪,马其顿国王腓力二世征服了国内没有降服的部落,占领了沿海的海港,实力越来越强。

有一次,腓力二世买了一匹高头大马,在城郊的练马场试马。许多骑手都轮番上阵,企图驯服这匹烈马。但骑手们一骑上马背,烈马就前蹄腾空,又蹦又跳,狂嘶不已,将骑手一个个摔倒在地,在场的人都哈哈大笑。腓力二世见没有一个人能驯服这匹烈马,正想下令让人牵走,忽然听到身旁12岁的儿子亚历山大说:"不是驯服不了,只是因为他们的胆子太小了。"腓力二世生气地说:"不许讥笑比你年长的人!因为你也驯服不了!""我去试试!"腓力二世正想阻止,但亚历山大已经向烈马跑去了。

亚历山大一手牵着缰绳,一手轻轻抚摸着马的鬃毛。他发现马非常害怕自己的影子,就慢慢地把马头转过来朝向太阳。突然,亚历山大以迅雷不及掩耳之势一跃而起,跳上了马背。受惊的烈马人立而起,仰天长嘶,企图将亚历山大掀下马背,但亚历山大牢牢地抓着缰绳,双腿紧紧夹着马腹,稳如泰山。烈马又开始疯狂跳跃,在场的人脸都吓白了,可亚历山大却毫无惧色。烈马长嘶一声,风驰电掣般向远方跑去,眨眼间就在人们的视线中消失。腓力二世焦急万分,急忙派人前去追赶。过了一会儿,满身大汗的亚历山大骑着马回来了,那匹烈马十分驯服地听从他的指挥,全场的人都惊呆了。从此，腓力二世决定将胆识过人的亚历山大培养成自己的接班人。

腓力二世不惜重金，请全希腊最著名的学者亚里士多德担任亚历山大的家庭教师。亚里士多德努力教导他去热爱希腊文化，征服科学的世界，但亚历山大想征服的却是现实中的世界。他非常喜欢读《荷马史诗》，枕边就放着《伊利亚特》。亚历山大最崇拜希腊神话中的英雄阿基里斯，希望有朝一日能像他一样，建立丰功伟绩。

当时希腊各城邦内战不止，实力受到严重的削弱。腓力二世看准时机，发动战争，企图征服全希腊，成为希腊之王。公元前338年，腓力二世和亚历山大与雅典和底比斯两个城邦的军队在希腊中部的喀罗尼亚相遇。交战前，马其顿排成了一个16排的方阵。方阵中的每个士兵都一手拿着一面可以遮住全身的大盾，一手拿着一根长达5米的长矛。后排的士兵将长矛放在前排士兵的肩上，前方和两侧是骑兵。腓力二世将马其顿的骑兵集合起来，形成强大的进攻力量。他亲自担任统帅，指挥右翼，任命亚历山大为副统帅，指挥左翼。

战斗开始后，双方杀得难分难解。底比斯的"神圣部队"突破了腓力二世的右翼，贪功冒进，导致战线拉长。亚历山大抓住战机，率领骑兵迅猛出击，将希腊人打得大败。这场战争后，希腊人再也无力抵抗马其顿人了，希腊并入了马其顿王国。公元前336年，腓力二世在女儿的婚礼上不幸遇刺身亡，年仅20岁的亚历山大继任为马其顿国王。

希腊各城邦见腓力二世死了，纷纷摆脱马其顿，宣告独立。年轻的亚历山大此时显示出了他的雄才大略，他迅速平定了宫廷内乱，镇压了国内叛乱的部族，随后将矛头指向了反叛的希腊城邦。

当时希腊各城邦分为反马其顿派和亲马其顿派。反马其顿派希望重获独立，而亲马其顿派则希望马其顿统一希腊，然后远征东

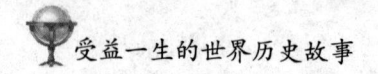

方,掠夺波斯的财富。亚历山大亲率大军进攻反马其顿的底比斯城邦,将它变成一堆瓦砾,把城中居民统统变卖为奴隶。希腊各城邦害怕了,又纷纷表示归附。

征服波斯

公元前334年,亚历山大率领一支包括步兵3万人,骑兵5000人和160艘战舰组成的马其顿和希腊各邦联军,浩浩荡荡地渡过赫勒斯滂海峡,登陆小亚细亚,踏上了波斯的领土。

当时波斯国王大流士三世昏庸无能,国内政治腐败,内部矛盾重重。大流士三世闻讯大为惊恐,急忙派2万波斯人和2万希腊雇佣军前去迎战。两军在马尔马拉海南岸的格拉尼科斯附近交战,波斯军队占据了河对岸的高地,以逸待劳。亚历山大不顾部队长途跋涉的疲劳,率军强行过河,向波斯军队发起进攻。波斯军队一触即溃,士兵们纷纷逃亡,2000人被俘,而亚历山大的军队只损失了百余人。

首战告捷后,亚历山大继续南下,扩大战果。公元前333年,亚历山大在伊苏斯迎战大流士三世亲自率领的16万波斯大军。大流士三世率领军队迂回到亚历山大的后方,企图围歼亚历山大。在这危急时刻,亚历山大当机立断,亲自率领精锐骑兵,向大流士三世率领的中军发起冲锋。马其顿骑兵锐不可当,势如破竹,波斯人或死或逃。大流士三世吓得魂飞魄散,急忙掉转马头,落荒而逃,连自己的弓、盾和王袍都丢掉了。其他的波斯将领见国王跑了,都无心再战,也纷纷逃亡。远征军趁机大举进攻,大获全胜。这场战役，波斯人损失了10万步兵、骑兵，辎重全部丧失，连大流士的母亲、妻子和两个女儿也被俘虏，而远征军仅损失5000人。亚历山大看到大流士三世豪华的帐篷后，羡慕不已，说："这才像个国王啊。"这场战役后，远征军获得战争主动权。

为了赎回自己的母亲和妻女，大流士三世派使者前去觐见亚历山大。使者战战兢兢地说："尊敬的亚历山大陛下，为了两国的和平，我们大流士三世陛下愿意将我们美丽的公主嫁给您，并将幼发拉底河以西的全部领土和10000塔兰特作为嫁妆，请求您放回我们大流士三世的母亲和妻女，并各自停战。不知陛下意下如何？"

亚历山大还没有回答，一旁的大将帕曼纽两眼放光，兴奋地说："这么丰厚的条件！如果我是亚历山大，我肯定会同意的！"

亚历山大轻蔑地看了他一眼说："可惜我不是愚蠢的帕曼纽。我是亚历山大，我不会答应的。我要的是整个波斯帝国，而不是部分！我要做全亚洲的统治者！回去告诉大流士，要么投降，要么继续和我战斗！"使者灰溜溜地回去了。

公元前332年，亚历山大沿地中海东岸挥军南下，进入埃及，将埃及从波斯人的手中解放出来。埃及祭司为了表达对亚历山大的感激之情，宣布他为"阿蒙神之子"，亚历山大又自封为埃及法老，还在尼罗河口兴建一座城市，并以自己的名字命名，这就是今天的亚历山大港。

战败的大流士逃到幼发拉底河，在这里重整旧部，又招募军队，准备与亚历山大决一死战。公元前331年10月1日，在尼尼微附近的高加米拉原野，大流士三世的军队与亚历山大军队再次相遇。大流士对此役做了充分的准备，他调集4万骑兵，100万步兵，还有200辆装有刀剑的战车及15头战象，布置于开阔的高加米拉平原。大流士认为这是最适宜骑兵、战车作战的地方，他命令士兵铲平地面，移走障碍物，高加米拉平原显得更加空旷了。大流士吸取了伊苏斯战役的教训，还给士兵配备了更长的矛，并在战车上装备长

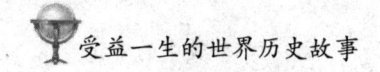

刀,试图突破亚历山大的方阵。

大流士将军队分为两个方阵排列:第一方阵为主力部队,排成前后两条战线。战线的左、右翼骑兵和步兵混合在一起,中央由大流士亲率皇族弓箭兵、步兵和骑兵及其他城邦联军组成纵深队形。第二方阵排列在第一方阵正前方。方阵的中央为15头战象和50辆战车,大流士的御林军骑兵紧跟其后;方阵左翼为100辆战车及西亚骑兵;右翼为50辆战车及亚美尼亚和卡帕多西亚骑兵。

亚历山大趁大流士尚在设防之际,亲率一支精锐骑兵勘察地形,巡视敌情,把敌军的战略部署搞得清清楚楚。后方部队则一边加固防御工事,一边休养整顿。

当波斯和马其顿军队接近时,亚历山大并没有直接进攻,而是向波斯军的左翼斜向移动。大流士担心亚历山大攻击左翼,也跟着平行移动。渐渐地,队伍走出了波斯人特意平整过的地带。这时大流士开始警觉起来,他担心精心准备的战车失去作用,便立即命令左翼部队赶紧绕过亚历山大的右翼,阻止其继续右移。双方侧翼骑兵开始了激战。数量明显占优的波斯军,因为骑兵和马匹都有铠甲保护,致使亚历山大骑兵伤亡惨重,败下阵来。亚历山大急忙调骑兵支援,勇猛的骑士连续向波斯军左翼发起冲锋,终于将敌人击退。

大流士看到其左翼的激战正酣,趁势发动长刀战车冲向对方的方阵,试图冲散敌人。当他们接近时,马其顿方阵前方的弓弩手、标枪手上前迎战,有效地阻止了大流士的进攻。

大流士下令右翼开始进攻敌人左翼,亚历山大则命令攻击那些迂回到马其顿右翼的敌军,两翼骑兵的进攻使大流士中央部队现出了一个漏洞。亚历山大亲自率领马其顿方阵和骑兵,还有预备方阵向内旋转,形成一个劈尖,直插大流士的阵营。波斯军顿时乱了阵脚,被冲得七零八落,再也组织不起有效的进攻。大流士见大势已去,仓皇逃走。

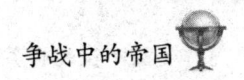

公元前330年春，亚历山大引兵北上追击大流士，大流士被其部将谋杀，古波斯帝国阿黑门尼德王朝灭亡。

亚历山大之死

大流士死后，波斯帝国灭亡，亚历山大的军队占领了波斯全境。按理说，以进攻波斯为目标的东征该结束了，但是，亚历山大的野心太大，仅仅占领波斯不能让他满足，他要征服世界，他要做万王之王。于是，他借口追击波斯残余势力继续率军东进，于公元前329年侵入巴克特里亚，抓获背叛并杀死大流士的拜苏斯，将他处死。中亚地区的各民族都骁勇善战，他们不服从亚历山大，不断反抗。花费了两年多的时间，亚历山大才将各地的反抗镇压下去。

安定好中亚后，公元前327年，亚历山大率军3万沿喀布尔河经开伯尔山口侵入印度。当时的印度，小国林立，内斗不止。印度河上游的旦叉始罗王与东邻的波鲁斯王严重不合，看亚历山大兵强马壮，旦叉始罗王便给他送来金银、牛羊、粮食，引诱亚历山大进攻波鲁斯。公元前325年4月，亚历山大从上游偷渡成功，在卢姆河畔消灭波鲁斯王大军两万余人，波鲁斯王投降。远征军抵达希发西斯河时，军中疫病流行，多年远途苦战加上久别故乡的疲惫，使将士们再也不愿前进了。亚历山大下令东进，但反复劝说，众将士仍不肯接受命令。无奈之下，亚历山大大帝被迫停止东征，传令撤军。公元前324年春，东征军返回巴比伦。

通过10年的征战，亚历山大建立起幅员空前的大帝国，帝国西起巴尔干半岛、尼罗河，东至印度河这一广袤地域，建都巴比伦。

亚历山大热爱希腊文化，在远征之前，他认为，只有希腊才是文明开化的民族，其他民族都是没有开化的野蛮民族；希腊文化是世界上最优秀的文化，其他地区没有真正的文化可言。因此，他东征的一个重大使命就是传播希腊文化，让世界上的其他民族共浴希腊文明的光辉。在东侵过程中，他沿途建设了许多希腊风格城市，有好几座还是以他自己的名字命名的，最著名的是埃及的亚历山大城，今天已经发展为埃及最大的海港。

但是，世界并不像亚历山大想象的一样，东方民族也同样是富有智慧和创造力的，也同样创造了灿烂的文明。亚历山大在东征时开始认识到这些，并逐步痴迷于东方文化。波斯人的君主体制，东方的奢华宫殿，东方的宗教都曾打动过他。因此，在传播希腊文化的同时，他也尊重其他地区的文化，并努力推动不同文化间的交流。为推动各民族的交流与信任，他自己就娶了大夏贵族罗可珊娜、波斯王大流士的女儿斯塔提拉等不同民族的妻子。他还鼓励马其顿将士和东方女子结婚，并宣布这样可以享受免税权利。他曾在苏撒举办盛大奢华的婚礼，那是他和斯塔提拉的婚礼，同时也是1万多名将士与东方女子的婚礼，亚历山大向这些新人们赠送了许多礼物。

从印度退兵后，亚历山大并不甘心，他在巴比伦整编军队，计划征服印度，进军迦太基，入侵罗马。但天并不遂人愿，公元前323年，这位不可一世的大帝突然死亡。

亚历山大是世界历史上的最伟大的人物之一，也是最具传奇色彩的、富有戏剧性的人物。他胸襟博大，满腔热情，充满了穿凿世界的朝气；他英勇善战，无往不胜，建立起不朽的事业；他年轻有为，英气勃勃，但又英年早逝，为后人留下许多想象。亚历山大的远征和亚历山大帝国的建立，当时给被征服地的人民带来灾难，但从历史角度看，它促进了东西方的文化交流，促进了东西方民族的了解与融合，推动了历史的发展。

争战中的帝国

孔雀王朝的阿育王

阿育王是古印度摩揭陀国孔雀王朝的第三代国王,他笃信佛教,所以被佛教典籍称为"无忧王"。

公元前327年,马其顿帝国亚历山大大帝率军越过兴都库什山脉,入侵古印度,遭到印度人的顽强抵抗。公元前325年,亚历山大从印度河流域退走,但他在旁遮普设立了总督,并留下了一支军队。

当时恒河平原最强大的国家是难陀王统治下的摩揭陀国。公元前327年,该国出身刹帝利的一名叫旃陀罗笈多的贵族青年,揭竿而起,组织了一支军队抗击马其顿的军队。公元前324年,他率军直抵摩揭陀国首都华氏城(今印度巴特那),推翻了难陀王的统治,定都华氏城。因为他出身于一个饲养孔雀的家族,所以就把他建立的新王朝叫作孔雀王朝。旃陀罗笈多建国后大肆对外扩张,吞并周边许多国家。孔雀王朝的版图不断扩大,军事势力也很强,拥有3万骑兵、60万步兵和9000头战象。

公元前298年,旃陀罗笈多逝世,他的儿子频头沙罗登基。频头沙罗在位期间,继续对外扩张,消灭了16个大城君主,继续扩大帝国的版图。但这时孔雀王朝的统治并不稳定,各地经常发生叛乱。

公元前273年,频头沙罗病逝,死前没有立太子,为了夺取王位,王子和公主们展开了残酷的厮杀。

王子之一的阿育王18岁时,被父王任命为阿般提省总督。不久西北部重镇叉始罗城叛乱,他又被任命为该地总督,率军前往镇压,叉始罗城闻风而降,从此阿育王崭露头角,积累了政治资本。父王病逝后,阿育王在大臣们的支持下,加入了争夺王位的斗争。经过4年的拼杀,阿育王杀死了99个兄弟姐妹,最终获得了胜利。公元前269年,阿育王举行了灌顶仪式(印度当时的登基仪式),成为孔雀王朝的第三代君主。

阿育王残暴成性,杀人无数。即位后,他专门挑选最凶恶的酷吏设立了"人间地狱",残害国内百姓。对外则沿着祖父和父亲的步伐,继续对外侵略扩张,征服了湿婆国等很多国家。其中南征羯陵伽的战争,最为激烈。

羯陵伽位于今孟加拉湾沿岸,是古印度的一个强国,拥有骑兵1万,步兵6万,战象几百头,而且经济繁荣,海外贸易十分发达。公元前262年,阿育王率大军亲征羯陵伽。羯陵伽虽然实力强大,但面对实力数倍于己的孔雀王朝,最终还是失败了。羯陵伽被征服后,孔雀王朝的领土又进一步扩大。整个南亚次大陆,东临阿撒姆西界,南至迈索尔,西抵兴都库什山,北起喜马拉雅山南麓,除了南端外,全部成为孔雀王朝的领土。孔雀王朝成为印度历史上第一个基本统一印度的王朝。

羯陵伽战争中尸山血海的惨状对阿育王震撼极大,他深感痛悔。他发布敕令说:他对自己在同羯陵伽的战争中所犯下的罪过"深感悔恨,今后"战鼓的响声"沉寂了,代替它的将是"法的声音"。

为了"赎罪"阿育王宣布佛教为印度的国教,下令在印度各地树立石柱、开凿石壁,将他的诏令刻在上面。他还召集大批佛教高僧,编纂整理佛经,在各地修建了许多寺院和佛塔。同时派出王子和公主在内的大批使者和僧侣到邻国去传教。在他的支持下,佛教日益传播,后来还传到了锡兰(今斯里兰卡)、埃及、叙利亚、缅甸、泰国和中国等地,成为世界性的宗教。对佛教发展历史来说,阿育王是仅次于释迦牟尼的重要人物。

争战中的帝国

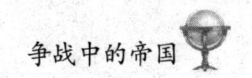

斯巴达克起义

公元前2世纪，罗马横跨欧、亚、非三大洲。连年的扩张，使大批的战俘和被征服的居民成为罗马人的奴隶，奴隶们被称为"会说话的工具"。奴隶主为了取乐，建造巨大的角斗场，强迫角斗士手握利剑、匕首，相互拼杀，或者让角斗士与狮子等猛兽搏斗。一场角斗戏下来，场上留下的是一具具奴隶尸体。

公元前80年，希腊东北部的色雷斯（今保加利亚、土耳其的欧洲部分）被罗马征服，战将斯巴达克被俘后沦为奴隶，成为一名供罗马贵族娱乐的角斗士。在卡普亚城一所角斗士学校，斯巴达克遭受了非人的待遇。公元前73年，在忍无可忍的情况下，斯巴达克向他的伙伴们说："宁为自由战死在沙场，不为贵族老爷们取乐而死于角斗场。"角斗士们在斯巴达克的鼓动下，拿起厨房里的刀和铁叉，为了争取自由，斯巴达克秘密带领78名角斗士杀死卫兵，逃到维苏威深山里，斯巴达克被推选为起义首领。斯巴达克起义爆发后，许多逃亡的奴隶和农民纷纷加入，起义军很快发展到1万人。起义军不断出击，势力日益壮大起来，影响范围也越来越广。

得知奴隶起义的消息，罗马元老院急忙派克狄乌斯率3000人前去围剿。维苏威山是断崖山，山后是悬崖峭壁，克狄乌斯封锁了山路，企图把起义军困死在山上。斯巴达克一边命人在前面吸引敌人的注意力，一边主力用野葡萄藤编成绳梯，夜里顺着绳梯下山，绕到敌后，向正在沉睡的罗马军队发动进攻。罗马军在起义军的突然袭击下乱作一团，溃不成军，克狄乌斯慌忙逃脱。起义军名声大

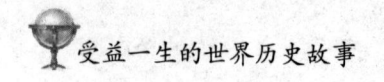

振，队伍进一步扩大。

起义军队伍壮大起来后，斯巴达克决定将队伍转移到罗马兵力较弱的意大利北部。罗马元老院命瓦利尼乌斯率领1.2万大军分三路截击。斯巴达克采取各个击破的策略，先后打败两路大军。两路失败的罗马军与第三路军汇合后继续反攻，将起义军困在山洞里，起义军正好得到了休整机会。休整完毕，起义军在营中点起篝火，吹响号角，迷惑敌人，然后趁夜色从崎岖的小道突破重围。天亮后，罗马军才知中计，急忙追赶。起义军又利用有利地势设下埋伏，打了罗马军队一个措手不及。

公元前72年，斯巴达克的军队发展到1.2万人，斯巴达克按照罗马军队的形式对部队进行了改编，除了由数个军团组成的步兵外，还建立了骑兵、侦察兵、通信兵和小型辎重部队。此外，斯巴达克还组织制造武器，对士兵进行训练，并制定了严格的兵营和行军生活规章。起义军声威大震，控制了整个坎佩尼亚平原。斯巴达克决定继续北上，但和他的副手克里克苏产生分歧，克里克苏拒绝北上，带领部分人马原地留守。

罗马元老院对起义军的发展极为担忧，遂命两个军团对起义军进行围剿。罗马军首先给了留守的克里克苏部致命一击，克里克苏阵亡。然后，又兵分两路夹击斯巴达克军。斯巴达克集中兵力先打击堵截的罗马军团，后乘胜回头对追兵发起了猛攻，罗马军团再次惨败。

取得这场胜利后，斯巴达克不再向北转移，而是挥师南下，向西西里岛进军。罗马元老院惊慌失措，派克拉苏统帅6个军团约9万人镇压起义军。这时斯巴达克大军已挺进到意大利半岛的南部，准备从这里渡海去西西里岛，到那里建立政权。但是被西西里收买而毁约的海盗没有给他们提供船只，斯巴达克只好组织起义军编制木筏，海上的风暴又使他放弃了这个计划。这时罗马大军赶到，在起义军后方挖了一条大壕沟，切断了起义军退路。起义军回师反攻，

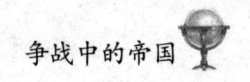

用土和树木填平了壕沟，突破罗马军队的防线，但起义军也损失惨重，2/3的战士牺牲。

公元前71年春，起义军试图占领意大利南部的重要港口布尔的西，乘船渡海驶向希腊，进而到色雷斯。罗马元老院想尽快将起义镇压下去，就分别从西班牙和色雷斯将庞培的大军和路库鲁斯的部队调来增援克拉苏。为了不让罗马军队会合，斯巴达克决定对克拉苏的军队发起总决战。

在阿普里亚省南部的激战中，斯巴达克军队虽在数量上比罗马军队少得多，但他们仍然英勇战斗。斯巴达克身先士卒，骑在马上左冲右突，杀伤两名罗马军官。他决心杀死克拉苏，但由于大腿受了重伤，只好在地上屈着一条腿继续战斗。在罗马军队的疯狂围攻下，6万名起义者战死，斯巴达克也壮烈牺牲。此后，斯巴达克的余部继续战斗达10年之久。

斯巴达克起义虽然失败，但它沉重地打击了罗马统治，对罗马的政治、经济、军事都产生了深远的影响，其不畏强暴、前仆后继寻求解放的斗争精神谱写了奴隶解放的光辉诗篇。

恺撒大帝

"今天的收获真不小，竟然抓到了一个衣着如此光鲜的'贵重货'。"地中海的海盗们高兴极了。海盗们知道这个穿着华贵衣服的人就是这伙人的头，于是就对其他被俘的人说："你们赶紧回去取20塔兰特，然后来赎回你们的主人。"这位被称为主人的人听了海盗的话，不慌不忙地说："我的身价应值50塔兰特。"

海盗得到钱后，果然把这个衣着光鲜的家伙给放了。这一回，这个人反倒不依不饶地说："你们听着，将来我要率领一支舰队消灭你们。"海盗们不以为然。几年后，这股海盗果真被一支舰队打败了。临死时，强盗们认出了那个下达"把他们钉在十字架上"命令的人，正是他们曾经俘获并向他索要20塔兰特的衣着光鲜的人。

这位海盗的俘虏，就是古罗马共和国末期著名的统帅和政治家恺撒（约公元前100～前44年）。在历史上，能同时拥有政治、军事、文学、雄辩等诸多才能于一身的人，除了恺撒之外，恐怕再找不出第二个人了。

恺撒是古罗马历史上最有成就的伟人，有人断言，若不是他在英年时突然被刺身亡，罗马的历史将可能改写，甚至他的成就将可能超过著名的马其顿国王亚历山大大帝。

恺撒生性好学，加之出身贵族，所以自幼就受到了非常良好的教育。他跟随一位高卢人老师学习了拉丁文、希腊文和修辞学，这位老师对他的性格塑造有着不可磨灭的影响。少年时期的恺撒就怀有非凡的抱负和志向，他幻想权力和荣誉，希望为风云变幻的罗马共和国建功立业，13岁时，他就当选为朱庇特神（即宙斯）的祭司。公元前84年，恺撒奉父命与珂西斯汀结婚，父亲去世后，他与珂西斯汀离婚，另娶了当时平民党的领导者金拉的女儿可妮丽娜为妻。独裁者苏拉在取得统治权后，杀死了自己的政敌金拉，但他非常赏识年轻有为的恺撒，要求恺撒和可妮丽娜离婚，被恺撒拒绝。一气之下，苏拉没收了恺撒的世袭财产和他妻子的嫁妆，并且要处死恺撒，恺撒闻讯，逃离罗马，直到公元前78年苏拉死后，才返回罗马。

回到罗马后，恺撒迅速在政坛崛起，以雄辩、慷慨、热心公务的作风和改革派的形象赢得了公众的好感，并在广大平民和部分上层人士中赢得威望。公元前73年，他被选入最高祭司团，此后，又历任财政官、市政官、大祭司长、大法官等高级职务，并于公元前

60年与担任执政官的庞培和克拉苏结成"三头同盟"。在后两者的支持下,恺撒于公元前59年登上了罗马执政官的宝座,任满后出任高卢总督(公元前58~前49年)。就任高卢总督期间,恺撒建立起了一支能征善战、完全听命于自己的强大的军队,这支军队征服了高卢全境,越过莱茵河奔袭德意志地区,并两次渡海侵入不列颠群岛,为恺撒赢得了赫赫战功。恺撒势力的迅速增长,引起了元老院贵族的惊恐。

克拉苏死后,庞培与元老院合谋,企图解除恺撒的军权。恺撒决定兵戎相见,经过5年内战(公元前49~前45年),他消灭了以庞培为首的敌对势力,征服了罗马全境,被宣布为独裁者,获得了至高无上的统治权力,成为没有君主称号的君主。凭借手中的权力,恺撒进行了包括土地制度、公民权、吏治法纪和政治体制在内的多方改革,建立起高度的中央集权,初步形成了一个以罗马为中心的庞大帝国,而且其中的一些措施对后世影响深远。他曾让属下在墙上写出罗马发生的重大事件和元老院会议的报告书,成为现代报纸最原始的雏形;他主持制定的儒略历,有些国家到20世纪还在应用,而现行的国际通用的公历也是在这个历法的基础上改革而成的;他曾为当时众多的马车制定单向通行的制度,成为现代交通管理的溯源;他所写的《高卢战记》更是为后人留下了了解当时外高卢、莱茵河东岸的山川形势、风俗人情等的最早的第一手材料。

恺撒的独裁权力始终为元老院的贵族反对派所不满,于是他们勾结起来预谋刺杀恺撒。

公元前44年3月15日,恺撒没带卫队,只身一人来到元老院开会遇刺身亡。

恺撒虽然死了,但罗马帝国的车轮已经运转起来,恺撒的甥孙、年轻的屋大维最终取得了罗马的统治权,成为罗马历史第一个皇帝,被尊称为"奥古斯都"(神圣之意),开创了罗马帝国。

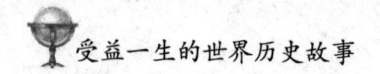

埃及艳后克里奥帕特拉

克里奥帕特拉是埃及托勒密王朝的国王托勒密十二世的女儿,传说她出生时,整个王宫一片红光。埃及的预言家们预言这个女孩将会是托勒密王朝甚至是古埃及的一位重要人物,埃及的生死存亡都将寄托在她身上。国王和王后听了非常高兴,他们对克里奥帕特拉非常宠爱。父母的娇生惯养,使她从小就有很强的占有欲。她聪明美丽,受过良好的宫廷教育,会说很多种语言。

托勒密十二世去世后,按照埃及的规定,克里奥帕特拉与弟弟托勒密十三世结婚,共同统治埃及。托勒密十三世是个懦弱无能的人,精明能干的克里奥帕特拉一点都不喜欢他。由于性格不合,两人经常发生冲突。克里奥帕特拉想大权独揽,与托勒密十三世发生了激烈的权力争夺。在这场斗争中,克里奥帕特拉失败了,被迫逃亡叙利亚。但克里奥帕特拉不甘心失败,她积极地招兵买马,时刻准备杀回埃及。

公元前48年,罗马大将庞培与恺撒争权,失败后逃到埃及。恺撒追击庞培,率军来到埃及。克里奥帕特拉闻讯回国,打算借助罗马人的力量重登埃及王位。一天晚上,恺撒正在亚历山大城的豪华宫殿里看书,一个侍卫进来禀报说:"尊敬的将军,埃及女王派人送给您一张毛毯。"恺撒让侍卫送进来。侍卫转过身拍了拍手,只见两个埃及人扛着一卷毛毯走了进来,然后放在地上就退了出去。这时,毛毯慢慢展开,恺撒惊奇地发现,里面竟然出现一个绝色的美人。恺撒屏退左右,毯中人向他自我介绍,说自己就是埃及女王克里奥帕特拉。恺撒早就听说埃及女王是个美人,今夜一见,果然名不虚传。恺撒礼貌地问:"尊敬的女王陛下,您这么晚找我有什么事？"克里奥帕特拉也不绕弯子，直截了当地说："我是想让你帮我重登埃及王位。"克里奥帕特拉美丽的容颜、曼妙的身姿、迷人的微笑，在灯光的映照下犹如仙女下凡，恺撒立刻就爱上了女王。罗马军队轻而易举地击败了托勒密十三世的军队，在恺撒的扶植下，克里奥帕特拉重登王位，成为大权独揽、至高无上的埃及女王。

后来恺撒回师，克里奥帕特拉也来到了罗马。克里奥帕特拉坐在巨大的狮身人面像的模型上，由很多侍卫抬着经过凯旋门时，整个罗马都轰动了。罗马人倾城而出，争相目睹女王的风采。克里奥帕特拉为恺撒生了一个儿子，取名"小恺撒"。克里奥帕特拉和她的孩子住在罗马郊外的别墅，恺撒经常去那儿看望他们。不料几年后，恺撒遇刺身亡，女王伤心地回到了埃及。

恺撒死后，女王急于再找一个靠山，她看上了原恺撒手下的大将安东尼。此时的安东尼已经是罗马政坛上的三巨头之一，手握大权，管辖着罗马的东方行省。一天，安东尼率领军队来到埃及，传唤女王，要质问她为什么在为恺撒报仇的事上没有尽心尽力。

当埃及女王的金色大船一靠岸，安东尼远远地看见了女王的绝世容颜，顿时神魂颠倒，他将自己的衣服整理了很多遍才登上女王的大船。一见到美丽的女王，安东尼顿时将质问女王的事情抛到了九霄云外，很快坠入情网。不久，女王给安东尼生了一对双胞胎，安东尼将罗马的领土封给了埃及女王的儿子。这一行为引起了罗马人的强烈愤怒，他们纷纷指责安东尼是卖国贼，要求出兵讨伐他，恺撒的甥孙屋大维趁机率领军队讨伐安东尼。

公元前31年，安东尼和女王的联军在亚克兴海与屋大维展开激战，双方杀得难分难解。正在这时，女王突然率领自己的60多艘战舰撤退，安东尼见女王离去，斗志全无，也率领舰队返航。安东尼的很多部下见状，都投降了屋大维。

第二年夏天，屋大维率领大军在埃及登陆，绝望的安东尼拔剑自杀，克里奥帕特拉被俘。她还想用自己的美色诱惑屋大维，可

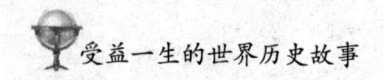

屋大维对她不屑一顾，并扬言要把她押回罗马游街示众。克里奥帕特拉不愿受辱，想一死了之。她恳求自己死后能和安东尼合葬在一起，屋大维答应了。克里奥帕特拉在自己的王宫里，打扮得漂漂亮亮，平静地躺在象牙床上，将一条小毒蛇放在自己身上。小毒蛇轻轻咬了女王一口，不一会儿，38岁的女王就永远闭上了眼睛。

火山灰下的庞贝城

庞贝城坐落在意大利半岛西海岸的平原上，离罗马大概有240千米。这里风景如画，气候温和，公元前6世纪，人们就在这里修建了庞贝城。人们在庞贝城外开垦土地，种植橄榄、柠檬、葡萄等农作物，生活美满幸福。但美中不足的是，城北有一座休眠火山——维苏威火山。公元62年，意大利发生过一次地震，庞贝城的一些建筑受到了损坏。但人们没有太在意，修复建筑后依然生活在这里。

公元79年8月24日的午后，灾难突然降临，维苏威火山竟然爆发了。火山口喷出滚滚的浓烟，直入云霄，中间还夹杂着巨大的石块和大量的灰尘，并且不停地发出震耳欲聋的爆炸声。顷刻间，天昏地暗，地动山摇，仿佛世界末日来临了一样。原先风平浪静的那不勒斯湾的海水激荡起来，巨大的海浪疯狂地拍打着陆地。从火山口喷出的熔岩，落到地上时已经变成了坚硬的石块，整个地区都被石块和灰尘覆盖。接着下起了倾盆大雨，大雨又引发了山洪暴发。山洪夹杂着无数的石块、泥土，形成一股巨大的泥石流，向坐落在低处的庞贝城冲来。庞贝城的居民很快从震惊中清醒过来，他们哭喊着争相逃命，有两万人逃到了外地，还有两千人不幸葬身泥石流，庞贝城也被泥石流所吞没。与庞贝城同时被泥石流淹没的还有城北的两个小镇，一个叫赫库兰尼姆，一个叫斯台比亚，它们从此消失于历史之中。

在此后的1000多年里，人们渐渐遗忘了庞贝古城，只是在翻阅古罗马历史文献和传说中，知道历史上曾有过这么一个古城，但它的地理位置在哪里，是什么样子的，人们一无所知。

1720年的一天，一群意大利农民在维苏威火山附近挖渠。突然，"当啷"一声，铁锹似乎碰到了东西。一个农民捡起那个挖出来的东西一看，兴奋地大叫："金币！我挖到了金币！"大家一听，都扔掉手中的工具跑过来看。

很快，维苏威火山下挖出金币的消息就传开了。人们一窝蜂似的来到这里挖宝贝，挖出了很多东西，有古罗马时期的钱币、陶器、经过雕琢的大理石碎块等。直到1748年有人挖出了一块刻有"庞贝"字样的石块，人们才知道，这下面就是罗马古城——庞贝。意大利政府立即组织人员进行有计划的挖掘。

1927年，又挖掘出了庞贝城北的赫库兰尼姆和斯台比亚。经过200多年断断续续的挖掘，庞贝——这座在地下沉睡了近1900年的古城终于重见天日。

由于整个庞贝城被6米厚的火山灰、熔岩和泥石掩埋、封闭，防止了风化，所以城市里的建筑、街道、物品大都完整无损地保存下来了。今天，庞贝古城已经成了意大利的一个著名旅游景点。当人们走进这座庞贝古城，仿佛是乘坐时间机器回到了古罗马时代。

庞贝城遗址面积大约有1.8平方千米，四面石砌的城墙共长4800多米，有8座城门和16个塔楼。城内南北和东西走向各有两条大街，使全城呈井字状，分为9个街区。街道宽10米，每个十字路口都有雕花石砌成的水池，池里的水是从城外的山上通过渡槽引入城中的。大街两旁有酒馆、商店、水果摊、手工作坊等等。由于年代久远，货架上的商品、水果早已风干，青铜制品也锈迹斑斑了。

城西南有一个长方形的广场，广场附近是庞贝城的政治、经济

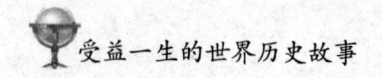

和宗教中心，有议会厅、法院、监狱、神庙，还有商人们签合同的场所。广场东南是两座公共建筑：竞技场和大剧院。这两个建筑规模很大，尤其是竞技场，足以容下两万人，相当于全城的人口。

庞贝古城中最使人震惊的是那些受难者的石膏像。当年火山爆发时，来不及逃走的人们被泥石流吞没，窒息而死。时间久了，人体就枯干了、消失了，只剩下一些空壳。考古学家将石膏浆灌到里面，制成了很多和真人一样大小的石膏像。这些石膏像逼真地反映了当时遇难者的各种神情，许多人绝望地掩面哭泣，一个小女孩紧紧地抱着妈妈，一个乞丐茫然地站在街头……

庞贝古城渐渐地掀开了它的神秘面纱，向人们展现出了公元1世纪时罗马帝国城市的基本面貌。

君主制的开创

屋大维开创的罗马帝国，我们虽然称领导人为"皇帝"，但实际上，直到戴克里先执政之时，才将"元首"改为"皇帝"，正式确立了君主制。而此时的罗马帝国，已经蒙上了衰败的阴影。公元1~2世纪，罗马帝国强盛一时，可惜好景不长，罗马帝国出现了严重的危机，经济凋敝，政局动荡。但罗马皇帝为了炫耀帝国的富足，还经常在各种节日和纪念日举行盛大的庆祝活动。公元106年，罗马皇帝图拉真为纪念他在达西亚的胜利，竟然连续举行了123天的节日娱乐。皇宫里更是腐化堕落，仅御用美容师就有数百人之多。上行下效，罗马的各级官员和富人们也都挥金如土，过着穷奢极欲、荒淫无度的生活。

与此同时，统治者内部争权夺利的斗争也越来越激烈。今天一个皇帝刚上台，结果明天就被杀掉了，又重新换了一个皇帝。在公元235年以后的50年中，竟一连换了10个皇帝，罗马帝国的衰落已经无可挽回了。

公元284年深秋，一个阳光灿烂的午后，小亚细亚北部的一条大路上，一支罗马大军正在返乡的途中，他们从波斯人那里掠夺了大量的金银财宝和其他物品，每个人都发了大财。但不幸的是御驾亲征的皇帝凯旋途中病死，而继位不到一个月的新帝也得了重病，不得不蒙着被子躺在担架上，让几个士兵抬着走。一路上，士兵们一直闻到一股臭味，但始终不知道从哪里发出的，大家都很纳闷。

"快走！快走！"近卫军长官阿培尔骑着马来到在担架旁，对抬担架的士兵大声呵斥，"要是你们走得慢，耽误了皇帝的病情，小心你们的脑袋。"阿培尔恶狠狠地说。几个抬担架的士兵敢怒不敢言，只好加快了脚步。"等等。"阿培尔忽然翻身下马，轻轻地揭开了被子一角，往里面看了看。就在阿培尔揭开被子的时候，那几个抬担架的士兵闻到一股强烈的臭味。虽然现在已经是深秋了，但天气依然很热，臭味显得越发强烈。

傍晚，大军来到尼科美地城休息。一个抬担架的士兵悄悄地问同伴："你说奇怪不奇怪，皇帝既不吃药又不吃东西，病能好吗？"另一个士兵想了想，来到担架旁边说："陛下，你想吃点什么？"但用被子蒙着的皇帝丝毫没有反应。这名士兵小心翼翼地揭开被子一看，不由得惊呼："啊！皇帝陛下死了！"附近的士兵一听到喊声，都围了过来。原来一路上的臭味，是皇帝的尸体发出来的。

"是谁杀害了皇帝？把凶手找出来！"士兵们怒吼着，纷纷要求严惩凶手。

阿培尔走过来，向士兵大吼道："吵什么吵？！难道你们想造反吗？皇帝死了重选一个不就行了。谁要再敢闹事，就地处决！现在马上回营房去！"士兵们都默不作声。

这时皇帝卫队长戴克里先冷笑着："阿培尔，你说得轻巧！该

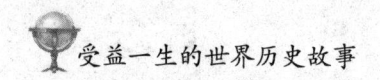

处决的不是别人,而是你!是你杀死了两位皇帝!"阿培尔见自己的罪行暴露,拔出宝剑刺向戴克里先。戴克里先毫不示弱,拔剑迎战,将阿培尔杀死。戴克里先的举动赢得了士兵们的拥护,被拥立为罗马帝国的新皇帝。

戴克里先当上皇帝后,没有返回罗马,而是在尼科美地城大兴土木,以此为首都,建造了奢华的皇宫。戴克里先被奉为天神,皇权也大大加强了,"元首"的称号正式改称为君主。这种君主制成了罗马帝国后期相袭的一种统治形式。

戴克里先无力应付频繁的奴隶起义和外族入侵,就委托好友马克西米连治理帝国的西部,马克西米连定都意大利的米兰。于是罗马帝国就出现了两个皇帝,一切命令都用他们的名义发出。后来,他们又让自己的女婿担任自己的副职,各自统治罗马帝国的一部分,历史上称为"四帝共治制"。这种制度虽然不利于中央集权,但却巩固了边疆,扩大了领土。

公元305年,戴克里先和马克西米连同时退位。继承戴克里先帝位的君士坦丁于公元330年把首都迁到拜占庭,改名为君士坦丁堡(今土耳其伊斯坦布尔),号称"新罗马"。公元395年,罗马帝国分裂为东、西两个帝国,即以君士坦丁堡为首都的东罗马帝国(又称拜占庭帝国)和以罗马城为首都的西罗马帝国。

君士坦丁大帝

公元312年的一天夜里,正在为第二天的大战而忧心忡忡的君士坦丁,站在罗马附近的米尔维亚桥上眺望着星空。突然,他看到

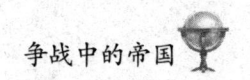

苍茫的天空中出现了4个火红色的十字架，还伴随着这样的字样：依靠此，你将大获全胜。

这个情节是那么遥远而虚幻，以至于后人对它的真实性产生怀疑。但是，不管它是真是假，的确从那一年之后，世界历史发生了一个影响极为深远的变化，并且这个变化就来源于君士坦丁。

君士坦丁是私生子，出生于公元280年，父亲是位著名的将军，后来被士兵拥立为奥古斯都，母亲是一个小旅店的女仆。他小时候没有受过多少教育，只懂得一些希腊文。十几岁他就随父亲从军，参加抵御蛮族入侵的战争。由于有勇有谋，他很快就成长为一名高级将领。公元306年，父亲死后，君士坦丁继任"奥古斯都"。此时罗马帝国出现两个奥古斯都并存的局面，君士坦丁是西部奥古斯都，东部奥古斯都为李基尼乌斯。

公元313年，君士坦丁与李基尼乌斯在米兰会晤，共同颁布了著名的"米兰敕令"。"米兰敕令"承认基督教的合法地位，并归还以前没收的财产。从此，基督教由受迫害的秘密宗教转变为受政府保护的合法化宗教，迅速在罗马帝国传播开来。此后，君士坦丁与李基尼乌斯为争夺统治权，进行了10年的战争。公元323年，君士坦丁击败李基尼乌斯，成为唯一的奥古斯都，重新统一了罗马帝国。

君士坦丁夺取全国政权后，在行政、军事、宗教等方面进行了一系列改革，以加强中央集权的专制统治。他取消以前的四帝共治制，委派自己的亲信治理帝国各个部分，加强对地方的控制。他在行省中施行军政分开的政策，军事首长直接向皇帝负责，从而使皇帝完全掌握了军事大权。宗教方面，他对基督教进行保护和利用，把基督教变为帝国政权的可靠支柱。公元323年，为了解决基督教的内部纷争，君士坦丁在尼西亚召集了基督教第一次宗教大集结，统一了基督教的教义和组织，使基督教成为维护专制统治的工具。通过这一系列措施，君士坦丁把罗马的君主专制制度提高到一个新阶段。

随着帝国重心的东移，君士坦丁于公元330年把首都从罗马迁到东方的拜占庭，取名君士坦丁堡，意为君士坦丁之城。为营建新都，他大兴土木，从帝国各地调集石料、木料，用于建造宫殿、教堂、图书馆和大学等。他还大力提倡文学和艺术，采用各种措施吸引世界各地的杰出人才来到君士坦丁堡，使君士坦丁堡成为当时的文化中心。此后，君士坦丁堡一直是东部罗马帝国的首都。

君士坦丁在统治期间，虽然宣布基督教合法，鼓励臣民们与他一同接受这个新信仰，但从没有公开承认自己是基督徒。直到公元335年5月22日，君士坦丁身患重病，自知将不久于人世，才请了一位基督教牧师给自己洗礼，据说是为了藉此洗净一生的罪恶。然后，这位年届64岁、疲惫不堪的君主，脱去了皇帝的紫袍，换上初信圣徒所穿的白长衣，安然辞世。

君士坦丁的专制统治与改革措施，使罗马帝国得到暂时的稳定，但无法挽救罗马奴隶制社会的没落。君士坦丁死后，统治集团内部发生争夺帝位的长期混战，到狄奥多西一世时才重新恢复统一。公元395年，狄奥多西一世死后把帝国分给两个儿子，由此罗马帝国正式分裂为以君士坦丁堡为都城的东罗马帝国和以罗马为都城的西罗马帝国。公元476年，日益衰落的西罗马帝国被日耳曼人所灭，而东罗马帝国转入封建社会后，又继续存在了近千年。

民族大迁徙

罗马人征服高卢之后，在帝国的北部，相当于今天欧洲的北起波罗的海、南到多瑙河、西至莱茵河、东至维斯杜拉河之间的广大地区，生活着日耳曼人，人口大约有500多万。那时，他们还处于原始社会阶段，以畜牧业、狩猎为生，相对于罗马人来说，他们要落后得多，所以被称为"蛮族"。

日尔曼人分为很多部落，有东哥特人、西哥特人、汪达尔人、盎格鲁人、撒克逊人、勃艮第人、法兰克人等等。在罗马帝国强大的时候，为了保障自身的安全，罗马人有时主动出击，攻打日耳曼人；有时又允许一部分日耳曼人进入北部边境，帮助罗马人守卫边疆；有时不断挑拨离间日耳曼各部落之间的关系，让他们自相残杀。在与罗马人的接触中，日耳曼人逐渐掌握了先进的生产工具和武器，生产力水平不断提高。随着人口的增加，为了生存和满足自己对财富的渴望，日耳曼各部落的首领率领族人不断袭击已经衰落的罗马帝国。

首先进入罗马的是西哥特人。当时，来自东方的匈奴人击败了东哥特人，继续向西进军。西哥特人犹如惊弓之鸟，在得到罗马皇帝瓦伦斯的允许后，他们渡过多瑙河进入罗马帝国避难，从此掀开了欧洲民族大迁徙的序幕。

迁入罗马帝国的西哥特人经常受到罗马官员的欺压，公元387年，忍无可忍的西哥特人举行了武装起义。罗马皇帝瓦伦斯亲自率兵镇压，结果在亚得里亚堡（今土耳其乔尔卢城北）全军覆没，自己也被西哥特人所杀，全欧洲为之震惊。这一仗，打破了罗马人不可战胜的神话，大大鼓舞了其他日耳曼部落的信心。这次起义虽然被后继的罗马皇帝狄奥多西镇压，但罗马帝国已无力彻底消灭西哥特人，狄奥多西只好极力笼络西哥特人，准许他们定居巴尔干半岛，并保证供给足够的粮食。公元395年，狄奥多西去世，罗马帝国分裂为东、西两个帝国，西哥特人在首领阿拉里克的率领下趁机再次起义，在马其顿和希腊大肆掠夺。

公元401年，阿拉里克率领西哥特人进军意大利半岛。罗马帝国虽然已经衰落了，但意大利本土一直是安全的。西哥特人的到来，令罗马人大为惊恐。罗马将军斯底里哥调集了许多军队，终于赶跑了阿拉里克，罗马人这才长出一口气。公元410年，阿拉里克率领西哥特人卷土重来，这一次，他攻克了罗马。西哥特人在罗马城中大肆劫掠了三天三夜，扬长而去。阿拉里克死后，继任的阿多尔福与罗马言和，并接受了罗马将军的封号。公元412年，西哥特人进军高卢，占领了南高卢的阿奎丹地区，不久又占领了西班牙。公元419年，西哥特人建立了以图卢兹为中心的第一个"蛮族"王国——西哥特王国。从此，西哥特人结束了长达半个世纪的迁徙，在南高卢和西班牙定居下来。

在罗马人和西哥特人交战的时候，另一支日耳曼部落汪达尔人乘虚而入，抢掠了高卢后，进入西班牙定居。公元416年，西哥特人向汪达尔人发动进攻，汪达尔人抵挡不住，只好渡过直布罗陀海峡，进入北非。经过10年的征战，汪达尔人战胜了那里的罗马军队，占领了罗马的阿非利加行省，定都迦太基，建立了汪达尔王国。此后，汪达尔人又占领了西西里岛、撒丁岛、科西嘉岛等地。公元455年，汪达尔人渡海攻克了罗马城，将全城的文物破坏殆尽。

法兰克人和勃艮第人则越过莱茵河，进入高卢。公元457年，勃艮第人在高卢东南部建立了勃艮第王国，定都里昂。公元486年，法兰克人在首领克洛维率领下，击败罗马军队，占据高卢北部，建立法兰克王国。

公元5世纪中叶，盎格鲁人、撒克逊人横渡英吉利海峡，在大不列颠岛登陆，打败了当地的凯尔特人，占据大不列颠岛的东部和南部，建立许多小王国。

匈奴帝国灭亡后，东哥特人获得独立。他们进军意大利，占领了拉文那一带，建立东哥特王国，后被拜占庭帝国所灭。

公元568年，伦巴第人又占领意大利半岛的北部，建立了伦巴第王国，定都拉文那，为欧洲民族大迁徙画上了一个句号。

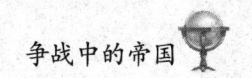

西罗马帝国覆灭

罗马城虽然经过了蛮族的两次洗劫，但还拥有很多金银财宝，很多蛮族还想再去抢劫，比如北非的汪达尔人。

汪达尔人不是北非的土著居民，他们是日耳曼人的一支，原来居住在斯堪的那维亚半岛南部。公元3世纪的时候，他们南下中欧，重金贿赂罗马皇帝君士坦丁，获得了在罗马帝国境内居住的权力。后来匈奴人来到欧洲，汪达尔人被迫西迁，加入了民族大迁徙的洪流之中。他们先是来到高卢境内，接着又翻越了比利牛斯山，到达西班牙，摧毁了当地的罗马政权，在那里建立了汪达尔王国。

公元416年，西哥特人进攻西班牙，汪达尔人被迫南迁。当时，汪达尔人的首领名叫盖赛里克，身材不高，但足智多谋。他决定避开势力强大的西哥特人，转移到罗马人统治力量薄弱的北非地区。

到达北非后，汪达尔人一路向东，沿途烧杀抢掠。当时北非的柏柏尔人正在反抗罗马人，他们把汪达尔人视为解放者，积极支持汪达尔人同罗马人作战，使罗马人在北非的政权土崩瓦解。公元438年，汪达尔人占领了北非的迦太基，并建都于此，建立了汪达尔王国。北非是罗马的粮食供应地，这里沦陷后，罗马顿时出现了粮荒，而汪达尔人则势力大增。罗马人被迫同汪达尔人签订条约，承认他们对北非地区的占领，还把罗马的公主嫁给汪达尔王子。

但盖赛里克并不满足，他占领了罗马在非洲的全部领土后，把目光投向了罗马城，他想像阿拉里克一样攻陷罗马城，掠夺财富。为此，盖赛里克建立了一支强大的舰队，并日夜不停地训练。汪达尔人的舰队相继占领了撒丁岛、西西里岛等地中海主要岛屿，成为继迦太基和罗马之后的地中海霸主。

公元455年，盖赛里克率领庞大的汪达尔舰队开始渡海北征，

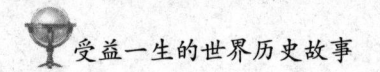

进攻罗马城。当汪达尔人的舰队到达台伯河的入海口处时,整个罗马城陷入了一片恐慌之中。

几辆豪华的马车从罗马皇宫疾驶而出,向城门口冲去。

"开门!快开门!"西罗马皇帝从马车中伸出头,对守门的卫兵大声说。

这时旁边的罗马人认出了皇帝,大喊:"不好了!皇帝要逃跑了!"很多罗马人听到喊声赶了过来,将皇帝的车队围得水泄不通。

"让开!让开!"西罗马皇帝愤怒地大喊大叫。

"你不能走!你是罗马皇帝!你必须带领我们抵抗汪达尔人,和罗马共存亡!"一个罗马人义愤填膺地说。

"罗马守不住了,你们也快跑吧!开门!快开门!"西罗马皇帝急不可待地说。愤怒了的罗马人一拥而上,将皇帝活活打死。

很快,汪达尔人的舰队就来到罗马城下。此时的罗马人早已没有了他们祖先当年的勇武,汪达尔人很快就攻克了罗马,并在城中开始了大规模抢劫。皇宫、国库、教堂、富人的宅邸甚至一般人的家都被汪达尔人洗劫一空。他们把掠夺来得金银财宝、丝绸、瓷器、华丽的装饰品装满了他们的大船,并且将3万罗马人掠为奴隶,盖赛里克还抢走了罗马公主。最后汪达尔人四处放火,将罗马城付之一炬。几百年来,罗马人留下的无数建筑珍品和文明成果就这样被熊熊大火吞没。罗马,这座昔日繁华富丽的城市,在经历了这场浩劫之后已是满目疮痍,一片凄凉。后来的欧洲把疯狂破坏文明成果的野蛮行为称为"汪达尔主义"。

此时的西罗马帝国已经四分五裂,勃艮第人占领了高卢,西哥特人占据着西班牙,汪达尔人统治着北非,意大利半岛被东哥特人控制着,连西罗马皇帝都是东哥特人的傀儡。

公元476年,日耳曼雇佣军的长官奥多里克废黜了最后一个罗马皇帝罗慕洛·奥古斯都,西罗马帝国灭亡。年轻的罗慕洛·奥古斯都手中没有一兵一卒,他无力反抗,只好命随从把东西搬上车,默默地离开了皇宫。

中世纪

中世纪始于5世纪，迄于15世纪，横跨历史长河1000年，在罗马帝国古老的黄金时代和文艺复兴的新黄金时代之间，构成了人类社会最重要的转型期。波澜壮阔的民族大迁徙使人类社会开始从分散走向整体，同时，国家和社会体制也发生了变化。封建化的兴起与早期封建国家的建立，奠定了近代世界历史格局的基础，人类历史开始进入一个新的发展时期。

法兰克国王克洛维

法兰克人是日耳曼人的一支,生活在罗马帝国的北方。公元3世纪中叶,法兰克人不断渡过莱茵河,闯入罗马帝国境内,大肆屠杀抢掠,让罗马人很是头疼。但同时也有些法兰克人被罗马人招募,充当雇佣兵。公元4世纪时,法兰克人分为两支:一支是海滨法兰克人(萨利克法兰克人),住在莱茵河口附近和索姆河流域;另一支是河滨法兰克人(里普阿尔法兰克人),住在以今德国科隆为中心的莱茵河两岸。"法兰克"在日耳曼语中是"大胆"的意思,法兰克人都是不怕死的勇士,他们打起仗来个个奋不顾身。墨洛温家族是法兰克人中最尊贵的家族,他们都长发披肩,以显示自己高贵。

公元5世纪前期,当时高卢中北部包括巴黎在内广大区域,由西罗马帝国的将军西阿格里乌斯统治着。这里与意大利的联系早被切断,实际上已经独立,西阿格里乌斯自称"罗马人的王"。

公元481年,15岁的克洛维在父亲死后,成为了法兰克人的首领。克洛维像多数法兰克人一样强悍好斗,以战斗作为自己的爱好和事业。他性格残忍,善于玩权术,经常果断铲除威胁自己的人,同时具有一个政治家的长远的战略眼光。

公元486年,一支海滨法兰克人在克洛维率领下越过阿登森林(在今比利时境内)南下,联合另一支海滨法兰克人,在苏瓦松击败西阿格里乌斯的军队。西阿格里乌斯仓皇南逃,投奔了西哥特人。克洛维派使者前去索要西阿格里乌斯,西哥特人把他套上镣铐送交克洛维。击败西阿格里乌斯后,克洛维占领了包括巴黎和卢瓦尔河以北大片土地,建立了法兰克王国,他本人也从一个部落联盟首领变成真正的国王,开始了以他非常受人尊敬的祖父墨洛温名字命名的墨洛温王朝。

法兰克王国的建立标志着法兰克人从部落联盟演化到了国家阶段,而克洛维也从一个部落首领变成了国王。

法兰克王国大事年表

公元481年,克洛维建立法兰克王国,开始墨洛温王朝。

公元496年,克洛维皈依基督教。

公元715年,查理·马特任墨洛温宫相。

公元751年,矮子丕平建立加洛林王朝。

公元768年,查理即位。

公元774年,查理征服伦巴第人,控制北意大利。

公元800年,教皇为查理行加冕礼,法兰克王国发展为查理曼帝国。

公元843年,法兰克王国(查理曼帝国)分裂。

拜占庭的扩张

西罗马帝国灭亡后,东罗马帝国皇帝就以罗马帝国的继承者自居,并以恢复古罗马帝国的版图为己任。当时被视为"蛮族"的日耳曼人在原西罗马帝国的领土上建立了很多小王国,他们信奉基督教的阿利乌斯教派,这是自认为信奉基督教正统、以基督教正统保护者自居的东罗马皇帝所不能容忍的。查士丁尼即位后,立志消灭

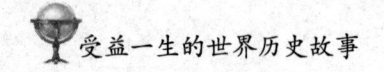

信仰异端的蛮族国家，实现罗马帝国在政治和宗教上的统一。

东罗马帝国是古罗马帝国工商业繁荣的地区，首都君士坦丁堡位于亚欧两洲的交界处，可以收取高额的过路费，丝绸专卖使政府获利丰厚。查士丁尼又在全国征收土地税，每年可得黄金3000磅，使得东罗马帝国的经济实力非常强大。经过多年的准备，查士丁尼开始了自己雄心勃勃的收复罗马帝国计划，发动了大规模的战争。

为了解除后顾之忧，查士丁尼不惜赔款1.1万磅黄金，与波斯签订了"永久和约"。稳定了东方后，查士丁尼开始对西方发动大规模的战争。当时西部的蛮族国家，如汪达尔王国、东哥特王国、法兰克王国等国动荡不安，国内矛盾十分尖锐。这些蛮族王国文化落后，所以他们努力学习罗马的先进文化，受罗马文化影响很深，以至于他们认为罗马皇帝是人间的上帝。在东罗马帝国大军兵临城下的时候，他们不是联合起来共同对敌，反而互相掣肘，自相残杀。

公元533年，查士丁尼派大将贝利萨留率领1.6万人从君士坦丁堡出发，开始了长达20多年的征服战争。

贝利萨留大军的矛头首先指向的是北非的汪达尔王国。汪达尔人本来与东罗马帝国签订过和平条约，两国长期以来平安无事。但信仰阿利乌斯教派的汪达尔人无法容忍信仰基督教正统的罗马人，所以对汪达尔王国境内的罗马人大肆迫害，有的关进监狱，有的卖为奴隶，并没收了罗马人的土地和财产。很多罗马人纷纷逃到君士坦丁堡，向查士丁尼求救，希望他能消灭蛮族、铲除异端，这正好给了查士丁尼一个发动战争的借口。

贝利萨留率领军队在北非登陆，向汪达尔王国的首都迦太基推进。此前，汪达尔国王盖利麦一直没有认真备战，听到东罗马人登陆的消息才匆忙率军前去迎战，双方在迦太基城附近展开决战。开始的时候汪达尔人占了上风，但盖利麦的兄弟不幸阵亡，悲伤过度的盖利麦抱着弟弟的尸体号啕大哭，竟然放弃了军队的指挥权。失去指挥的汪达尔大军顿时陷入了一片混乱之中,贝利萨留趁机发起反攻,东罗马人反败为胜。此后,汪达尔人再次进攻东罗马人,又遭失败。东罗马人攻陷迦太基,汪达尔王国灭亡。盖利麦逃到努米比亚,投奔了柏柏尔人。

查士丁尼把被汪达尔人剥夺的罗马人的财产全部归还,恢复了古罗马时代的旧制度。

征服汪达尔之后,查士丁尼又把矛头转向了东哥特王国。公元535年,查士丁尼以调解东哥特王国内部纷争和解救因不同信仰而被迫害的罗马人为借口,出兵被东哥特人占领的意大利。贝利萨留率领8000人先占领了西西里岛,很快又登陆意大利半岛。东哥特国王迪奥达特惊惶失措,想向东罗马人投降,结果被部下所杀。东哥特人推举将军维提格斯为新国王。维提格斯决定避敌锋锐,率主力撤到北方的首都拉文那。公元536年12月,贝利萨留进军罗马,教皇和居民开城投降。

公元537年2月,维提格斯率军南下围攻罗马,贝利萨留坚守不战。东哥特人久攻不克,士气低落,再加上军中瘟疫,只好撤退。公元540年,贝利萨留率军北上,攻陷东哥特首都拉文那,俘虏维提格斯。公元545年,东哥特人在新国王托提拉的率领下攻陷罗马,但他却向查士丁尼求和,这给了东罗马人以喘息之机。公元552年,东罗马人在意大利中部塔地那战役大败东哥特人,托提拉阵亡。公元554年,东罗马人彻底消灭了东哥特的残部,收复了整个意大利半岛。同年,东罗马帝国又利用西哥特王国的内讧,占领了西班牙的东南沿海地区。至此,东罗马帝国恢复了大部分罗马帝国的版图。但东罗马军队在意大利疯狂的搜刮掠夺,不仅遭到蛮族而且也遭到罗马人的痛恨。

公元565年查士丁尼去世。不久,东罗马帝国被征服地区大都丧失。

日本大化革新

日本位于东海之中，是由本州、九州、四国等大岛和很多小岛组成的岛国。公元3世纪以后，本州岛出现了一个较强大的国家大和，它的最高统治者自称天皇。经过不断扩张，大和逐渐占领了很多地区。到公元5世纪时，大和已经统一了日本的大部分地区，定都平城京（今日本奈良）。

公元7世纪的时候，大和国的朝政被权臣苏我家族把持着。苏我家族的族长苏我虾夷和他的儿子苏我入鹿架空天皇，疯狂兼并土地，激起了其他贵族，尤其是皇极女天皇的儿子——中大兄皇子的强烈不满。中大兄皇子经常接触一些从唐朝回来的留学生，从他们口中，中大兄皇子得知了唐朝的中央集权和繁荣富强，心中非常向往。为了夺回政权，中大兄皇子联络了一些同样对苏我家族势力不满的大臣，开始密谋除去苏我家族的势力。

公元645年六月，高句丽、新罗和百济三国的使者前来给大和国天皇进贡贡品。文武百官身穿朝服，肃立在两旁。大殿上只有天皇、苏我虾夷和苏我入鹿坐着。

这时，老奸巨猾的苏我虾夷忽然发现中大兄皇子没来，就懒洋洋地问皇极女天皇："中大兄皇子怎么没来啊？"

"哦，可能一会儿就到吧。"天皇有些害怕地说。

苏我虾夷早就知道中大兄皇子对自己家族把持朝政不满，又听说中大兄皇子最近在一个寺院操练军队，心中突然有一种不祥的预感。他站起身，说自己身体不适，要回去了。

临走时，他回头向儿子苏我入鹿使了个眼色，意思是要他注意点。苏我入鹿微微点了点头。

"使臣到！"随着朝官的禀报，大殿上鼓乐齐鸣，大臣们立在两旁。三国使者捧着贡品缓缓走进大殿。这时，苏我入鹿发现中大兄皇子竟然跟着三国使者一起走了进来。中大兄一走进大殿，就高声命令侍卫把大殿的大门关上，任何人不得进出。

"你在搞什么名堂！"苏我入鹿非常生气，站起来大声斥责中大兄皇子。

中大兄皇子也不答话，猛地拔出刀，冲上前去，向苏我入鹿猛砍。苏我入鹿大吃一惊，急忙拔刀自卫。没过几个回合，苏我入鹿的刀就被中大兄皇子震落。苏我入鹿见大势不好，急忙向门口冲去，中大兄皇子一个箭步冲上去，将刀刺入了他的后背。苏我入鹿惨叫一声，趴在地上一动不动。

大殿上的文武百官吓得脸色都白了，躲在角落里恐惧地看着这一幕，简直不敢相信自己的眼睛。三国使者捧着贡品，立在大殿上吓得一动都不敢动。杀死苏我入鹿后，中大兄皇子大喊一声，大殿外的侍卫一拥而入，将投靠苏我家族的大臣五花大绑，押了下去。

中大兄皇子笑着对三国使者说："现在没事了，给天皇献贡品吧。"三国使者这才哆哆嗦嗦地走上前，给天皇献上贡品后，急急忙忙退出了大殿。

中大兄皇子立即冲出大殿，跨上战马，率领宫廷卫队直奔苏我家，同时派人占领京城的交通要道。苏我虾夷的家臣和卫队早就不满他们父子的恶行，见了中大兄皇子的军队一哄而散，众叛亲离的苏我虾夷在绝望中自杀。

政变后的第三天，中大兄皇子逼迫自己的母亲皇极女天皇退位，拥立自己的舅舅登基，就是孝德天皇，自己以皇太子的身份摄政，开始启用从唐朝归来的留学生。孝德天皇即位后，迁都难波（今大阪），仿效唐朝建年号"大化"。

公元646年，孝德天皇颁布《改新诏书》，仿效唐朝进行改革，史称"大化革新"。新政权废除了奴隶主贵族世袭制，改为封建的中央集权官僚制度；废除奴隶主贵族私自占有土地和拥有部民（奴隶）的制度，土地收归国有，贵族以后从国家那里领取俸禄，部民改称公民，从属国家；建立从中央到地方的行政组织和军事、交通制度，将兵权收归国有；实行班田收授法，每6年授田一次，土地不得买卖，死后国家收回，受田人必须承担一定的租税和徭役。

大化革新是日本历史上一个的重要事件。通过大化革新，抑制了奴隶主贵族的特权，解放了部民，完善了国家制度，促进了日本生产力的发展，是日本从奴隶社会走向封建社会的转折点。

查理大帝

查理，或称查理曼，出生于公元742年，其父矮子丕平当时是法兰克王国墨洛温王朝的宫相（相当于中国的宰相）。丕平是位很有谋略的政治家，在他的影响下，查理从小便渴望拥有权力。公元751年，丕平建立了加洛林王朝，查理和哥哥卡洛曼一起被确立为王位继承人。查理经常随父亲四处征战，积累了丰富的军事经验。公元768年，他的父亲患水肿病死于巴黎，留下查理和卡洛曼两个儿子，法兰克人召开民众大会，推举这两兄弟为国王，平分全部国土。但卡洛曼放弃了对王国的监管，进修道院当了僧侣，三年后去世。公元771年，查理被拥戴为法兰克唯一的国王。

查理对基督教极为热诚和虔信，在他统治时期，曾下令教会和修院办学，并在宫中成立学院，广泛招聘僧侣学者前来讲学。他还从中等人家和低微门第人家中挑选子弟，与贵族子弟共同接受教育。甚至任命出身贫穷，学习优异的青年教士为主教。

查理不仅大力推行文化教育，他本人也酷爱学术。他喜欢历史，研究天文学，还向旅行家学习地理知识，并喜欢听文法演讲，甚至编了一本日耳曼语文法。他曾经与聘请来的各国著名学者组成小团体，与其中每个成员都平等相待、自由交往，并以绰号代替真名，查理就给自己取了一个"戴维德"的名字。

在定都亚琛后，他大兴土木，修建了许多金碧辉煌的宫殿和教堂，所有的大理石柱都是从遥远的罗马等地拆除古代建筑运来的。随着建筑的兴盛，绘画、雕刻等艺术也有所发展。查理还派人搜集和抄写了许多拉丁文和希腊文手稿，虽然他对抄本内容一无所知，但为后代保留了许多古典作家的著作。因为查理大帝统治的王朝叫加洛林王朝，所以后来的历史学家又把查理时代的文化繁荣称为"加洛林文化"。

查理统治法兰克王国时期，开始了大规模的领土扩张行动。他是个典型的中世纪骑士，身材魁梧，精力过人，从不知疲劳，把一生的大部分时间都用在了战争上。他一生共发动了50多次远征，并亲自参加了其中30次远征。

公元774年，查理出兵意大利北部，征服了伦巴德人。随后他又跨过易北河，与萨克森人展开了长达33年的拉锯式战争，并最后征服萨克森人，迫使他们改信基督教。对萨克森人的征服使基督教的传播范围空前扩大，查理在基督教世界的威望也与日俱增。公元778年，查理率军进入伊比利亚半岛，打败统治西班牙的阿拉伯人，攻克巴塞罗那城。

通过几十年的征战，法兰克王国领土已经扩大到了相当于今天的法国、瑞士、荷兰、比利时、奥地利以及德国、意大利的大部分地区，成为当时欧洲空前强大的国家。公元800年，查理进军罗马，援救被罗马贵族驱逐的教皇利奥三世，并被教皇加冕为"罗马人皇帝"。从此，法兰克王国成为"查理帝国"，查理国王则成了"查理大帝"。他把自己的帝国当作了古代罗马帝国的继续，有些历史学家甚至认为，查理的加冕标志着神圣罗马帝国的诞生。

到晚年时，他的军队已无力再继续征伐，甚至对阿拉伯人的侵扰也无能为力。年迈的查理已无当年的雄心壮志，把希望寄托在儿子身上。公元814年，查理大帝因病逝世。

美洲玛雅文化

玛雅人是印第安人的一支，生活在今墨西哥南部的尤卡坦半岛和中美洲一带，创造了辉煌的文明。

玛雅人是美洲唯一留下文字的民族。早在公元1世纪的时候，玛雅人就已经发明了象形文字。玛雅人的词汇非常丰富，大概有3000多个，是一种非常成熟的文字。当时文字被祭司垄断，祭司用头发制成毛笔，用无花果树的树皮做成纸，将他们的历法、编年史、祈祷文、风俗、科学、神话等记录下来。可惜的是，西班牙入侵美洲后，认为玛雅人的书是"魔鬼的书籍"，强迫玛雅人将他们的历史文献交上来，然后付之一炬，给后世的研究工作造成了无可挽回的巨大损失，现在存留下来的玛雅文抄本仅有3部。除了这3本书之外，考古学家们还在玛雅古城的废墟中挖掘出了大量的石碑，古城中城墙上、宫殿上、庙宇中，还刻有大量的文字。

玛雅人的天文学知识非常丰富。他们已经计算出太阳年的时间是365.2420日，这个结果在当时是遥遥领先于世界其他民族的。玛雅人将一年分为18个月，每个月20天，另外还有5天禁忌日，一共365天。墨西哥海岸的玛雅人金字塔中供奉着365个神像，象征着一年365天。玛雅人的历法与农业息息相关，分为"播种月"、"收割月"、"举火月"（用火烧荒地）等等。他们可以精确地算出日食发生的时间，可以算出月亮和星星的运转周期。而且玛雅人测出金星的运转周期为584天，比现在科学家测出的583.92天只差了一点点。

在数学方面，玛雅人也取得了辉煌的成就。他们用点表示一，用横表示五，画一个贝壳表示零。玛雅人对零的概念虽然比印度人要晚，但却比欧洲人早800年。当欧洲人还在将165记成"100加上60再加上5"的时候，玛雅人已经开始直接使用1、6、5三个符号表示了。

玛雅人在农业上为世界人民做出了巨大的贡献。他们培植出了玉米、西红柿、土豆、红薯、辣椒、南瓜等农作物。后来，这些农作物传遍了全世界。

在建筑方面，玛雅人也成就非凡。在古埃及，金字塔是法老的坟墓，而玛雅人的金字塔则是祭坛。玛雅金字塔高达几十米，全部用巨大的石头砌成，四周有阶梯，装饰着精美的浮雕，一直通到塔顶，塔顶是祭祀用的祭坛。在发掘的一座玛雅人城市的中央广场周围，建造有四座高大的神庙，最高的达75米。神庙呈三角形，顶上建有一座神殿，气势雄伟。玛雅人每隔20年就在城市里树立一根石柱，上面刻满了象形文字，记载了这20年里发生的大事。迄今为止，一共发现了几百个柱子，最早的石柱建于公元292年。公元800年后，玛雅文明突然衰落，再没有树立石柱。此后，玛雅文字失传，玛雅人的后代在文化方面已经退化，对他们伟大祖先创造的辉煌文化一无所知。

玛雅文明是美洲古代印第安文明的杰出代表，吸引着一代又一代的历史学家前去研究。

卡诺莎之行

在中世纪的欧洲，原先各国主教的任免权都掌握在各国皇帝、国王的手里，罗马教廷无权干涉。对此，罗马教廷一直心怀不满，时刻想改变这种状况。1056年，年仅6岁的亨利登上德国皇帝的宝座，他就是亨利四世。罗马教廷欺负亨利四世年纪小，就趁机反对德国皇帝任免主教，以削弱德国皇帝的权力。1073年，新当选的教皇格列高利七世发布教皇令，宣布教皇的权力高于一切，不仅可以任免主教，还可以惩罚、审判和任免皇帝、国王，但谁也不能审判教皇。西欧各国的皇帝、国王虽然对此不满，但由于害怕教皇的强大势力，只好表示赞成。当亨利四世23岁时，年轻气盛的他再也无法忍受教皇对自己的限制了，于是一场教皇的教权和皇帝的王权之间的激烈冲突爆发了。

1075年，亨利四世无视教皇禁止各国国王任免主教的禁令，一口气任命很多德国境内的主教。教皇得知后，写信给亨利四世，要他立即撤销委任，并写信忏悔，否则就开除他的教籍。亨利四世对此不屑一顾，还召开宗教大会，宣布废黜教皇，并写信辱骂教皇。教皇大怒，宣布开除亨利的教籍，剥夺他的皇帝资格，并号召德国人和西欧各国反对亨利。德国国内一些反对亨利四世的贵族和教士纷纷站出来，要求亨利放弃皇帝的职位，宣布效忠教皇，并且在一年内求得教皇的赦免令，否则就将剥夺他的皇帝资格。这时西欧各国的国王也纷纷表示拥护教皇，反对亨利四世，亨利四世一下子陷入了四面楚歌的境地。不久亨利四世听到了一个更不幸的消息：教皇已经到达意大利北部的卡诺莎城堡，等候德国反对亨利的贵族派军队来接他去参加制裁亨利的会议。

亨利四世冷静地分析了一下自己目前的处境，觉得现在还没有同教皇抗衡的能力，眼下最要紧的就是保住自己的皇位。

1077年1月，亨利四世带着妻儿和几个贵族，前去卡诺莎城堡向教皇谢罪求饶。当时大雪纷飞，寒风呼啸，滴水成冰，亨利等人艰难地翻过阿尔卑斯山，来到了卡诺莎城堡。按照当时谢罪的规定，亨利摘下了皮帽、脱掉了大衣和靴子，披上了一条忏悔罪人用的麻衣，跪在城堡外的雪地里，向教皇忏悔。

连续三天，亨利在冰天雪地里冻得瑟瑟发抖，痛哭流涕地表示对教皇忏悔。到了第四天，教皇才勉强接见亨利。

看着跪在地上的亨利，教皇仍旧怒气难消。他冷哼一声说："我已经开除了你的教籍，你不是已经废黜了我、骂我是假僧侣吗？那你还来干什么？"

亨利诚惶诚恐地说："尊敬的教皇，我已经承认自己的错误了。我是特地赶来向您忏悔的，请您原谅我的无知和狂妄，请您宽恕我。我已经撤销了冒犯您的命令，并写了服从您的保证书，请您过目。"说完，亨利从怀中掏出几张纸，哆哆嗦嗦递给教皇。

教皇这才满意，在场的主教和贵族也都纷纷表示愿意为亨利作证。亨利当场写了一份誓词，表示永远忠于上帝，永远忠于教皇。恢复教籍后，亨利就离开了卡诺莎城堡，回德国去了。在西方，"卡诺莎之行"就是投降的代名词。

回到德国以后，亨利卧薪尝胆，力量逐渐壮大，消灭了德国境内的反对势力。1080年，感到上当的教皇又一次开除了亨利的教籍。这时，羽翼丰满的亨利也再次宣布废黜教皇，并率兵进攻意大利，围攻罗马。教皇仓皇南逃，不久病死。

奥斯曼土耳其的崛起

土耳其人是突厥人的一支，土耳其就是由突厥一词转变而来的。突厥人原来生活在中国北方的蒙古高原和中亚一带，后来被中国的唐朝击败，被迫西迁，来到中东地区，依附于塞尔柱突厥人建立的鲁姆苏丹国。鲁姆苏丹将一块贫瘠的位于西北边境的土地赏赐给他们，让他们为鲁姆苏丹国守卫边疆，抵抗拜占庭帝国。在这一时期，土耳其人皈依了伊斯兰教。

1242年，鲁姆苏丹国在蒙古人的打击下瓦解，土耳其人趁机崛起。酋长埃尔托格鲁尔率领土耳其人东征西讨，打败了四周的部落，自称埃米尔（君主的意思）。1288年，埃尔托格鲁尔病死，他的儿子奥斯曼继位。

奥斯曼想娶长老谢赫艾德巴里的女儿为妻，但遭到了拒绝。一天，奥斯曼来到谢赫艾德巴里家，对他说："我昨晚做了一个奇怪的梦，梦见我的腰部长出了一棵大树，所有的树叶都变成了利剑，指向拜占庭帝国的首都君士坦丁堡的方向。长老，你懂得解梦，我的这个梦是什么意思？"谢赫艾德巴里沉思了一会儿说："这个梦预示着你的子孙会占领君士坦丁堡，成为世界的统治者。"奥斯曼听后非常高兴，说："那我现在可以娶你女儿吗？"谢赫艾德巴里点头答应了。奥斯曼登基那天，谢赫艾德巴里赠送给他一把"胜利之剑"。后来，颁发"胜利之剑"成为奥斯曼土耳其苏丹即位的传统仪式之一。此后，奥斯曼手持"胜利之剑"四处征战，建立了一个庞大的帝国。

奥斯曼是个雄才大略的人，当时拜占庭帝国已经衰落，外强中干，在小亚细亚的统治摇摇欲坠。奥斯曼把部落的士兵组织起来，将掠夺的土地分给他们，大大激发了他们的战斗热情。他吸收了很多其他突厥部落的勇士，壮大了自己的力量。有了强大的军事实力，奥斯曼开始向拜占庭帝国发起进攻。他攻占美朗诺尔城后，将这里作为首都，改名为卡加希沙尔。1300年，奥斯曼自称为苏丹，并宣布他的国家是一个独立的公国。奥斯曼并没有就此满足，1301年，奥斯曼对拜占庭帝国发起了更大的进攻，占领了富庶的卑斯尼亚平原，国力大增。1317年，奥斯曼率领军队围攻拜占庭帝国在小亚细亚最重要的城市布鲁沙城。拜占庭人凭借高大的城墙拼死抵抗，奥斯曼围攻了9年都没有攻克。1326年，实在无力抵抗的拜占庭人被迫宣布投降。这时候，奥斯曼已经身染重病。奥斯曼去世后，他的儿子乌尔汗继任为苏丹，迁都布鲁沙城。此后，人们把奥斯曼创建的国家称为奥斯曼帝国，也称奥斯曼土耳其。土耳其人也因此被称为奥斯曼人或奥斯曼土耳其人。

乌尔汗和他父亲一样，是一个野心勃勃的人。他继续父亲没有完成的事业，在不到10年的时间里，完全占领了拜占庭帝国在小亚细亚的领土。乌尔汗利用塞尔维亚和拜占庭帝国的矛盾，开始插手欧洲事务。为了占领一个进攻欧洲的军事基地，乌尔汗于1354年率军渡过达达尼尔海峡，占领了加里波里半岛上的格利博卢城堡。由于城堡高大坚固，加上拜占庭人的拼死抵抗，土耳其人一时无法攻克，乌尔汗一筹莫展。这时，乌尔汗的儿子苏莱曼自告奋勇，表示愿意前去攻打格利博卢城堡。在征得父亲的同意后，他只率领39名勇士，夜里乘船偷偷渡海来到城堡下。正在这时，此地突然发生大地震，城堡的城墙被震塌，城堡内的士兵和居民惊惶失措，纷纷逃亡。苏莱曼等人认为是真主安拉在帮助他们，一个个斗志昂扬，杀入城中，很快占领了这座城堡。土耳其人急忙增兵3000人，巩固了胜利果实。后来，格利博卢城堡成为奥斯曼土耳其进攻欧洲的桥头堡。

　　1359年,乌尔汗去世,他的儿子穆拉德一世即位。穆拉德一世率领奥斯曼大军继续进攻已经衰落不堪的拜占庭帝国,攻陷了一座又一座名城,拜占庭帝国被迫乞降,逐步沦为奥斯曼帝国的附属国。

君士坦丁堡的陷落

　　在奥斯曼帝国的残食下,拜占庭帝国只剩下一个城市,就是首都君士坦丁堡,但奥斯曼土耳其的苏丹穆罕默德二世仍不满意,时刻想占领这座繁华的城市。

　　1453年,穆罕默德二世率领20万大军和数百艘战船围攻君士坦丁堡。君士坦丁堡位于欧洲大陆的东南端,北临金角湾,南靠马尔马拉海,东面与亚洲的小亚细亚半岛隔海相望,西面与陆地相连,地势十分险要。大敌当前,君士坦丁堡的军民更是尽一切力量加固首都防御工事,除了在西面筑了两条坚固的城墙外,还在城墙上每隔100米修建一个碉堡,墙下挖了很深的护城河。在城北金角湾的入口处,他们用粗大的铁索封住海面,使任何船只都无法进入,在城东、城南临海的地方,他们也修建了高大的城墙。

　　4月6日,穆罕默德二世拒绝了拜占庭皇帝君士坦丁的求和,下令攻城。随着一阵阵震耳欲聋的巨响,一颗颗重达500千克的巨石从土耳其人的大炮中发出,重重地砸在君士坦丁堡的城墙上,高大坚固的城墙顿时出现了一个个的大坑。"冲啊!"数万土耳其士兵肩扛粗大的木头，滚动着木桶，向护城河冲去，企图填平护城河，为大军攻城铺平道路。"射击！快射击！"城墙上的拜占庭军官不住地大声催促士兵反击。拜占庭士兵趴在城墙上，躲在堡垒中，用火药枪、火炮、投石机、标枪、弓箭等向城下密密麻麻的不断涌过来的土耳其人疯狂射击。没有任何防护措施的土耳其人惨叫着，纷纷倒地而亡，剩下的吓得急忙扔掉木头扭头逃回本阵。

看到这一幕，穆罕默德二世知道正面强攻是不行了，必须另想办法。于是他下令挖地道，准备潜入城中，打拜占庭人个措手不及。不料，地道还没有挖到城中，就被拜占庭人发觉，拜占庭人用炸药破坏了地道。

在一筹莫展之际，穆罕默德二世采用一位海军军官的主意，用钱贿赂见钱眼开的热亚那人，派人由加拉太镇进入金角湾，然后从金角湾进攻君士坦丁堡。

第二天早晨，守卫君士坦丁堡北墙的士兵发现了土耳其人的战舰，大吃一惊。在苏丹的亲自指挥下，土耳其士兵在炮火的掩护下，一次接一次地冲锋。君士坦丁堡内的所有教堂的钟声都敲响了，拜占庭皇帝亲自登上城头，激励士兵拼死作战。可就在这时，一件不可思议的事情发生了。一群士兵从城墙上的小门出击，返回后忘了将门锁紧！土耳其人发现了拜占庭人这一致命疏忽，他们立即结集重兵，猛攻这个小门，终于攻进这座城市。

土耳其人进城后，疯狂地屠杀城中的居民，四处抢劫，很多豪华的建筑都被他们付之一炬。不过穆罕默德二世并没有毁灭这个城市，抢掠过后，他把奥斯曼帝国的首都迁到这里，改名为伊斯坦布尔（伊斯兰的城市的意思）。

俄罗斯的崛起

1240年，蒙古西征军在成吉思汗的孙子拔都的率领下攻占了基辅罗斯的首都基辅。1242年，占领了俄罗斯大部分土地的拔都建立了庞大的钦察汗国，许多俄罗斯的小公国被迫向他屈服。因为蒙古人住在金色的大帐中，所以俄罗斯人又把钦察汗国称为"金帐汗国"。

金帐汗国中，蒙古人只占少数，俄罗斯人占大多数。为了有效统治俄罗斯，拔都就以册封全俄罗斯大公的封号为诱饵，挑拨离间，使各个小国之间不合，甚至互相攻打，借此铲除反抗蒙古的势力，巩固自己的统治。归顺的小国王公们接受金帐汗国的赦令，向金帐汗国缴税、服兵役。为了向金帐汗国缴税和满足自己的奢侈生活，大公们竭力搜刮老百姓，老百姓们苦不堪言。

1327年的一天，一支蒙古军队来到伏尔加一带，这里是全俄罗斯大公亚历山大统治的地方。蒙古人一到这里就开始抢夺老百姓的财产，老百姓纷纷拿起武器抵抗。亚历山大也忍无可忍了，他亲自率领军队攻击蒙古人。蒙古人死伤惨重，狼狈逃走。金帐汗大怒，决定派军队讨伐亚历山大。

这时，莫斯科大公伊凡匆匆赶来求见。

"你来有什么事？"金帐汗问。

"无比尊敬的金帐汗，您千万不要为了亚历山大那个混蛋生气。为了表示我的忠心，我愿意率领我的军队和其他大公的军队为您讨伐他。此外这是孝敬您的礼物。"伊凡说完，献上了很多金银财宝。

金帐汗一看，非常高兴，说："好，打败了亚历山大，我就封你为全俄罗斯大公，让你替我收税！"

伊凡率领军队很快打败了亚历山大。亚历山大被处死后，伊凡如愿以偿地被封为全俄罗斯大公。从此，他利用手中掌握的收税权力中饱私囊，还帮助金帐汗去镇压别的小公国，同时扩大了自己的领土。到他死的时候，莫斯科公国已经成为俄罗斯最强大的公国了。到了伊凡的孙子季米特里·顿斯特伊担任大公的时候，莫斯科公国的势力又进一步发展，领土面积进一步扩大。这时的金帐汗国却四分五裂，蒙古王公们为了争夺大汗之位混战不止。季米特里决定趁金帐汗国内乱之机举兵反抗，摆脱蒙古人的统治。他率兵赶跑了莫斯科公国内的蒙古人，宣布独立。金帐汗国的大汗马麦汗非常恼火，决定教训教训季米特里。

1380年9月，马麦汗率领15万大军大举进攻莫斯科公国，季米特里率领10万大军迎战。两军在顿河南岸的库里可沃平原相遇。战前季米特里仔细观察了一下地形，库里可沃平原不大，中间是沼泽，四周是山冈和森林，不利于蒙古骑兵发挥优势。季米特里利用地形精心摆兵布阵，他将军队一字排开，中间是主力，两边是两翼，中间主力前面是先锋部队，他还将一支精锐的骑兵埋伏在敌人后方的森林里。

清晨的大雾刚刚散去，蒙古军队就呐喊着向俄罗斯人杀过来。俄罗斯士兵群情振奋，勇敢地冲向蒙古人。两军杀在一起，难分难解。季米特里身穿厚厚的铠甲，挥舞着大刀，奋勇杀敌。渐渐地蒙古人占据了优势，击溃了俄罗斯人的两翼，并集中兵力向中间主力进攻。俄罗斯主力步步后退，将蒙古人引到了沼泽地带。泥泞的沼泽大大延缓了蒙古人的攻势，季米特里趁机组织俄罗斯军队反攻。

埋伏在森林中的俄罗斯骑兵看到蒙古人陷入沼泽，阵形有些混乱，俄罗斯骑兵指挥官果断下令出击。蒙古人根本没有料到自己背后还有一支伏兵,顿时军心大乱。在俄罗斯人的前后夹击下,蒙古人大败而逃,这场战役最终以俄罗斯人的胜利而告终。库里可沃之战表明,俄罗斯人是可以战胜蒙古人的。到了15世纪,莫斯科的伊凡三世统一了俄罗斯,并最终击败蒙古人,结束了金帐汗国对俄罗斯长达两个半世纪的统治。16世纪,俄罗斯已成为欧洲的一个的强国。

黑死病肆虐欧洲

1345年的一天,蒙古大军围攻克里米亚半岛的卡法城,城中的意大利商人和拜占庭军队凭借着高大的城墙拼命抵抗。整整一年过去了,蒙古人始终没有攻下。

后来卡法的守军发现蒙古人的进攻势头越来越弱,最后竟然停止了攻击。蒙古人在搞什么鬼?卡法守军百思不得其解。不过卡法守军丝毫不敢放松警惕,认为这很可能是蒙古人在为发动一场更猛烈的进攻作准备。

果然,没过几天,蒙古人再次对卡法城发动攻击。不过这次蒙古人没像以前几次那样爬上云梯攻城,而是在城下摆了好几排高大的投石机。

"发射!"随着蒙古将军一声令下,"嗖嗖嗖"一颗又一颗的炮弹,向卡法城飞来。卡法守军看到炮弹时非常吃惊,原来这些"炮弹"不是巨大的石头而是一具具发黑的死尸!不一会儿,卡法城里就堆满了很多发臭的死尸。蒙古人发射完这些"炮弹"后,就迅速撤退了。这些腐烂的黑色尸体严重污染了卡法城的水源和空气，过了不久，很多人出现寒战、头痛等症状，再过一两天，病人便开始发热、昏迷，皮肤大面积出血，身上长了很多疮，呼吸越来越困难。患病的人快的两三天，慢的四五天就死了，死后皮肤呈黑紫色，因此这种可怕的疾病得名"黑死病"。当时的人们并不知道这是由老鼠传播的鼠疫——一种由鼠疫杆菌引起的烈性传染病。

卡法城变成了人间地狱，城中的大街小巷到处都有黑色的死尸，到处都是痛苦的呻吟和绝望的哭嚎。幸存的意大利商人披着黑纱，急忙乘船逃回意大利。但他们万万没有想到，一群携带黑死病菌的老鼠也爬上了船，躲在货舱里，跟随他们来到了意大利。

意大利人很快就知道了黑死病的事，因此拒绝他们的船靠岸。只有西西里岛的墨西拿港允许他们短暂停留，船上的老鼠跑到了岛上，黑死病首先在这里传播开来。因为墨西拿港是一个大港口，每天都有很多其他欧洲国家的商船靠岸，这些老鼠又登上这些船，来到欧洲各国。于是，一场大规模的黑死病开始在欧洲迅速传播。

其实，黑死病能在欧洲迅速传播，和当时欧洲人恶劣的生活条件是分不开的。那时，就连罗马、巴黎、伦敦这些大城市，也都是污水横流，垃圾、粪便和动物的死尸随意丢弃，臭气熏天，卫生状况非常差，这就为传染病的传播提供了有利条件。城市中除了贵族和有钱人外，绝大多数平民都生活在拥挤不堪、通风不畅的狭小房间里，很多人挤在一张床上，甚至有的人家连床都没有。当时的人也很少洗澡，从贵族到农民，很多人的身上都生了跳蚤、虱子。

此外由于基督徒极端仇视猫，他们认为猫是魔鬼的化身，因此蛊惑欧洲人对猫进行疯狂屠杀，致使猫几乎灭绝。老鼠没有了天敌，得以大量繁殖。

当时的医学水平根本无法治愈黑死病，一旦染病只能等死。人们把染病者关进屋子里，把门和窗全部钉死，让他们在里面饿死。有的人结成一个个的小社区，过与世隔绝的生活，拒绝听任何关于死亡与疾病的消息。有的人则认为反正是死，不如及时行乐。他们不舍昼夜地寻欢作乐，饮酒高歌，醉生梦死。有的人手拿香花、香草或香水到户外去散步，认为这些香味可以治疗疾病。也有一些人抛弃了他们的城市、家园、居所、亲戚、财产，独自逃到外国或乡下去避难。而罗马教皇则坐在熊熊烈火中间，以此来隔绝黑死病的侵袭。由于欧洲的犹太人懂得隔离传染病人的医学常识，所以死的人较少。一些别有用心的基督徒就诬蔑犹太人和魔鬼勾结，带来了黑死病，大肆屠杀犹太人。整个欧洲简直是一副世界末日的景象。

据统计，在14世纪的100年中，黑死病在欧洲共夺去了2500多万人的生命，再加上饥饿和战争，大约有2/3的欧洲人死亡。

英法百年战争

11世纪，威廉征服英国成为英国国王后，通过联姻和继承，英王在法国占有广阔的领地。12世纪以来，法国逐渐收回被英国占领的部分地区，力图把英国人从领土上驱逐出去，双方的矛盾越来越尖锐。富庶的佛兰德尔曾被法国夺回，但仍与英国保持密切的联系，对佛兰德尔的争夺成为双方斗争的焦点。1328年，没有儿子的法王查理四世去世，英王爱德华三世凭借自己是法王腓力四世外甥的身份要求法国王位继承权。这样，为争夺法国的王位继承权，双方开始出兵作战，拉开了英法百年战争的序幕。

1337年11月，英王爱德华三世率军入侵法国。对于岛国英国来讲，制海权是入侵法国成败的关键。1340年6月，爱德华三世率领250艘战舰、约1.5万人攻击斯鲁斯海里的法国舰队，法国舰队闻讯急忙出海迎战。拥有380艘战舰和2.5万人的法国舰队向英国舰队压过来。爱德华三世不敢硬碰，指挥舰队开始有条不紊地佯退。见敌船要逃，法国舰队急速追击，阵形开始紊乱。英军舰队突然调转船头，向法军冲去。虽然数量处于劣势，但英国海军却有更丰富的海战经验，法国舰船几乎全军覆没。英国夺得了制海权，为陆上战争解除了后顾之忧。

1346年，丧失海军的法王腓力六世大怒，他将自己精锐的重装骑兵派到前线，想用强硬的马蹄把英军踏得粉身碎骨。而当时的英国以步兵为主，根本没有与之相抗衡的骑兵。号称6万余人的法国骑兵在克雷西与2万英军步兵相遇。英王爱德华三世命令部队放慢进攻速度，引诱敌人来攻。当两队尚有一定距离时，英军强弓手开弓放箭，箭雨向法国骑士飞去。原来，英军为对付身披铠甲的法国骑士，偷偷制造了一种秘密武器——大弓，这种弓箭射程远、射速快、精确度高，能在较远处射穿骑士的铠甲。法军被箭雨打乱了阵脚，溃不成军。英国步兵抓住时机猛攻上去，与敌人展开白刃格斗。身着笨重铠甲的法军陷入被动，很快被英军击败。英军控制了陆上进攻的主动权，一举占领了法国的门户诺曼底，不久又攻占了重要港口加来。英国的弓箭让法军吃尽了苦头，从卢瓦尔河至比利牛斯山以南的领土都为英国人所有。

为抵抗英国的侵略，夺回丧失的土地，后来的法王查理五世改编军队，整顿税制，还任命迪盖克兰担任总司令。迪盖克兰指挥法军避开英军的锋芒，采用消耗、突袭和游击战术，发挥新组建的步兵、野战炮兵以及新舰队的威力，使英军节节败退，陷入困境。法国趁势夺回大片领土，并恢复了骑兵建制。

在战争中，法国内部矛盾日益加剧，贵族争权夺利，农民起义不断。刚登上英国王位的亨利五世乘机重燃战火，不久法国的半壁江山又沦入英军手中。英军继续向南推进，开始围攻通往法国南方的门户要塞奥尔良，法国贵族却没有一个敢去解围。

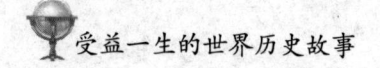

农民出身的少女贞德以神遣的救国天使名分,手持一把剑和一面旗帜带领法军冲进英军营中。贞德的勇气鼓舞着法军,他们顽强拼杀,一次次击败英军的进攻。法军击溃英军,被围困长达7个月之久的奥尔良城得救了。战争由此开始向有利于法军的方向发展,1453年,法军夺回了所有被攻占的地区,英国被迫投降。

英法百年战争给法国人民带来深重灾难,但促进了法国民族意识的觉醒;同时使英国放弃了谋求大陆的企图,转而走向海洋扩张的道路。

文艺复兴时期

地理大发现促进了资本主义萌芽的成长,同时沟通了东西两半球及局部地区彼此的经济交往,世界市场开始形成,新兴资产阶级拥有了广阔的活动空间。文艺复兴所涌现出的资产阶级新文化思潮与地理大发现互相呼应,改变了人们的观念和生活方式,成为资本主义发展的精神动力。

哥伦布发现新大陆

哥伦布(1451～1506年)出生于意大利的热那亚城,那里航海业发达,年轻的哥伦布热衷于航海和冒险,这些条件为其日后的远航打下了基础。

15、16世纪的欧洲,地圆学说已广为传播。人们相信从欧洲海岸出发一直向西,便可以到达东方。《马可·波罗游记》把东方描写为遍地是黄金和香料的天堂。当时的欧洲,随着商品经济的发展和资本主义萌芽的出现,发生了所谓的"货币危机",即作为币材的黄金、白银严重匮乏。许多欧洲人狂热地想到东方去攫取黄金,以圆自己的发财梦,哥伦布便是其中的代表人物。

梦想归梦想,去东方在当时可不是一件容易的事。传统的东西之间陆上贸易通道已被崛起的奥斯曼土耳其帝国隔断,地中海上的通路又为阿拉伯人把持。欧洲人要圆自己的梦,必须开辟新船路。可喜的是此时中国的指南针业已传入欧洲,而欧洲的造船业也达到相当的水平。这时年富力强的哥伦布认为条件已经成熟,决定进行一次远航。

第一次航行并不顺利,首要的问题是找不到赞助支持者。1486年,哥伦布就向西班牙王室提出了自己的设想,直到1492年才获批准。在西班牙王室支持下,哥伦布于当年的8月3日率领3艘帆船和87名水手从巴罗士港出发,向正西驶去。经过两个多月的颠簸,哥伦布一行终于发现了一片陆地,草木葱茏。他们欣喜地上岸,并将其命名为圣萨尔瓦多,意为救世主。这个岛屿就是巴哈马群岛中的一个，现名为华特霖岛。这时哥伦布犯了一个错误，他以为已经到了印度，就没有再向西，而是转道向南，沿着海岸线，陆续到达了今天的古巴和海地。他称这一带的土著民族为印第安人（即印度人），并了解了他们的风土人情，只是没有找到大量的黄金。

虽然没有直接获取黄金，但哥伦布也不虚此行。他一上岸就与当地的土著进行欺诈性贸易，以各种废旧物品换取他们珍奇、贵重的财物。而善良的土著人待之如上宾，主动帮助他们适应当地的生活方式，如建筑房屋、采集和狩猎等。这些野心勃勃的殖民者却在站稳脚跟后，对当地人进行疯狂掠夺和残酷的压榨。

不久，尝到甜头的西班牙王室有意让哥伦布再度远航。第二次航行，哥伦布到达海地和多米尼加等地区。之后哥伦布又两次航行美洲，但最终也未能给西班牙王室带回可观的黄金，终于受到冷落。1506年的5月20日，哥伦布在西班牙的瓦里阿多里城郁郁而终。

哥伦布发现了美洲新大陆，但到死都认为自己到了印度，今天的东印度群岛的名称即来源于此。美洲的发现开拓了人们的眼界，使世界逐步连为一体，对于扩大世界范围内的交流和推动人类文明进步有一定积极意义；同时也引发了欧洲大规模的殖民扩张，给当地的人民带来空前的灾难。

麦哲伦环球航行

费尔南多·麦哲伦，世界著名航海家，出身于葡萄牙贵族。10岁左右时，他被父亲送入王宫服役，1492年成为王后的侍从。16岁时，他进入葡萄牙国家航海事务厅，因而熟悉了航海事务的各项工作。1505年，麦哲伦参加了一支前往印度探险的远征队，不久因心理素质好、组织能力突出被推举为船长。此后，麦哲伦带领船员多次到东南亚一带探险和游历，积累了丰富的航海知识和航海经验。他根据古希腊人所提出的地球是圆形的说法，坚信穿过美洲东面的大洋就能到达东南亚，于是决定做一次环球航行。

麦哲伦先求助于葡萄牙王室，未果，转而向西班牙国王请求资助。西班牙国王查理虽然在口头上表示坚决支持麦哲伦的探险计划，但在实际行动中并不慷慨，只给了他少量资金。由于资金紧张，麦哲伦只购买了5艘破旧不堪的船只，最大的载重量只有120吨，最少的仅75吨。这些航船很难经受住大风浪的考验，被人们戏称为"漂浮的棺材"，但这些并没有破坏麦哲伦的计划。

麦哲伦率领一支由5艘帆船和来自9个国家的近270名水手组成的船队，于1519年9月20日从西班牙塞维利亚港出发，向西驶入大西洋。6天以后到达特内里费岛，稍事休整，10月3日继续向巴西远航，途中曾在几内亚海岸停靠，终于在11月29日驶抵圣奥古斯丁角西南方27里格处（里格，长度单位）。之后，船队继续向南，次年的3月到达阿根廷南部的圣朱利安港。当时的自然条件对航行极为不利，寒冷的天气使得缺衣少食的船员开始怀疑此行的价值，人心不稳，最终发生了3名船长叛乱事件。麦哲伦凭其卓越的领导才能，果断地平息了反乱，处死了肇事者。船队在圣朱利安港一直待到这一年的8月，为的是等待气候的好转。

根据麦哲伦等人的航海日志，船队于1520年8月24日离开圣朱利安港南下，10月21日绕过了维尔京角进入了智利南端的一道海峡（后被命名为麦哲伦海峡）。由于该海峡水流湍急，麦哲伦的船队只得小心翼翼地探索前进，经过20多天他们才驶出海峡，在此期间有两条船沉没。10月28日，麦哲伦等人出了海峡西口进入"南面的海"，有趣的是在这片海域的110天航行竟然没有遇上过巨浪，故而船员称之为"太平洋"。由于长时间的暴晒，船上的柏油融化，饮用水蒸发殆

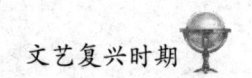

尽，食物也变质甚至生了蛆虫。船员无奈之下只得以牛皮绳和舱中的老鼠充饥。其艰难困苦可见一斑，但最危险的时刻还没有到来。

经过严重的减员之后，麦哲伦的船队于1521年3月抵达马里亚纳群岛中的关岛。在这里船员们获得梦寐以求的新鲜食物，他们感觉自己好像进入了天堂。他们停下来休整了一段时间以恢复体力，之后他们继续向西航行，到达了菲律宾群岛。

在登上菲律宾群岛的宿雾岛后不久，这些殖民者的本来面目就显露出来。麦哲伦妄图利用岛上两部落的矛盾来控制这块富饶的土地，不料在帮助其中一个部落进攻另一个部落时，被土著人杀死。

麦哲伦死后，环球航行面临夭折的危险，幸好麦哲伦的得力助手埃里·卡诺带领余下的两船逃离虎口，他们穿过马六甲海峡进入印度洋，这时仅有的两只船又被葡萄牙海军俘去一只。埃尔·卡诺只好带领仅存的"维多利亚"号绕过好望角，回到西班牙的塞维利亚港，已是1522年的9月6日。经过3年多的航行，原来浩浩荡荡的船队只剩下一艘船和18名船员，可见这次航行代价之惨重。

历时3年有余的环球航行，以铁的事实证明了地球是圆的，使天圆地方说不攻自破，同时也使世界的形势大大改观，宣布了一个新时代的到来。麦哲伦等人为世界航海史、科学史做出巨大贡献的同时，客观上也给殖民主义扩张开辟了广阔的道路。

殖民掠夺

殖民主义者用征服、奴役甚至消灭殖民地人民的残酷手段积累了巨额财富。殖民掠夺给亚、非、拉人民带来了深重的灾难，严重

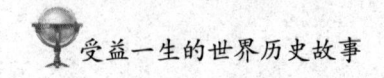

阻碍了这些国家和地区的发展进程。

新航路开辟后,葡萄牙和西班牙这两个中央集权制的封建国家积极向外扩张,最早走上了殖民侵略之路。

从15世纪起,葡萄牙人就在非洲西海岸的几内亚、刚果、安哥拉等地设立了殖民侵略据点。16世纪初期,葡萄牙殖民者又占领了东非海岸的莫桑比克、索法拉、基尔瓦、蒙巴萨和桑给巴尔等地,并将这些据点作为从西欧到东方这条漫长航线上的补给站。1506年和1508年,葡萄牙先后占领了亚丁湾入口处的索科特拉岛和波斯湾入口处的霍尔木兹岛这两个海上交通要津,从而控制了连接红海和亚洲南部的海路。1509年,葡萄牙人在阿拉伯海的第乌港附近击败了数量上占优势的穆斯林舰队,进而确立了印度洋上的海上霸权。为了控制印度,夺取卡利卡特的企图虽然失败了,但葡萄牙于1510年攻占了果阿,建立自己在东方的殖民总部。接着入侵了锡兰(今斯里兰卡)。1511年,它夺去了马六甲,这是通往东南亚的交通咽喉。后来,葡萄牙人继续侵占了印度西海岸的第乌、达曼及孟买。此外,还在苏门答腊、爪哇、加里曼丹及摩鹿加群岛(今马鲁古群岛)建立商站。在中国又夺取了澳门,作为经营东亚贸易的中心。葡萄牙人还到达了日本,并于1548年在日本的九州设立了第一个欧洲人的商站。这样,葡萄牙就成为垄断欧亚之间及中国、日本和菲律宾之间贸易的霸主。

葡萄牙扩张的主要方向是非洲和亚洲诸国,但它也入侵了美洲新大陆。1500年,葡萄牙一支远征队准备去印度,但在途中因赤道海流的冲击而偏离轨道,漂流到了南美洲的巴西。这样,巴西就成了葡萄牙的殖民地。

西班牙在海外建立的殖民地,要比葡萄牙的殖民地大得多,其主体部分在美洲新大陆。新大陆盛产金银,与东方香料有同等或更大的价值,因此西班牙便把主要注意力集中到这里。

哥伦布发现美洲,揭开了西班牙殖民者远征美洲的序幕。从

15世纪末到16世纪初,西班牙人首先把加勒比海和西印度群岛纳入自己的势力范围,先后在海地、牙买加、波多黎各等地建立殖民据点,并以此为基地开始对中南美洲广大地区进行武力征服。1521年,西班牙贵族科泰斯率军征服墨西哥,摧毁了印第安人古代文明的中心——"阿兹特克帝国"。1533年,西班牙冒险家皮萨罗率军占领了印加人的首府库斯科,使印第安人古代文明的另一中心"印加帝国"也惨遭涂炭,从此沦为西班牙的殖民地。此后,西班牙殖民者在不足20年的时间内,相继征服了厄瓜多尔、乌拉圭、玻利维亚、哥伦比亚、阿根廷等地。到16世纪中叶,除葡属巴西外,整个中南美洲几乎全部成为西班牙的殖民地,西班牙在中南美洲建立起庞大的殖民帝国。西班牙在当地设立殖民政府,委派总督治理,并向殖民地大量移民。贵族、商人、僧侣纷纷涌入美洲,大肆掠夺印第安人的土地和财富,建立封建的大地产制。

从早期殖民征服的目的来看,西、葡两国王室积极组织和支持海外探险活动,大肆进行殖民掠夺,主要是为了扩大封建统治范围。葡萄牙人早在沿着非洲西海岸探险时,就宣布西非为葡萄牙王室所有,并求得罗马教皇认可。

自哥伦布首航之后,西班牙派出的所有远征队每到一地,就将该地宣布为西班牙王室的财产,这都是典型的封建殖民侵略。

从早期殖民征服导致的直接后果来说,在海外,葡萄牙沿亚非海岸线建立了一个个殖民据点,控制了东西方商路,进行封建性的掠夺贸易。而西班牙不仅在中南美洲建立了庞大的殖民帝国,还将本国的封建制度移植到殖民地,建立了封建的大地产制。在国内,两国在殖民征服过程中掠夺了大量财富,使本国封建统治阶级有牢固的物质基础,当西欧其他国家的封建制度日趋解体时,西班牙和葡萄牙的封建制度却一度得到加强。两国将掠夺所得的金银财富大量用于维持庞大的官僚机构和对外的征服战争中,同时,王室、贵族和商人将大量的钱财花在进口各种商品上,以满足其奢侈的生活

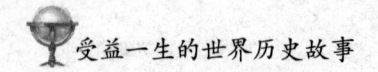

享受。因此,这些钱财不仅没有在两国起到资本原始积累的作用,反而打击了本国工业,延缓了资本主义发展的进程,使其很快丧失了殖民优势。

大诗人但丁

但丁出生于意大利的佛罗伦萨,父母早亡,由姐姐抚养长大。10岁前,他就读完了古罗马作家维吉尔、奥维德和贺拉斯等人的作品,对维吉尔推崇备至,视之为理性的象征和引导自己走出人生迷途的第一位导师。12岁时,他拜意大利著名学者布鲁内托·拉蒂尼为师,学习修辞学、神学、诗学、古典文学、政治、历史和哲学。拉蒂尼对但丁影响很大,被他称为"伟大的导师","有父亲般的形象"。但丁的青年时代是在读书中度过的,他勤奋好学,求知欲十分强烈,曾经到帕多瓦、波伦那和巴黎等地的大学深造,对美术、音乐、诗学、修辞学、古典文学、哲学、神学、伦理学、历史、天文、地理和政治都有很深的研究,成为了一个多才多艺、学识渊博的学者。

少年时,但丁曾经历了一场刻骨铭心的爱情。有一位名叫贝阿特丽齐的少女,她端庄、贞淑与优雅的气质让但丁一见钟情。遗憾的是贝阿特丽齐后来遵从父命嫁给一位银行家,婚后数年竟因病夭亡。哀伤不已的但丁将自己几年来陆续写给贝阿特丽齐的31首抒情诗以及散文整理在一起,取名《新生》结集出版。诗中抒发了诗人对少女深挚的感情,纯真的爱恋和绵绵无尽的思念,风格清新自然,细腻委婉,是欧洲文学史上第一部剖露心迹、公开隐秘情感的自传性诗作。1291年,在亲友的撮合下,但丁与盖玛结婚,生有两男一女。

但丁不是一位只埋头做学问的学究,他积极投身于争取共和和自由的政治斗争。但丁的故乡佛罗伦萨是欧洲最早出现资本主义萌芽的城市之一,也是新兴的资产阶级同封建贵族激烈斗争的中心。但丁在青年时代就加入了代表资产阶级利益的归尔弗党,参加反对封建贵族和罗马教皇专制统治的政治斗争。1300年,归尔弗党建立了佛罗伦萨共和国,但丁被任命为最高行政会议6大行政官之一。但共和国不久后失败,但丁遭到放逐,从此再也没有回到佛罗伦萨。在流放期间,但丁创作了《飨食》、《论俗语》、《帝制论》3部作品。《飨食》介绍了从古至今的科学文化知识,激烈批判封建等级观念,是意大利第一部用俗语写的学术性著作;《论俗语》论述了意大利各地区方言的历史演变与特点,为意大利民族语言的发展奠定了理论基础;《帝制论》第一次从理论上阐述了政教分离、反对教皇干涉政治的观点,向封建神权勇敢地提出挑战。

意大利北部名城拉文那的君主是位很有文化修养的骑士,他非常仰慕但丁的文学才华,邀请但丁到拉文那去定居。但丁到拉文那后,创作了他一生中最伟大的著作《神曲》。《神曲》是一部采用中世纪梦幻文学形式写成的长诗,描写诗人梦幻游历"地狱"、"炼狱"、"天堂"三界的经过。但丁在诗中对教会的贪婪腐化和封建统治的黑暗残暴进行了无情抨击,赞美现实生活并强调人的价值,体现了人文主义的新思想,为文艺复兴运动的兴起开辟了道路。《神曲》是用意大利方言写成的,为意大利文学语言奠定了基础,因此但丁被意大利人称为民族诗人。

晚年时,但丁与妻子盖玛和已经长大成人的三个孩子在拉文那团圆,得享天伦之乐。1321年秋,但丁不幸染上疟疾,不久便去世,享年56岁。但丁在世时,一直希望能够重回故乡,但未能如愿。但他坚信等《神曲》全书出版后,佛罗伦萨人民会请他返回故里,并给他戴上桂冠,因此还婉言谢绝了波伦那大学授予他的桂冠诗人称号。他死后,被拉文那人民戴上桂冠,隆重安葬。

几世纪后,佛罗伦萨人想把但丁的遗骸迁回故乡,市政府甚至在圣克洛斯教堂为他修筑了一座高大的墓冢。但迁葬一事遭到了拉文那人民的坚决反对,他们认为但丁是他们的光荣。结果直到现在,佛罗伦萨的但丁墓仍然是一座空穴。

文艺复兴时期的美术三杰

16世纪,文艺复兴运动逐步走向繁荣,意大利涌现出很多著名的艺术家、文学家和科学家,其中达·芬奇、拉斐尔和米开朗琪罗被称为"文艺复兴美术三杰"。

达·芬奇是佛罗伦萨人,他学识渊博,多才多艺,被认为是世界上智商最高的人,他在多个领域都有所建树,但使他闻名于世的是他的绘画。

达·芬奇的代表作是为米兰的圣玛利亚修道院画的壁画《最后的晚餐》和肖像画《蒙娜丽莎》。《最后的晚餐》取材于《圣经》,描绘了耶稣在被捕前的一个晚上吃晚餐时,对12个门徒说:"你们当中有人出卖了我。"12个门徒顿时震惊了,他们有的愤怒,有的怀疑,有的极力表示自己清白,有的询问,有的讨论,只有一个人紧握着钱袋,惊慌失措,身体后仰,他就是收了敌人银币后出卖耶稣的叛徒犹大。达·芬奇将这12个不同性格的人,描绘得惟妙惟肖，以艺术的手法谴责了叛徒犹大的卑鄙行为。这幅画是世界绘画史上的经典之作，1980年，《最后的晚餐》被列为世界文化遗产。相传在画这幅画时还有一个有趣的故事。达·芬奇为了画好耶稣，就去找了一个相貌端庄的模特，照着模特的样子画。画好以后，达·芬奇非常满意，就给了模特一大笔钱。几年后，达·芬奇要画犹大，就去找了一个相貌猥琐的乞丐，照他的样子画了犹大。没想到，乞丐放声大哭，对达·芬奇说："是你害了我！我就是以前的那个模特，你给了我一大笔钱后，我就开始过起奢侈的生活，但很快就把钱花光了，只好当了乞丐。"达·芬奇听了感慨不已。

有一天，一个富商请达·芬奇给他的妻子画像。这位贵妇人刚刚失去了小女儿，心里万分悲痛。达·芬奇为了让她微笑，特意请来一个喜剧演员，给她讲笑话，做各种滑稽的动作，这位贵妇人终于微微一笑。达·芬奇抓住这一刹那的微笑，一气呵成，终于画出了杰作《蒙娜丽莎》。

米开朗琪罗·波纳罗蒂出生于意大利的佛罗伦萨。他年轻的时候，有一次，一位公爵请他和达·芬奇各自创作一幅古代佛罗伦萨人反抗外敌侵略的画。当时达·芬奇已经是非常有名的画家了，但米开朗琪罗的构思和创作还是获得人们的认可与好评。米开朗琪罗的画表现的是佛罗伦萨人正在河里洗澡，听见了军号声，他们匆忙上岸，穿上衣服，拿起武器奔向战场，表现了佛罗伦萨人奋不顾身保卫祖国的英雄气概。

米开朗琪罗还是个雕塑家，他的代表作是《大卫》。《大卫》取材于《圣经》，雕像雕塑了一个健壮的青年，目光炯炯有神，表现了战胜敌人的必胜信心。《大卫》像完成后，佛罗伦萨人将之树立在城中，作为保卫佛罗伦萨城的英雄象征。后来他还应罗马教皇之请，为西斯廷教堂绘制天顶画。

拉斐尔·桑乔出生在意大利东部的乌尔比诺城，他的父亲是一位画家，受父亲的影响，拉斐尔从小就非常喜欢画画。21岁的时候,拉斐尔来到佛罗伦萨,仔细观摩达·芬奇和米开朗基罗等人的作品,进步很快。他的性情平和、文雅,他的画也一样。后来受教皇的聘请,拉斐尔为梵蒂冈创作了很多宗教画。以前的宗教画都非常呆板,拉斐尔别出心裁,将文艺复兴中的古典艺术思想注入宗教画中,使这些宗教画看上去充满了人文主义色彩。在他创作的名画《雅典学院》中,巨大建筑物的一重重拱门由近及远,柏拉图和亚里士多德边走边谈,周围是苏格拉底、阿基米德等人,象征着古希腊文明后继有人。拉斐尔37岁就去世了,但他的天才创作为他赢得了"画圣"的称号。

圣彼得大教堂

圣彼得大教堂是世界上最大的教堂,却坐落在世界上最小的国家梵蒂冈。圣彼得大教堂从1506开始兴建,意大利最优秀的建筑师勃拉芒特、米开朗琪罗、德拉·波尔塔和卡洛·马泰尔都相继主持过设计和施工,直到1626年11月18日才正式宣告落成,断断续续修建了120年。

圣彼得大教堂的椭圆形广场是巴洛克风格的,由巴洛克风格大师贝尔尼尼设计。巴洛克在西班牙语里的意思是"不圆的珍珠",引申为豪华奢侈。广场中心是一座尖塔,以尖塔为圆心,8条通道伸向广场,四周围着圆形廊柱,非常壮观。每逢重大节日,教皇就在这里举行弥撒。从高处俯瞰,柱廊犹如教皇伸出的一双手臂,将所有参加弥撒的信徒拥入自己的怀抱。

圣彼得大教堂位于广场的西南,宽18.7米、长133米,教堂圆顶的十字塔尖距地面133米。踏着台阶,经过一排高大的石柱,走进大门,步入教堂,就进入了可以容纳5万人的大厅。教堂的墙壁和天花板都用大理石镀金装饰,非常奢华,四周全是琳琅满目的艺术珍品,屋顶和四壁都是以《圣经》为题材的绘画,其中不少出自名家之手。

大厅的四周有很多小房间,同样富丽堂皇。意大利文艺复兴时期的著名艺术家如米开朗琪罗、拉斐尔等人的许多绘画和雕刻作品都珍藏在这里。这些艺术珍品中最引人瞩目的是3件雕刻艺术杰作:一是米开朗琪罗的雕塑作品《哀悼基督》。圣母怀抱死去的儿子悲痛万分,令人无比震撼。

二是贝尔尼尼雕制的青铜华盖。它由4根铜柱支撑,有5层楼那么高。华盖前的半圆形栏杆上燃着99盏长明灯,下面是祭坛和圣彼得的坟墓。教皇在这座祭坛上,面对东升的旭日,为朝圣者举行弥撒。

三是圣彼得宝座,也是贝尔尼尼设计的一件镀金的青铜宝座。宝座上是装饰着荣耀龛和象牙饰物的木椅,椅背上有两个手持开启天国的钥匙和教皇皇冠的小天使。传说这把木椅是第一任教皇圣彼得的宝座。

大厅上是一个直径达42米的圆形穹顶,令人叹为观止。站在米开朗琪罗设计的穹窿顶下抬头向上望去,让人感到大厅内的一切都显得非常渺小。

彼得是耶稣的12个门徒中与他关系最亲密和忠诚的门徒。据说圣彼得就埋在这座教堂内。罗马天主教神学界认为彼得是圣彼得大教堂的第一任首领和教会第一任大主教。在教堂内有圣彼得的铜制雕像,传说抚摸他的右脚能得到神的保佑,所以很多游客都纷纷抚摸他的右脚,现在它的右脚已明显小于左脚。

圣彼得大教堂的前身是一座旧教堂,1447年,尼古拉五世当选为教皇。他年轻的时候在博洛尼亚大学读书,非常喜欢古希腊文化和古希腊风格的建筑。他曾说："有了钱，就要把它用在建筑和书籍上。"当上教皇后，他终于可以实现自己的理想了。他派人到欧洲各地去搜集古代哲学家和文学家的书籍，充实梵蒂冈的图书馆，又请了很多学者翻译古希腊的著作，梵蒂冈成为当时欧洲古典文化的中心。尼古拉五世聘请当时的著名诗人和建筑学家阿尔伯第担任改建罗马城的总建筑师。在阿尔伯第的主持下，拆除了旧教堂。可惜没过多久，尼古拉五世就去世了，后几任教皇热衷于扩张领土，兴建新教堂的事就被耽搁下来了。

1503年，朱利乌斯二世当选教皇，他大力主张恢复古希腊古罗马的各种艺术，使当时意大利的文艺复兴运动达到顶峰，圣彼得大教堂又开始兴建。朱利乌斯二世聘请大画家勃拉芒特为总建筑师，并为新教堂举行了奠基仪式。两年后，著名画家拉斐尔来到罗马，朱利乌斯二世就请他主持大教堂的设计。拉斐尔主持了12年，一直到他去世。1547年，米开朗琪罗又担任了大教堂的总设计师，其后画家小沙迦洛又主持了大教堂的工程。经过几代人的艰苦努力，大教堂的主体工程终于完成了。由于罗马战乱频繁，大教堂的广场直到17世纪20年代，才在贝尔尼尼的主持下最终完成。

圣彼得大教堂是意大利人民辛勤劳动的结果和智慧的结晶，今天它已经成为全世界基督徒们瞻仰的圣地。

丰臣秀吉

1467年，日本进入了"战国时代"。当时日本列岛分为几十个诸侯国，各国诸侯为了争夺地盘和权利，展开了旷日持久的大混战。包括京都在内的许多繁华的城市被付之一炬，百姓们流离失所，苦不堪言。

16世纪中期的时候，日本本州岛中部的尾张国（今日本名古屋一带）在织田信长的统治下，逐渐强大起来。当时绝大部分日本人都信佛教、排斥外来宗教，但织田信长受传教士的影响优待天主教。别的诸侯军队都使用的是大刀长矛，而他从传教士手中买来了大量的火枪装备军队。在诸侯国中，武田家的骑兵号称天下无敌。1575年，武田家的武田胜赖进攻织田信长的盟友德川家康，德川家康抵挡不住，向织田信长求援。织田信长率领自己的火枪兵前来增援。武田胜赖率骑兵进攻织田信长，织田信长让火枪兵躲在防马栅后面，用火枪向武田军的骑兵射击。在火枪兵的打击下，武田胜赖的骑兵几乎全军覆没，许多大将战死。此战以后，诸侯中再也没有人能和织田信长相抗衡了。织田信长花了11年的时间，基本统一了日本中部。1568年，织田信长进入京都，混战了100多年的"战国时代"结束。

1582年，织田信长手下的大将明智光秀发动叛乱，织田信长在京都本能寺自杀，日本全国又陷入了混乱之中。织田信长手下另一名大将丰臣秀吉率领军队杀死了明智光秀，成为了日本的实际统治者。

1536年，丰臣秀吉出生于尾张国的一个农民家庭，后来成为织田信长的侍卫。丰臣秀吉随着织田信长南征北战，立下了赫赫战功，受到了织田信长的重用。平定了明智光秀的叛乱后，丰臣秀吉打着拥护天皇的旗号，率领织田信长留下的20多万军队经过8年的苦战，终于平定了日本各地的叛乱，完成了统一。

为了名正言顺地统治日本，丰臣秀吉下了一道命令，把全国的能工巧匠全都征集到京都。当时的京都已经是一片废墟了，丰臣秀吉决定建造一座自古以来最富丽堂皇的京城。几年后，新京城终于建好，丰臣秀吉在京城里为自己修建了豪华府邸，取名为"聚

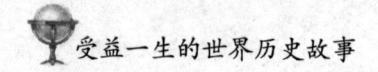

乐第"。

一天，丰臣秀吉把天皇、皇后和皇子们请到聚乐第，然后下令全国的大名（诸侯）们前来觐见。丰臣秀吉身穿绣金的衣服，率领文武百官和大名们叩见天皇。天皇心里很明白，现在丰臣秀吉大权在握，自己只不过是个任他操纵的傀儡而已。丰臣秀吉只是想假借天皇的名义，来威慑诸侯罢了，于是天皇就将他封为"关白"。

"关白"在日本是丞相的意思。当诸侯朝拜完天皇之后，丰臣秀吉就以关白的身份发了第一道命令："从此以后，我们要一心一意拥戴天皇，服从关白。"得意洋洋的丰臣秀吉下令大宴群臣，一连进行了5天，比以往天皇的排场还大。

丰臣秀吉和织田信长不一样，他认为天主教是外来宗教，信奉洋教会受洋人控制，于是下令驱赶传教士，拆毁教堂，强迫基督徒改信佛教。他下了一道命令："为了弘扬佛教，我决定铸造一尊大铁佛。所以老百姓必须将自己家中的刀、枪等武器上缴官府，以备铸佛之用，限期30天，违令者严惩不贷。"其实丰臣秀吉是假借铸造大佛来收缴藏在民间的武器，以防止老百姓和武士们造反。

在内战中所向无敌的丰臣秀吉野心膨胀，认为朝鲜和中国也和国内的诸侯们一样不堪一击。他计划先出兵占领朝鲜，再占领中国，迁都北京，然后再征服印度，最后统治全世界。

1591年，丰臣秀吉纠集了20万人，700艘战船，悍然发动了侵朝战争。由于朝鲜已经好几百年没有打仗了，所以军备非常松弛，结果被日军打得大败，朝鲜的首都汉城和很多重要的城市都失陷了，朝鲜国急忙派使者向中国明朝的皇帝求援。

在中朝联军的打击下，日军连连失败，最后丰臣秀吉忧郁而死。

德川幕府

丰臣秀吉死后,他的儿子丰臣秀赖年纪还小,原来归顺丰臣秀吉的大名德川家康起了反叛之心。

1598年丰臣秀吉死后,他的部下分裂为石田三成、小西行长为首的官僚派和加藤清正、福岛正则为首的武将派。实力最强的首席大老(辅佐丰臣秀赖的最高执政官)德川家康为取丰臣家而代之,利用两派不和迫使武将派归顺了自己,然后率领10万军队,于1600年六月进攻官僚派,石田三成和小西行长组成8万人的大军迎战。九月,两军交战于关原(今日本岐阜县不破郡)。由于官僚派的大将小早川秀秋临阵倒戈,投降了德川家康,导致官僚派惨败,石田三成和小西行长被俘。德川家康把他们处以极刑,丰臣秀赖被降为一般的大名,德川家康开始称霸全国。

1603年,天皇封德川家康为"征夷大将军",德川家康在江户(今日本东京)建立了幕府,成为了日本实际的统治者。从此日本开始了德川幕府(又称江户幕府)时代。

随着德川家康一天天衰老,丰臣秀赖一天天长大。德川家康为了自己家族的利益,决定消灭丰臣秀赖,永绝后患。丰臣秀赖也不甘示弱,为了击败德川家康,他招募了大量的武士,决心与德川家康决一雌雄。在关原之战中,很多参加官僚派的大名失去领地,很多武士失去了生活来源,因此他们非常憎恨德川家康。当丰臣秀赖在大坂发出招募武士的消息后,很快有10万名武士前来投奔。1615年夏天,德川家康率领大军进攻大阪,丰臣秀赖拼死抵抗,但最终大阪还是被攻陷，丰臣秀赖自杀。

德川家康为了巩固和强化自己的统治，建立了完整的幕藩体制。幕即是德川幕府，是中央政府机关，幕府将军是日本的最高统治者，统治着全国200多个藩国。天皇只是名义上的国家元首，没有任何实权，只是个傀儡。藩就是藩国，是幕府将军封给各地大名的土地和统治机构。藩国的统治者是大名，他们要绝对服从幕府将军和他颁布的各项法令，但在藩国内，他们享有很高的自治权，拥有政治、军事、司法和税收等大权，甚至还拥有自己的武装。日本实际上是由幕府和藩国共同构成的封建国家，这就是所谓的幕藩体制。

德川幕府把当时的日本人分成4个等级：士、农、工、商。士就是武士，是日本的统治阶级。农是农民，工是工匠，商是商人，他们都被统治阶级剥夺了一切政治权利。

德川幕府时期的主要的生产资料——土地，全部属于幕府和藩国所有。这些封建领主把土地分成很多份地让农民耕种，农民要向领主缴纳地租，地租约占他们全部收成的40%，此外还必须服各种多如牛毛的徭役。德川幕府建立后，日本结束了长期的战乱，国内一片和平景象，农业逐步恢复，工商业也开始快速发展，新兴城市不断出现，原有的许多城市的规模日益扩大，出现了繁荣景象。到了18世纪初，德川幕府的所在地江户的人口已达百万，大阪和京都的人口也超过了30万。城市中出现了一些主要为统治阶级服务的商业和金融机构，这时候一些大商人、高利贷者也相继涌现，并享有极大的特权，大阪的鸿池和江户的三井是当时全国最富有的高利贷者。

在对外关系上，德川幕府发布锁国令，实行锁国政策，禁止日本船只出海贸易，严格限制日本与海外交往，只同中国、朝鲜和西方的荷兰保持一定的贸易关系，并对到达日本的外国船只进行监视，严格控制它们的贸易活动。德川幕府实行锁国政策主要是为了巩固自己的统治，防止沿海的藩国通过海外贸易获取大量的资金，用以购买武器；同时也为了防止西方殖民主义的渗透，维护日本的独立。锁国政策实行了200多年，使日本成为一个闭关自守的国家，几乎处于一种与世隔绝的状态，割断了日本经济同世界经济的联系，造成了日本的落后，严重阻碍了日本资本主义的发展，使日本被西方国家远远地抛到了后面，为19世纪中期的全面挨打局面埋下了隐患。

哥白尼与《天体运行论》

哥白尼出生于波兰的富商家庭，他10岁丧父，由舅父瓦兹洛德大主教抚养，受到了良好的教育。他少年时代就对天文学有浓厚兴趣，中学时，在老师指导下，制造了一具按照日影确定时刻的日晷。1491年，哥白尼以优异成绩考入克拉科夫大学，学校的人文主义者、数学家和天文学家布鲁楚斯基对他影响很大，哥白尼经常向这位学者请教天文学和数学方面的问题，还学会了用天文仪器观测天象。

大学毕业后，哥白尼在舅父的资助下前往意大利。1497～1500年，他在博洛尼亚大学读书，除教会法规外，还同时研究多种学科，尤其是数学和天文学，并与该校的天文学教授、意大利文艺复兴运动领导人之一的诺法拉交往甚密，他们时常一起观测宇宙，记录数据，研讨前人有关天文学的著作。哥白尼了解到，早在公元前3世纪，古希腊天文学家阿里斯塔恰斯就曾提出过地球绕太阳运行的概念，并首先测定了太阳和月亮对地球距离的近似比值，但后来遭到宗教势力的反对。为了直接阅读这类著作，哥白尼学会了希腊文。天文测量的实践和对前人著述的钻研，使他对地球中心说产生了怀疑。地球中心说是古希腊哲学家亚里士多德提出来的，公元2世纪，罗马天文学家托勒密又加以推演论证，使它进一步系统化了。地心说认为地球静止不动地居于宇宙中心，日月星辰都围绕地球运转，这一学说被基督教会奉为真理，成为神权统治的重要理论基础。

1506年，哥白尼回到祖国，在弗罗恩堡大教堂担任教士，这使他有了一定的社会地位和物质保障，得以继续从事天文学和科学实验活动。为了研究方便，他特意选择了教堂围墙上的箭楼做宿舍兼工作室，他在里面设置了一个小小的天文台，用自制的简陋仪器，开始了长达30年的天体观测。正是在这里，他写下了震惊世界的巨著《天体运行论》，而其中选用的27个观测事例，有25个是他在这个箭楼上观测记录的。《天体运行论》共有6卷，在书中，哥白尼大胆地提出："太阳是宇宙的中心，所有行星都围绕太阳运转；地球不是宇宙的中心，而是绕太阳运转的一颗普通行星。""人们每天看到的太阳由东向西运行，是因为地球每昼夜自转一周的缘故，而不是太阳在移动。""天上的星体不断移动，是因为地球本身在转动，而不是星体围绕着静止的地球转动。""火星、木星等行星在天空中有时顺行，有时逆行，是因为它们各依自己的轨道绕太阳转动，而不是因为它们行踪诡秘。""月亮是地球的卫星，一个月绕地球转一周。"

哥白尼的太阳中心说，科学地阐明了天体运行的现象，推翻了长期以来居于统治地位的地球中心说，从根本上否定了基督教关于上帝创造一切的谬论。尽管他的学说仍然坚持宇宙中心和宇宙有限论，但却把天文学从宗教神学的束缚中解放出来，实现了天文学的根本变革，在近代科学的发展上具有划时代的意义。

然而，这本伟大著作的面世确是相当曲折的。哥白尼深深了解自己学说的颠覆性影响,慑于教会的强大力量,他迟迟没有将书稿送去付印出版。直到他病重时,才由唯一的弟子雷提卡斯将书稿送至德意志的纽伦堡出版。1524年5月24日,70岁的哥白尼终于收到了《天体运行论》的样书,那时他的眼睛已经失明,据说他只用手摸了摸书的封面,就与世长辞了。《天体运行论》出版后,果然遭到了罗马教廷的激烈反对,被列为禁书,就连宗教改革家马丁·路德也辱骂哥白尼是个傻子,居然想推翻《圣经》的权威论证。直到300多年以后的1882年,罗马教皇才最终承认了哥白尼学说是正确的。

哥白尼不仅仅是一位伟大的天文学家,他还在众多方面取得了突出成绩。他精通拉丁文和希腊文,对古希腊罗马的文学颇有研究;他绘制过埃尔门兰德地区的地图,设计过埃尔门兰德各城市的自来水系统;他的医术非常高超,连教区外的人也常来请他治病;他甚至写过一本《货币的一般理论》的经济学著作,主张实行货币改革,限制货币发行量,以抑制因为货币贬值而给国内市场带来的混乱。

乌托邦

托马斯·莫尔于1478年2月7日出生在英国伦敦一个富裕的家庭;他的父亲曾担任过英国皇家高等法院的法官。12岁时,按照当时给名人当侍从的社会风气,莫尔被父亲送到坎特伯雷大主教约翰·摩顿家当侍从。摩顿既是学识渊博的学者、律师、建筑师,又是阅历丰富的政治家、外交家。莫尔耳濡目染,再加上他聪明伶俐，勤奋好学，进步非常快。摩顿曾向他的朋友说："在我们桌子旁服侍的这个孩子将会成为一个出类拔萃的人物。"当时拉丁文是通往上层社会的通行证，所以14岁时，莫尔又被送到伦敦的圣安东尼学校学习拉丁文。1492年，莫尔进入牛津大学攻读古典文学。他在这里广泛阅读了很多古希腊哲学家和当代人文主义者的作品，其中柏拉图的思想对莫尔产生了巨大的影响，使他成为了一个人文主义者。后来莫尔转学法律，成为一名正直的律师，获得了很高威望并当选为议员。此后，莫尔步步高升，被封为爵士，担任过下院议长、英国大法官，成为仅次于英国国王的重要人物。后来由于莫尔反对英国国王亨利八世成为英国宗教领袖而被处死。

莫尔所处时代的英国处于亨利八世的统治之下，王室贪得无厌，对外侵略扩张，官员欺上瞒下，贪污腐败成风，贵族和大商人勾结政府，欺压百姓。当时贵族和大商人为了养羊获取高额利润，将成千上万的农民赶走，霸占他们的土地。被驱赶的老百姓到处流浪，不是被饿死，就是沦为强盗。莫尔对社会现状极为不满，于是就写了《乌托邦》一书来讽刺黑暗的现实和寄托自己的理想。

《乌托邦》的全名是《关于最完美的国家制度和乌托邦新岛的既有益又有趣的全书》，"乌托邦"这个词来源于希腊语，意思是"没有的地方"。这本书采用了莫尔和一个水手对话的形式，讲述水手在奇异的岛国——乌托邦的生动有趣的见闻。

乌托邦是个大岛屿，全岛有54个城市，每个城市分4个区，各个区中每30户选举一名低级官员，再从10名低级官员中选举一名高级官员。乌托邦的首都亚马乌罗提城在岛的中央，这样便于各个城市的代表开会。乌托邦的全国最高机构是元老院，代表由岛上54座城市派出3名经验丰富的公民组成，每年更换一次，商讨关系到全岛公共利益的事务。元老院选举一人担任国王，国王是终身制，但如果国王虐待人民，可以弹劾他。政府除了偶尔组织人民反抗外来侵略外，其余职能都是组织社会生产劳动和安排人民生活。各级官员除了调解民事纠纷外，也要参加劳动。

乌托邦的土地、生产工具、房屋、财产归全民所有，生活用品按需分配。在平等基础上实行生产公有和消费公有。乌托邦男女平等，妇女享有和男子一样的政治权力。在乌托邦，农业受到高度重视，但农业不是一种职业，而是一种义务劳动。乌托邦的每个公民都必须从事两年的义务劳动，然后回到城市从事一门手艺。只有特别喜欢和擅长农业劳动的人才能申请延长劳动时间。但如果碰上农忙，就要安排城里的人去乡村劳动。他们每天工作6个小时，其余的时间归个人支配。人们的服装样式基本上都一样，只有男式女式、已婚未婚的分别。公民就餐在公共食堂，看病到公共医院。乌托邦物资充足，生活富裕，这里没有盗贼，也没有乞丐。乌托邦的人勤奋敬业，生活简朴，遵守法令，乐于助人，鄙视游手好闲和奢侈腐化。乌托邦禁止嫖赌、饮酒、欺骗、阴谋、虐待等恶行。乌托邦没有货币，没有商品，人们视金银如粪土，把金银做成粪桶溺盆等。在信仰方面，乌托邦信仰自由。

乌托邦还非常重视教育和科学研究，每个儿童必须上学，不仅要进行知识方面的培养，还要进行道德方面的培养。从事科学研究的人可以不参加劳动，但如果不能胜任，就要被安排去劳动。相反，如果从事劳动的人有特长，那么也可以去参加科学研究。

《乌托邦》是世界上第一部空想社会主义名著，影响了后来的傅立叶、圣西门和欧文等空想社会主义者。空想社会主义也是马克思的科学社会主义的来源之一。

塞万提斯

米格尔·德·塞万提斯·萨维德拉，1547年出生于西班牙首都马德里附近的阿尔卡拉·德·埃纳雷斯小城的一个没落贵族家庭，他的父亲是一个外科医生。由于家境贫寒，塞万提斯只上过中学，但他非常勤奋好学，走在街上见到有字的废纸也要捡起来读一读。虽然塞万提斯没有上过大学，但他阅读了很多古希腊古罗马的经典名著和其他著作，成为一个博学的人。

22岁那年，塞万提斯作为红衣主教的侍从来到了意大利。在意大利，塞万提斯深受当时兴起的人文主义的影响，广泛接触了很多文人学者，阅读了大量优秀的文学作品。一年后，不安现状的他参加了西班牙驻意大利的军队，被分配到一艘战舰上当水兵。

在一次战斗中，塞万提斯身受重伤，被截去了左手。但塞万提斯一点也不后悔，他说："失去了左手，右手更显得光荣！"

1575年，塞万提斯请假回家去看望父母。临行前，西班牙舰队的统帅给西班牙国王写了一封推荐信，希望能提拔塞万提斯做军官以表彰他在战中的英勇表现。在回国途中，塞万提斯遇上了土耳其海盗，被卖到阿尔及利亚当奴隶。因为塞万提斯身上有一封推荐信，土耳其人把他当成大人物，向他勒索巨额赎金。

经过了5年的奴隶生活，塞万提斯的家人才凑够了赎金，将他赎回。就这样，塞万提斯回到了阔别了11年的故乡。回到西班牙后，塞万提斯并没有受到西班牙国王的重用，只担任了一个普通的税务人员。由于塞万提斯刚直不阿，得罪了贵族和教会，被人诬告投入了监狱，后经朋友多方奔波才得以出狱。

不幸的遭遇和长期在社会底层的生活，使塞万提斯深刻地了解了西班牙社会的黑暗和不公。1605年，58岁的塞万提斯写出了他的不朽名著《堂·吉诃德》的第一部。这本书很快就风靡全国，一年中竟然再版6次，成为当时的流行小说。一次，西班牙国王站在阳台上看见一个大学生边走边看书，并不时地哈哈大笑。国王就对侍从说："那个大学生不是神经病就是在看《堂·吉诃德》。"但塞万提斯的贫穷生活仍然没有改变。由于塞万提斯在《堂·吉诃德》中对教会和贵族进行了辛辣嘲讽，于是有人写了一本《堂·吉诃德》续集，严重歪曲了堂·吉诃德的形象。塞万提斯非常生气，不顾自己身患水肿病，坚持创作，写出了《堂·吉诃德》第二部。1616年，贫病交加的塞万提斯与世长辞。

《堂·吉诃德》是塞万提斯的代表作，也是世界文学史上一部经典之作。《堂·吉诃德》的全名是《奇情幻想的绅士堂·吉诃德·台·拉·曼却》，讲的是一个叫堂·吉诃德的穷乡绅非常喜欢看骑士小说，终于有一天他走火入魔了。他找出祖先留下的一套旧盔甲，骑着一匹瘦弱的老马，手拿一柄长矛和破盾牌，带着随从桑丘，去打抱不平，改造社会，结果惹出了一连串的笑话。

看见了风车，堂·吉诃德认为那是可怕邪恶的巨人，不顾桑丘的劝阻，骑着马冲过去与"巨人"搏斗，结果身受重伤。

在酒馆里，堂·吉诃德认为这是魔鬼的城堡。他冲进地窖，把酒馆老板盛酒的皮囊全都刺破，鲜红的葡萄酒流了一地。堂·吉诃德大声叫嚷："我把魔鬼都杀死了！"结果被酒馆老板赶了出去。

堂·吉诃德处处碰壁，惹了很多笑话，直到临死前才清醒过来，认识到骑士小说害人不浅，将他收集的骑士小说付之一炬。他对继承自己财产的外甥女只提出了一个要求，就是不能嫁给读过骑士小说的人。

由于教会对塞万提斯恨之入骨，所以他死后连一块墓碑都没有

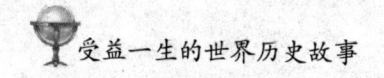

给他立。但人民没有忘记塞万提斯，200多年后，西班牙人民在首都马德里广场树立起了堂·吉诃德和桑丘的雕像。

鲜花广场上的火刑

1600年2月17日，罗马鲜花广场，烈火与浓烟吞噬了一个伟大的生命。在生命的最后时刻，殉道者对全世界发出响亮的号召："火并不能把我征服，未来的世界会了解我，知道我的价值！"这位伟大的殉道者就是文艺复兴时期意大利最著名的天文学家、科学家——乔尔丹诺·布鲁诺。

布鲁诺1548年出生于意大利那不勒斯附近诺拉城的一个贫苦农民家庭，10岁就进了修道院。命运似乎要安排布鲁诺为宗教而献身，投入上帝的怀抱。可是自幼性格倔强、善于独立思考的布鲁诺却走向了另一面：他读了大量书籍，自学了多门学科的知识，特别是天文学。当他读了哥白尼的《天体运行论》之后，更看到科学的光明。对于黑暗的基督教神学世界，他嗤之以鼻，他要为科学的胜利进军摇旗呐喊。

布鲁诺不惮于公布自己的天文学、哲学见解。在《挪亚方舟》一文中，布鲁诺不但讥讽了权威的亚里士多德，甚至直接抨击了《圣经》和罗马教廷。当时布鲁诺还是一名修道士，他这种离经叛道的举动引来了宗教卫道士们的围攻，但都被他一一挫败。渐渐地，罗马教廷不能再容忍这样一个"异端分子"挖断自己的根基，于是派人监视其言行。布鲁诺被迫流亡海外，先后辗转于瑞士、法、英、奥地利、匈牙利和捷克、斯洛伐克等国。流亡生活并没能使他火热的内心世界有丝毫降温,他到处演讲,宣传哥白尼的日心说,痛斥基督教神学的愚昧和专横,点燃了无数青年学生和进步人士心中的科学之火,科学的种子撒遍了欧洲大陆。

经过对自己演说的整理,1584年,布鲁诺写成《论无限性、宇宙和诸世界》一书。书中系统阐述了自己的无限宇宙论的思想,高度评价了哥白尼的日心说。他写道,"宇宙是个宏伟的肖像,是个独一无二的自然,借助于全部物质的种、主要本原和总和,它也是它所可能是的一切,既不能给它增添什么,也不能从它拿去任一形式。"布鲁诺认为宇宙是无限大的、物质的,包含着无数像太阳一样发光发热的恒星。同时太阳仅仅是太阳系的中心而已,并不是宇宙的核心。布鲁诺还作出超越时空的预言:生命不仅存在于地球,在遥远的其他行星上也可能有生命的踪迹。

束缚人们思想达几千年之久的"球壳",就这样被布鲁诺打碎了。布鲁诺的卓越思想让同时代的人茫然、震惊,他们认为布鲁诺的思想简直是"骇人听闻",就连被尊为"天空立法者"的天文学家开普勒都无法接受。罗马教廷更是被布鲁诺的思想和言论吓得瑟瑟发抖,他们不择手段地收买布鲁诺的朋友,将布鲁诺诱骗回国,并于1592年5月23日逮捕了他,把他囚禁在宗教裁判所的监狱里。

布鲁诺锒铛入狱,但他不改初衷,在他看来,真理终将战胜邪恶。宗教裁判所对其施尽酷刑,也没使勇士屈服,就转而利诱:"只要你公开表示认罪和忏悔……给你安排一个令人羡慕的高位。"布鲁诺却轻蔑道:"这正体现了你们内心的虚弱和恐慌!"主教恼羞成怒:"你执迷不悟,等待你的只有火刑。"布鲁诺则平静却有力地说:"真理面前,我绝不退让半步。"在经受了8年之久的接连不断的审讯和折磨后,布鲁诺在鲜花广场的火海中走完了他短暂而光辉的一生。

布鲁诺虽然被处死了,但其为科学献身的精神却获得永生。后来,人们在鲜花广场为这位科学的殉道者树立了纪念碑。

东印度公司

　　15世纪以前，东方的香料和丝绸都是从中国经过伊朗、小亚细亚半岛，由阿拉伯人和威尼斯人传到欧洲的。可是到了15世纪，信奉伊斯兰教的奥斯曼土耳其帝国兴起。1453年，攻陷君士坦丁堡，拜占庭帝国灭亡。奥斯曼土耳其帝国控制了香料及丝绸之路，它对来往的客商征收高额的关税，致使导致香料及丝绸的价格暴涨，香料几乎与黄金等价，迫使欧洲国家寻找另一条香料之路。

　　当时欧洲有一种"地圆说"，就是认为地球是圆的，这激发了欧洲人的探险热情。既然地球是圆的，那么向西航行不也可以到达中国、印度吗？进口的香料丝绸不就可以避开奥斯曼帝国的高额关税了吗？在巨大的利润刺激下，冒险家们一个接一个地踏上冒险之旅，去寻找盛产香料的东方。1499年，葡萄牙航海家达·伽马向南绕过非洲的好望角到达印度，他率领满载香料的船队返回葡萄牙，所获纯利润竟是这次航行费用的60倍！从此葡萄牙人垄断了这条香料之路，大发横财。后来葡萄牙人又占领了盛产香料的印度尼西亚，把当地盛产的胡椒、豆蔻、丁香贩卖到欧洲，让其他的欧洲国家眼红不已。

　　当时荷兰的航海业也很发达，号称"海上马车夫"，为了获得高额利润，他们也决定开辟一条海上香料之路。这件事得到了荷兰政府的支持，由于当时远航耗资巨大，除了王室以外没有人能负担得起，但聪明的荷兰商人合资组建了一支由4艘帆船组称的船队，由霍特曼率领，向东方出发。

霍特曼率领着船队，经过了一年多的航行，终于到达了印尼爪哇岛的万丹港。通过望远镜，霍特曼看见了两只满载香料的大船正出港。"哈哈哈，伙计们，我们刚来到这里就要发大财了！看哪，有两只满载香料的大船向我们驶过来了！"船员们纷纷向东看去，发出阵阵欢呼。"全体船员准备，把这两艘船抢过来！"荷兰人凭借强大的武力，将这两艘船上的香料全都抢了过来。

"进港！那里有更多的香料！"霍特曼下令。荷兰人进港后，来到港口附近的市场。发现这里的香料到处都是，小贩们沿街叫卖。在欧洲和黄金等价的香料在这里竟然和蔬菜一样，摆在市场上叫卖！荷兰人惊呆了。

荷兰人开始大肆购买香料，但他们出价很低，再加上行为粗暴野蛮，当地人都不卖给他们。霍特曼非常生气，命令荷兰人抢夺，市场上顿时一片混乱。正在这时，一群爪哇武士骑着马赶来，把荷兰人捆了个结实，押到了万丹苏丹面前。

"你们是哪里人？为什么要抢东西？"万丹苏丹问。

被打得鼻青脸肿的霍特曼说："尊敬的苏丹，我们是荷兰人，我们是来买香料的。"

"你们这是买吗？这分明就是抢，你们必须赔偿我们的损失，我宣布你们为不受欢迎的人，立即驱逐出境！"万丹苏丹生气地说。

就这样，荷兰人在缴纳了罚金后，灰溜溜地离开了万丹港。为了获得香料，荷兰人的船队继续向东航行。但他们在万丹的丑恶行径早已传遍了整个爪哇，每个港口都不欢迎他们。霍特曼本打算向北再碰碰运气，但已经在大海上漂泊了一年的船员们纷纷抗议，霍特曼只好下令返航。1597年，霍特曼的船队返回了荷兰，虽然他们这次带回的香料并不多，但也获得了高额的利润。荷兰商人一片欢呼，香料之路已经打开了！

1598年，荷兰人再次远航，由范尼克率领，又一次来到了爪哇

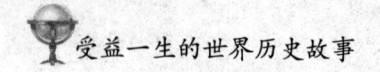

岛。吸取了上次霍特曼的教训，范尼克聪明多了。他极力讨好万丹苏丹，赠送了很多礼物。这时，万丹正在和葡萄牙人打仗，范尼克趁机向万丹苏丹提出可以帮助万丹一起对付葡萄牙人，万丹苏丹同意了。在荷兰人的帮助下，万丹将葡萄牙人赶跑了。范尼克趁机向万丹苏丹邀功，提出要在万丹建立办事处。苏丹同意了，并赠送给他们4船香料。

1602年，荷兰国会通过决议，成立了东印度公司。不久，荷兰人的东印度公司将葡萄牙人的势力驱逐，征服了印尼，在这里建立了残暴的殖民统治。

资产阶级革命

15~19世纪，资本主义来临，人类历史发生了重大转折。西欧社会经济、政治和文化各方面发生了质的变化。资本主义在欧美诸国的胜利和统治地位的确立，是通过一系列资产阶级革命和改革完成的。这场席卷欧美大陆的革命风暴，以排山倒海之势给封建专制统治以致命打击，欧美主要国家建立起了资本主义经济政治制度。资产阶级革命的胜利，为资本主义的发展扫清了道路，为工业革命的发生准备了条件。

查理一世被押上断头台

新航路开辟以后,大西洋上的岛国英国因为地处美洲和欧洲大陆之间,所以发展得很快,出现了很多资产阶级新贵族(靠经营工商业致富的贵族)。但国王查理一世为代表的封建势力还想维持落后的封建统治,疯狂搜刮资产阶级的钱财,激起了资产阶级的强烈不满。由资产阶级组成的议会为了自己的利益千方百计限制国王的权力,但国王对议会根本不屑一顾,议会和国王之间的冲突不可避免。

1640年10月,议会突然逮捕了国王查理一世的两个亲信斯特拉夫伯爵和罗德大主教,并判处他们死刑。查理一世得知后,大发雷霆。第二天,查理一世带着卫队冲进议会,对议会首领说:"我以国王的身份命令你们立即释放斯特拉夫伯爵和罗德大主教!""这根本不可能!"议会首领的态度也很强硬,很多议员围了上来,向国王提出抗议。查理一世见事不妙,赶紧逃出了议会。

1640年11月,为了筹措军费镇压苏格兰人的起义,查理一世被迫召开议会,企图通过新的征税法案。议员们不但没有通过法案,反而趁机提出要求限制国王的权力。这一要求得到了广大工商业者、市民和农民的支持。查理一世恼羞成怒,亲自率领卫队闯进议会准备逮捕反对最激烈的5名议员。但这5名议员早已听到了风声,躲了起来,查理一世扑了个空。第二天,查理一世下令全城搜捕,但国王的卫队遭到了人民的阻拦,伦敦周围农村的农民也纷纷进城,表示拥护议会,连伦敦市长也反对逮捕这5名议员,查理一世

资产阶级革命

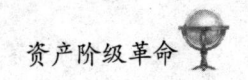

在伦敦陷入了孤立。

几天以后,查理一世逃出了伦敦,来到了英格兰北部的约克郡,准备纠集忠于自己的军队,讨伐议会。1642年8月22日,查理一世率领军队在诺丁汉升起了军旗,正式宣布讨伐议会。

消息传到伦敦后,议会慌忙组织军队抵抗。当时英格兰北部和西部的封建贵族拥护国王,参加了国王军。而在工商业比较发达的包括伦敦在内的英格兰东南部,很多资产阶级新贵族、市民和农民都表示拥护议会。内战开始后,由于国王军训练有素,临时拼凑起来的议会军接连战败,国王军一直打到离伦敦很近的牛津。伦敦城内的议员们乱成一团,有的主张坚决抵抗,有的主张逃跑,有的主张和国王议和。这时议会军统帅克伦威尔挺身而出,强烈谴责逃跑和议和的人,主张同国王军决战,早已没有主意的议员们只好表示同意。

克伦威尔是一个新贵族的儿子。内战爆发后,他招募了60名农民组成了骑兵,加入了议会军同国王军作战。由于他的军队纪律严明,作战勇敢,屡建战功,人数也不断增加,所以很快就得到了议会军广大官兵的拥护,克伦威尔也成了议会军的统帅。

1644年7月的一个傍晚,在约克城西郊的马斯顿草原,国王军和议会军展开了决战。国王军有1.1万名步兵和7000名骑兵,议会军有2万名步兵和7000名骑兵。国王军的统帅鲁波特望着黑压压的议会军,问侍从:"克伦威尔也来了吗?"侍从说:"是的,他来了。"鲁波特听了长长地叹了一口气,因为他知道克伦威尔能征善战,再加上议会军人数比国王军多,这场仗很难取胜。正当他准备去吃晚饭的时候,议会军分三路,呐喊着向国王军发起了冲锋,这是鲁波特始料不及的,他慌忙部署军队迎战。在他的指挥下,国王军打退了议会军的左翼。就在这时,克伦威尔率领着精锐骑兵向鲁波特杀来。鲁波特吓得掉转马头,狼狈逃走了。国王军顿时大乱,议会军趁机发起总攻,国王军大败。第二年夏天,议会军抓住了查

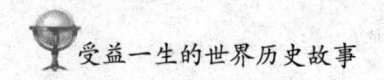

理一世。但他很快逃了出来，又发动第二次内战，结果又被打败，再次成为俘虏。

1649年1月30日，伦敦法庭宣布查理一世是"暴君、叛徒、杀人犯和人民公敌"，宣布对他处以死刑，不久后被执行死刑。此后，英国成立了共和国，资产阶级革命取得了成功。

克伦威尔

曾经有议员这样描述克伦威尔："他穿着非常普通的衣服……他的亚麻布并不很清洁……衣服上总有一小点瑕疵，或两三点血迹，他的脸肿胀而有血色，他的声音'尖锐而不和谐'，脾气'过度暴躁'，他说话的时候，常常引用《圣经》，所讲的话就是法律。"但正是这样一个没有受过相当教育的甚至有点粗俗的家伙，以自己的传奇经历，一步步地成为了主宰英国的最有权势的人，成为英国革命中的主导人物之一。

克伦威尔回忆自己的家庭时曾说："我生来就是个绅士，地位既非显赫，也非默默无闻。"克伦威尔于1599年出生于英国的亨廷顿，他的父亲是亨廷顿市议会的议员。他小时候任性乖张，非常淘气。17岁时进入剑桥大学学习，受到了很多清教徒思想的影响。但由于父亲的去世，他被迫弃学，返回家中照顾家庭。两年后，他又在伦敦学习法律。21岁时，他与伊丽莎白·波琪结婚，后者是商人的女儿，为克伦威尔带来了一笔可观的嫁妆，而且是位能干的主妇。克伦威尔在当地逐渐建立了自己的声望，28岁时，被选为亨廷顿郡的代表出席国会。

资产阶级革命

1642年，国王的军队与议会的军队打起了内战，克伦威尔坚决地站在议会一边。他回家乡招募了一支的骑兵队，这支军队训练有素，英勇善战，被人们称为"铁骑军"。内战初期，议会军因没有强有力的领导而屡遭败绩。但克伦威尔的出现改变了这种局面，他率领铁骑军于1644年赢得了具有转折作用的马斯顿草原战役的胜利，此后议会军节节胜利。1645年，议会军改组成"新模范军"，由战功显赫的克伦威尔出任副总司令。克伦威尔虽然只是副总司令，但因总司令无能，他掌握着实际指挥权。1645年，"新模范军"在纳斯比战役中歼灭国王军的主力。次年，国王的大本营牛津被攻克，内战以议会军的胜利而告终。克伦威尔在内战中战功卓越，凭借军事实力掌握了英国的统治权。

1649年1月30日，克伦威尔处死了在内战中被俘虏的国王查理一世。随后他平定了各地的叛乱，稳定了国内局势。9月，他率军出征爱尔兰和苏格兰。3年后，爱尔兰和苏格兰都被纳入克伦威尔的统治之下。1653年12月16日，克伦威尔在人们的欢呼声中就任英格兰、苏格兰、爱尔兰的护国主，并担任军队的统帅，建立了军事独裁政权。克伦威尔当政期间，在外交上取得一系列成就：打败横行海上一个多世纪的荷兰，使荷兰人被迫接受《航海条例》；垄断了葡萄牙殖民地的对外贸易；使丹麦承认英国船只有权自由出入波罗的海；夺得西班牙在加勒比海上的奴隶贸易中心牙买加。

1657年，英国国会呈递《恭顺的请愿建议书》，请克伦威尔就任英国国王。克伦威尔虽然婉言谢绝了这一请求，但却把护国主制改为世袭，成了英国实际上的无冕之王。1658年，克伦威尔在白金汉宫病逝，被葬于威斯敏斯特大教堂。

英荷战争

17世纪上半叶，荷兰完成了资产阶级革命，实现了民族独立，经济得到迅速发展，海外扩张和贸易成效显著。当时荷兰拥有商船1.6万艘，占世界商船总吨位的3/4。荷兰人垄断了世界贸易，五大洲的各个角落都留下荷兰商人的足迹，被誉为"海上马车夫"。不久，英国资产阶级革命取得胜利，为掠夺资本，统治者迫切需要海外扩张，扩大海上贸易。海上霸主荷兰就成为英国的最大威胁和障碍，两国之间的利益冲突日益尖锐。

1649年，克伦威尔政府加快海军建设，建造安装60～80门炮的巨型战舰，并于1651年颁布《航海条例》，禁止荷兰参与英国贸易，严重打击了荷兰利益。1652年5月，双方舰队发生冲突。7月8日，英国舰队司令布桑克下令封锁多佛尔海峡，切断荷兰在海上与外界的联系。

荷兰对英国的行为极为愤怒，采用强大军舰护送商船强行突围。8月26日，荷兰商船在海军将领赖特率领的军舰掩护下驶往英吉利海峡。40余艘英国舰进行阻击，赖特命军舰分进合击，利用数量优势重创英军，顺利通过英吉利海峡。封锁失利后，英军增加封锁兵力。1653年2月，荷兰统帅特普罗率领80余艘战舰护送商船回国，行至波特兰海城，遭到70余艘英国战舰的袭击。双方势均力敌，展开对攻。一时间，海面上水花四溅，硝烟弥漫。激烈的海战一直持续了三天，双方都付出了巨大的代价。特普罗虽然突破了封锁，但制海权被英国海军夺走，对荷兰的封锁更为严密。

资产阶级革命

依靠殖民与海上贸易发展起来的荷兰，受到英国的严密封锁，经济开始陷入瘫痪，这促使荷兰一定要与英国决一死战。1653年6月，特普罗率领104艘荷兰舰船试图打破英国封锁，布莱克组织115艘英舰应敌。战斗一开始，双方就展开了混战，巨型的英舰虽在体型上优于敌人，但船体小而灵活的荷兰军舰在空隙中穿梭，也没让英军占太多的便宜。时间一长，装有较先进火炮，且数量和质量都优于对手的英国军舰慢慢占了上风。天黑时，英国舰队的援军赶到，损失惨重的荷兰舰队被迫退到佛兰德浅海。英军舰船因体积巨大，吃水较深而无法追击。这次海战的胜利，使英国对荷兰的封锁更加猖狂。不甘心失败的荷兰又调集舰队，在特普罗的指挥下大举反扑英国舰队。8月10日，激战开始，英国舰队充分发挥先进火炮的威力，与荷兰军舰进行周旋。特普罗在激战中中弹身亡，荷兰军舰乱作一团。英军抓住时机进行痛击，荷兰军队伤亡惨重。1654年4月，荷兰被迫与英国缔结和约，同意支付巨额赔款，承认英国海上霸主的地位。

取得制海权的英国开始对外殖民扩张，1664年，英国攻占了荷兰在北美和西非的殖民地。1665年2月，意欲复仇的荷兰向英国宣战。荷兰海军上将赖特率军很快夺回西非被英军占领的殖民地。但6月在洛斯托夫特海战中又被英国约克公爵击败。此时，法国、丹麦等国对英国的迅速扩张极为害怕，于是与荷兰结成反英同盟，提供各种支援。1666年6月11日，赖特再次组织84艘战舰，装备较先进的大炮4600门和2.2万大军，向敌人反扑。在敦刻尔克海与蒙克和鲁珀特率领的英国舰队遭遇，双方展开对攻战。赖特凭借数量的优势包围了英军。英军四面受敌，伤亡和损失很大。荷兰乘胜追击，沿泰晤士河而上，攻打英国首都伦敦。1667年6月，赖特乘黑夜利用涨潮之机冲入泰晤士河，炮轰伦敦，严密封锁泰晤士河口。英国人惊慌失措，被迫与荷兰和谈，在海上贸易权方面作出了让步。

1672年，为了各自利益，英、法联合对荷兰宣战。荷兰人打开水坝，迫使法军撤兵，英国海军也被击败。随后两年里，英、法不能协调一致，英军陷入孤立。长期的战争使英、荷双方国力大减，无力再战，1674年2月双方签订和约，恢复了战前状态。

三次英荷战争使荷兰实力削弱，"海上马车夫"由英国取而代之，英国成了海上霸主。这次战争，也使人们认识到海军的战略价值。

"太阳王"路易十四

为什么路易十四被称为"太阳王"呢？那是因为成年后的路易十四，无论言行起居还是穿着服饰，都极其优雅而庄严。他好大喜功，喜欢人们叫他"大皇帝"（GrandMonarch）。他选择太阳为他本人特殊的标识，是因为太阳是天体中最明亮的。人们目睹路易十四高高坐在镀金的宝座上，光辉四射，又怎能不俯首帖耳，顶礼膜拜？

路易十四在5岁时父亲就去世了，他继承了王位，当时表面上由太后安娜执政，但实权却掌握在首相马扎然手中。年幼的路易十四曾经历了由法院贵族和资产阶级领导的反抗政府的"投石党运动"，跟随朝廷逃离巴黎，并遭到追捕。这个事件对他亲政后加强王权、削弱高等法院的权力和实行钳制贵族的政策有深刻的影响。

1661年马扎然死后，路易十四开始亲政。他事事躬亲，称自己为从事"国王的职业"。刚一上台，他就判处不可一世的财政总监福凯终身监禁，然后打击高等法院的权威，又把一切介于君主和庶

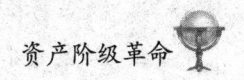

民之间的承上启下的权力机构撇在一边，通过种种措施，空前加强了中央专制王权。在他亲政的55年（1661～1715年）中，法国一度称霸欧洲，这一时期后来被伏尔泰称为"路易十四的世纪"。

在国内经济领域，路易十四推行科尔伯的重商主义政策，大力修建基础设施，降低税率，奖励工业生产，积极从事对外贸易，造就了法国经济的繁荣。路易十四拥有一支自罗马帝国以来欧洲人数最多、最强大的常备军，1672年，陆军人数达到12万，1690年超过30万，几乎相当于欧洲其他国家军队人数的总和。依靠这支军队，他打败了法国的传统敌人德意志和西班牙，与诸多的欧洲国家结成同盟关系，使法国处于优势地位，以至于没有任何障碍能够限制这个年轻国王的行动。当时似乎只有荷兰这个贸易强国可与法国匹敌，但它却由法国王室的支系支配着。在思想文化领域，他大力推行"君权神授"思想，宣称"朕即国家"，树立起无上的权威，在宫廷里被称为"太阳王"。同时，他对文学艺术和科学给予资助，先后成立了法兰西科学院、法兰西建筑科学院和法兰西喜剧院，兴建了华丽堂皇的凡尔赛宫。在他统治时期，古典主义的戏剧、美学、建筑、雕塑和绘画艺术都大放异彩，出现了像法国喜剧创始人莫里哀、古典主义美学家布瓦洛、寓言作家拉·封丹、建筑艺术家克洛德·贝洛等等一大批艺术大师。

但是，路易十四的强权统治也造成了深刻的社会危机。他在55年中打了32年仗，连绵不断的对外战争和豪华无度的宫廷开支，使法国的人力和财力日趋枯竭，在他统治的后期，法国相继爆发了规模巨大的起义。1715年，曾称雄一时的路易十四在人民群众的一片怨声中死去。

彼得大帝改革

彼得大帝是俄国历史上最杰出的沙皇之一,他为俄国夺得几代人梦寐以求的出海口,他的改革使贫穷落后的俄国走上近代化强国之路。

俄罗斯人普遍把胡须这种"上帝赐与的饰物"当作自豪的标志,有一把宽阔密实而且完整的大胡子被认为是威严和端庄的表征。可是,为了改变社会风气,彼得决定先从俄罗斯人的胡须开刀。他宣布剪胡子是全体居民的义务,并亲自动手剪掉了一些高级军官的胡须。但改革在民间却遇到很大阻力,于是,彼得设立了"胡须税":留须权可以花钱购买,富商留胡须要付很大一笔钱,即每年100卢布;领主和官员每年要付60卢布;其他居民要付30卢布;农民每次进出城要付1戈比。有一种专门制造的金属小牌,作为缴纳胡须税的收条。留胡子的人把小牌挂在脖子上,它的正面画着短髭和胡须的标记,同时写着"须税付讫"的字样。

这是彼得大帝改革中的一个插曲。

彼得出生于1672年,10岁时,彼得被拥立为"第二沙皇",与同父异母的哥哥伊凡共享皇位。彼得年幼,伊凡愚钝,异母姐姐索菲娅公主掌管朝政。彼得只得随母亲隐居到莫斯科的郊区,在那里和小伙伴们玩军事游戏,建立起两个童子军团,这两个军团后来成为他执政后近卫军的中坚力量。小彼得经常和外国侨民来往,向他们学习数学、航海等知识,受到了西欧文化的影响。1689年,彼得同贵族之女叶多夫金·洛普辛娜结婚,1696年又提出离婚,并把妻子送进了修道院。1712年,彼得同女奴叶卡捷琳娜结婚,后者在彼得死后,成为俄国的第一个女皇。

1689年,彼得夺取政权,他把国事交给母亲和舅舅等亲信管理,自己仍然操练童子军团,一直到1694年母亲去世后,他才开始亲政。彼得是一位野心勃勃的皇帝,1695年,他亲政不久就率3万大军进攻顿河河口的亚速,但由于没有海军而失败。第二年春天,不甘失败的彼得指挥一支仓促建立的舰队再围亚速,土耳其被迫投降。虽然占领了亚速,却暴露了俄国在军事上的落后。于是他在1697年派遣一个使团前往欧洲考察,学习航海、造船和外语。彼得自己也化名加入使团,他沿途参观工场、码头、大学,拜访过大科学家牛顿,还曾在荷兰的造船厂当学徒。第二年夏天,彼得担心国内发生叛乱而回国。

为了实现富国强兵,彼得在经济、政治、军事、文化等方面推行了一系列欧化政策,使俄国迅速成为欧洲强国。

在经济方面,彼得大力发展工业,为俄国的强盛奠定了工业基础。他积极建造基础设施,建设通商口岸,发展国内贸易,并实行保护关税政策,奖励输出,限制输入。军事方面,他建立了一支由步、骑、炮、工组成的20万人的正规陆军和一支由48艘战舰、大批快艇和近3万名水兵组成的海军舰队。文化教育方面,他建立了众多培养专门人才的学校,并派遣留学生到西欧学习,规定贵族子弟必须接受教育,必须学会算术和一门外语。此外,他还建立了俄国的第一个印刷所、博物馆、图书馆以及剧院,创建了第一份全俄报纸《新闻报》,并亲任主编,又于1724年开始筹建俄罗斯科学院。政治上,他把宗教权控制在国家和自己手中,改革了行政管理制度,加强了中央集权。这些改革改变了俄国生产力水平低,工商业和文化不发达的局面,为俄国跻身于欧洲强国之列奠定了基础。

在国内改革的同时,彼得发动了连绵不断的战争,从东南西北各个方向拓展了俄国的领土,他在具有战略意义的涅瓦河口修建了彼得堡要塞，建造起木屋城堡，并在1713年把首都由莫斯科迁往彼得堡。1714年，俄军占领瑞典首都斯德哥尔摩。1721年，瑞典被迫与俄国签订和约，把波罗的海的里加湾、芬兰湾及沿岸的爱沙尼亚、拉脱维亚等地割让给俄国。在不到20年的时间里，彼得把彼得堡由几个小村庄变成了拥有7万人的大城市。1721年10月，为了表彰他的功绩，参政院授予他"大帝"和"祖国之父"的称号，俄国国号也改为俄罗斯帝国。

1725年1月28日，彼得大帝在彼得堡去世，享年53岁。

英法七年战争

18世纪前期，英、法为争夺殖民地和制海权而矛盾重重；奥地利和普鲁士为争夺萨克森、波兰等地区和德意志诸侯国的霸主地位，斗争日益激烈；俄罗斯先后战败瑞典和土耳其，成为欧洲强国，但普鲁士的强大成为俄进一步南下扩张的严重障碍；瑞典想从普鲁士手中夺取波美拉尼亚。在这种情况下，各国积极展开外交，寻求同盟，欧洲逐渐形成以英、普为首和以法、奥、俄为首的两大同盟集团，战争不可避免。

1756年7月，法奥俄同盟反普呼声高涨。普鲁士国王腓特烈为防止反普势力联合，决定采取主动进攻，争取战争的主动权。他把军队分成4路，用3路大军防守和牵制俄国，他亲率第4路大军于1756年8月28日对萨克森发动突然攻击，一举攻占了德累斯顿，封锁了皮尔那，迫使萨克森投降。前来支援的奥军被普军在罗布西兹击溃，普军乘胜进攻布拉格。

普军入侵萨克森，法、俄等国极为震怒。于是，法奥俄联盟决定出动50万大军围攻普军。面对联军的大举围攻，腓特烈并不害怕，他频频调动军队，抗击各路敌军。

11月5日，普军和联军在罗斯巴赫附近相遇。联军统帅索拜斯凭借兵力优势，想迂回侧翼突击，力求速战。腓特烈识破敌方意图后，立即命令部队移师贾纳斯山上。索拜斯误以为普军在全面撤退，下令全面追击。联军的整个队形杂乱无序，盲目进攻，预备队也冲到前面，侧翼完全暴露出来，给普军的进攻提供了明确的目标。

负责监视的4000名普军骑兵在联军攻近时，如尖楔一般插入敌人的正面和右翼。贾纳斯山上的普军炮兵同时向联军发出猛烈的火力，撕开了联军的整个队形。在普军的攻击下，联军溃败，损失8000余人，普军仅伤亡500余人。

贾纳斯山大战结束后，腓特烈并没有宿营过冬，而是采取突袭策略，连连打击联军。12月4日，联军在鲁腾占领了一个较好的防御性阵地，沿着阵地，联军排列阵形长达8千米，兵力是普军的3倍。5日凌晨，对地形极为熟悉的腓特烈发现敌人阵地过长的弱点，于是派小股骑兵佯攻联军的右翼，把优势兵力隐蔽起来，以防止暴露作战意图。受到攻击的右翼联军误认为是普主力军，遂从预备队和左翼调兵支援，左翼兵力薄弱。腓特烈立即命主力军由4支纵队变为2支纵队，采用斜切战斗队形向敌人左翼发起突然袭击。局部人数占优的普军使联军阵形大乱，不久便溃不成军，普军骑兵趁势猛冲敌人阵地。双方激战至夜幕降临，联军全部崩溃，其中奥军遭到毁灭性的打击。随后的时间里，普军和联军互有胜负。

1759年8月12日，俄奥两军联合在普鲁士腹地库勒尔斯多夫与普军展开会战。仅有2.6万人的普军仍采用主动出击策略，向拥有7万余人的俄奥联军阵地发起长达3个小时的猛烈炮轰，随后以斜切队形发起进攻，顺利夺取了米尔山阵地，向联军中央阵地发起冲击。联军被迫顽强防守，猛烈的炮火阻击住普军精锐骑兵的进攻。接着，联军展开猛烈的反攻。已精疲力竭的普军抵挡不住敌人的冲击，纷纷逃离战场。

这次战役成为七年战争的转折点，从此，普军元气大伤，被迫转入战略防御。战争随后又拖了4年之久，双方各有胜负。同时，英、法的海上战争也十分激烈，各国之间争战不休，欧洲陷入一片混战之中。1762年，英国人背弃了普鲁士，率先与法国单独缔结停战协议，使普鲁士陷入孤立。交战各国这时都已精疲力尽，无心再战，遂相继签订停战协议，一场规模浩大、席卷欧洲的战争宣告结束。

七年战争使英国真正成为海上霸主；法国受到削弱；俄国加强了在欧洲强国地位；普鲁士的特殊地位在德意志得以巩固，欧洲格局发生了较大变化。

叶卡捷琳娜二世

叶卡捷琳娜二世本名叫索菲娅·奥古斯塔，是德意志一个小公爵的女儿。幼年时，索菲娅受到法国启蒙思想家的影响，经常给孟德斯鸠写信。这种书信往来持续了很长时间，后来她当女皇后仍是这样。1744年，15岁的索菲娅随母亲来到俄国，改名为叶卡捷琳娜·阿里克塞耶芙娜，并在第二年同后来的沙皇彼得三世结婚。

叶卡捷琳娜来到一个完全陌生的环境中，与丈夫彼得的关系又不好，因此常感到孤独寂寞。她把时间用在读书和了解俄国上，为自己积累了丰富的知识。同时她也处心积虑地积蓄力量，取得了俄国贵族和军队的支持。1762年,叶卡捷琳娜在近卫军军官的支持下发动政变,囚禁了继位仅半年时间的丈夫彼得三世,三天后又将其杀害,自己登上了俄国沙皇的宝座。

叶卡捷琳娜即位后的国内形势很不稳定,反对她篡位的贵族大有人在,但她采取了一系列维护贵族特权、加强贵族专政、巩固农奴制度的措施,稳定了自己的政权基础。她把俄罗斯的农奴制度推广到乌克兰、白俄罗斯和波罗的海沿岸广大被征服的地区,并规定农奴是地主的私有财产,可以随意买卖。她还把大量国有农民连同土地赠送给贵族,这样到18世纪初,全国人口的49%已变成农奴,叶卡捷琳娜在位期间也是俄国农奴制高速发展时期。

同时,她改革了中央和地方的政权机关,建立起高度集中的专制制度,采取一系列措施鼓励工商业的发展,使俄罗斯帝国的国力在彼得一世后再次获得了迅速发展,进入了鼎盛时期。她还接受了法国启蒙思想家的"开明专制"的政治主张,和伏尔泰、狄德罗等法国思想家交往密切,在1767年夏天召集"新法典起草委员会"会议,宣扬了自己的君主专制、严厉的法治主义以及法律面前人人平等的思想。由于她的卓越才能和成就,她成为继彼得一世后第二个被俄国贵族授予"大帝"称号的沙皇。

巩固政权之后,叶卡捷琳娜二世继承彼得大帝的衣钵,开始大举对外扩张。她在1768~1774年和1781~1791年两次发动对土耳其的战争,夺取了亚速海及黑海沿岸地区,兼并克里米亚汗国,并取得黑海至地中海的航行权。她还3次参加瓜分波兰,为俄国取得第聂伯河以西的乌克兰、白俄罗斯、立陶宛等地。到18世纪末,俄国虽然在政治、经济、文化上仍大大落后于西方国家,可是由于辽阔的幅员与强大的军力,它却已跻身于欧洲列强之列了。

连续多年的对外战争,消耗了俄罗斯帝国大量的财力物力,而这些负担都转嫁到农民身上。在叶卡捷琳娜二世的纵容下,贵族们穷凶极恶地压榨农民,终于在1773年酿成俄国历史上最大规模的普加乔夫农民起义。叶卡捷琳娜二世利用起义军缺乏统一指挥、各自为战的弱点,用了两年多时间就镇压了这次起义。

叶卡捷琳娜二世无疑是俄国历史上最野心勃勃的皇帝之一。她在48岁时有了第一个孙子,取名为亚历山大,意思是希望孙子学习古代的亚历山大大帝,使俄国成为横跨亚、非、欧三大洲的大帝国;50岁时有了第二个孙子,取名康斯坦丁,希望他成为君士坦丁堡的征服者。她甚至说:"要是我能活到两百岁,整个欧洲都是俄国的。"

叶卡捷琳娜二世晚年还念念不忘建立俄国的世界霸权,企图建立一个包括6个都城(彼得堡、莫斯科、柏林、维也纳、君士坦丁堡、阿斯特拉罕)的俄罗斯帝国,而且要侵入波斯、中国和印度。可是她的野心未能实现,1796年11月6日,她因为中风去世,享年67岁。

普加乔夫起义

18世纪中后期,随着商品货币经济的发展,俄国资本主义生产关系日渐形成,专横的农奴封建体制由昔日的彼得盛世开始衰落。为维护沙皇统治和封建帝制,俄国的对外扩张始终没有停止,连绵的战争加重了人民的负担,挥霍无度的封建主加剧了对农民的剥削和压榨。土地慢慢被地主等贵族侵占,苛捐杂税和种种的劳役使农民群众处在水深火热之中,阶级矛盾尖锐,反压迫、反剥削的呼声越来越强烈。

普加乔夫出生在顿河流域的一个贫穷的哥萨克家庭。他在哥萨克军中任少尉,参加过俄波、俄土战争,因不满沙皇的统治,从部队中逃回家乡。1773年9月17日，普加乔夫利用广大农民对沙皇的信仰，自称是被杀的彼得三世，并发布诏书、宣传檄文，集聚80人于18日开始攻打雅伊克城，掀起了普加乔夫起义的序幕。

起义军没有多少枪炮，面对设防坚固，重兵布防的雅伊克城，普加乔夫放弃攻城而绕道沿雅伊克河而上，直逼俄军在东南部的军政要地奥伦堡。一路上，农民、哥萨克、鞑靼人等非俄罗斯民族群众、逃亡士兵、厂矿工人纷纷加入到起义军行列，起义队伍迅速壮大。9月21日，起义军攻占了伊列克镇，缴获了大量火炮、弹药和粮食。沿路各要塞纷纷不战而降，起义军的声势越来越大。10月5日，起义军进抵奥伦堡时，人数增至2500余人，还有了20门大炮。

奥伦堡是俄国的军政要地，有重兵把守，城池坚固，对于人数和武器均处于劣势的起义军来说，攻克它实非易事。强攻的失败使普加乔夫改变策略，实施围城打援，封锁奥伦堡。

女沙皇叶卡捷琳娜二世派卡尔率领3500名政府军前去镇压起义军，解围奥伦堡。政府军行至尤泽耶瓦村时遭到起义军伏击而惨败。沙俄当局急忙从西伯利亚等地调集军队，再次前往起义军地区，又遭到起义军的突袭而溃败。

1773年12月，起义军扩大到2.5万人，火炮增至86门，势力扩展到俄东南部大部分地区。为更好地领导起义，行伍出身的普加乔夫按正规军编制起义军，成立军事委员会进行指挥。

寒冬来临时，普加乔夫命令少部分部队监视奥伦堡俄政府军的动向，主力军在别尔达休整。他放弃了进一步向伏尔加河流域进军的机会，从而失去了当地准备支持声援的群众，使起义范围仅限于俄东南一隅，为沙俄政府调集军队赢得了时间。

1773年12月，俄政府派上将比比科夫率领6500余人、30门大炮增援奥伦堡。忙于休整的普加乔夫对政府军的再次镇压并不重视，但政府军在比比科夫的率领下，凭借优势兵力，屡战屡胜，连克数镇，很快攻克了布坦卢克镇。普加乔夫这时才从主力中调集部分军力，前去截击，但为时已晚。1774年3月22日，两军主力在塔季谢瓦要塞附近相遇，开始了起义军与政府军第一次大规模会战。

激战开始，勇敢的起义军和政府军用炮火对射。在炮火的掩护下，双方展开了短兵搏斗。在训练有素、纪律严明的政府军面前，起义军虽然顽强，但纪律涣散，相互不会策应，根本没有什么配合。经过6小时的激战，普加乔夫主力军损失惨重，火炮尽失，他带着500人冲出重围。

普加乔夫退到乌拉尔山，重新组织起义军，巧妙运用游击战术摆脱政府军，向伏尔加河进发。1774年7月12日，普加乔夫强攻喀山，在阿尔斯克被政府军痛击，起义军几乎全军覆没，普加乔夫被迫逃往伏尔加河右岸。在这里他得到农奴和人民的支持，起义军直接威胁到莫斯科。这时俄土战争结束，俄军在苏沃洛夫的率领下追击南下的普加乔夫。1774年8月25日，双方在索里津附近展开决战，起义军惨败，剩余不到50人。在溃退中，普加乔夫被叛徒捆绑交给政府军。

1775年1月10日，普加乔夫在莫斯科被处决，起义失败。

这次农民起义震撼了沙俄的封建农奴制度，表现出人民群众非凡的勇气和果敢精神。起义虽然失败，但客观上它对俄国发展起到了促进作用。

俄、普、奥瓜分波兰

波兰大诗人密茨凯维支在《给波兰母亲》一诗中写道："虽然一切民族、国家、教派都彼此相爱，虽然全世界都在高唱着和平，

/但你的孩子却只有殉难的死亡，/只有不能获得光荣的战争。"这首诗反映了多灾多难的波兰人民在外国占领者的铁蹄下的悲惨命运和痛苦呻吟。

波兰人祖先是来赫人，属于西斯拉夫人的一支，居住在维斯瓦河与奥得河一带。公元9世纪时，波兰建国，成立了皮亚斯特王朝。公元966年，波兰人接受了基督教。1320年，斡凯塔克一统波兰地区，加冕为波兰国王。1386年，立陶宛与波兰合并，成为一个欧洲大国，定都华沙。1683年，土耳其大军围攻维也纳，波兰国王索比斯基亲自率领波兰骑兵救援，与奥地利军队联合，大败土耳其人，拯救了整个欧洲。

但到了17世纪中叶，波兰开始衰落。国内农奴制盛行，严重制约了经济的发展。在政治上，波兰处于分裂、割据的状态，没有建立一个强有力的中央集权政府。波兰实行的是"自由选王制"（国王由议会选举产生，外国人也有资格参选），这导致波兰王位频繁更迭，很多外国人当上了波兰国王，在1572～1795年中的11位国王里竟有7名外国人！另外，波兰议会的"自由否决权"制度（议会决议只要有一人反对就不能通过）使波兰无法进行有效统治，很多会议根本达不成任何决议。混乱中的波兰日益衰落，成为强邻侵略的目标。

波兰西临普鲁士，南临奥地利，东面与沙皇俄国接壤。这一时期的三国国力蒸蒸日上，对土地和财富有着强烈的渴望，衰弱的波兰自然成为他们掠夺的对象。普鲁士、奥地利和沙俄联合起来，先后3次瓜分波兰。

第一次是在1772年。沙俄女皇叶卡捷琳娜二世把波兰视为沙俄通向西欧路上的障碍，总想除之而后快。普鲁士、奥地利两国也对波兰虎视眈眈。1763年10月，波兰国王奥古斯都三世去世，沙俄女皇叶卡捷琳娜二世强迫波兰议会选举亲俄大贵族波尼亚托夫斯基为新国王，以方便控制波兰。面对严重的民族危机，部分波兰爱国贵族掀起爱国革新运动，并于次年2月发动了反俄起义。沙俄趁机出兵，镇压了起义，大力扶植亲俄派贵族，普、奥也同时出兵入侵波兰。1772年8月，俄、普、奥三国在沙俄首都圣彼得堡签订瓜分波兰的条约。根据条约，沙俄得到了第聂伯河中游和西德维纳河以东的地区，普鲁士得到了西普鲁士省（但泽除外），奥地利得到了加里西亚地区（克拉科夫除外）。波兰丧失了35%的领土和33%的人口。

面对严峻的形势，部分爱国贵族主张进行改革，制定新宪法，废除"自由否决权"。这损害了很多亲俄大贵族的利益，引起了他们的不满。于是他们向沙俄求援，沙俄和普鲁士随即派兵侵入波兰，扼杀了这次改革。1793年，俄、普再次瓜分波兰。沙俄得到了德涅斯特河上游以北、西德维纳河中游以南和第聂伯河以西的大片领土，普鲁士得到了但泽和波兹南等城市在内的土地。奥地利因正在和法国作战，所以没有参加。

在这种亡国灭种的危急时刻，1794年，在波兰民族英雄塔代乌士·科希秋什科和扬·基林斯基等人的领导下，克拉科夫地区的波兰人举行了大规模的武装起义，点燃了反抗外国侵略的第一把大火。起义军推翻了懦弱无能的国王，建立起临时政府。但随后俄普联军进攻波兰，镇压起义。起义军宁死不屈，同外国侵略者展开了殊死搏斗。在激战中，科希秋什科不幸坠马被俘，身负重伤的扬·基林斯基被起义者埋在堆积如山的尸体中，但也被敌人搜出，押解到圣彼得堡。其他的起义军被流放到冰天雪地的西伯利亚，遭受非人的折磨。

在镇压波兰起义后，1795年10月，俄、普、奥三国签订协定，对波兰进行了第三次瓜分，将波兰瓜分完毕。在瓜分波兰过程中，沙俄占领的土地最多，达46万平方千米，占原波兰领土的62%，普鲁士占领了14万平方千米，占原波兰领土的20%，奥地利占领了12万平方千米，占原波兰领土的18%。波兰从此在欧洲版图上消失了100多年，直到第一次世界大战后才复国。

俄土战争

俄国随着势力的增强，对外扩张的野心越来越大。1768～1774年的俄土战争，虽然使俄国取得了黑海的控制权，但进一步南下的野心并没就此而止。1777年4月，俄军又攻克了克里木，占领了整个库班地区，随后又向格鲁吉亚挺进。奥斯曼土耳其面对咄咄逼人的俄国也不甘示弱，强烈要求俄国归还其土地，并声明格鲁吉亚是土耳其的属地，还对进出海峡的俄国商船进行严格检查和限制。俄国并不理会，积极进行外交活动，准备对土耳其发动战争，土耳其也与瑞典结盟做好应战准备。

为赢得战争的主动权，土耳其舰队企图在金布恩登陆，攻击俄军。1787年9月2日，土耳其舰队向停泊在金布恩附近海域的俄国两艘巡逻舰发起袭击，俄舰队立即向敌人反击，在要塞炮兵积极配合下，击退了敌人的进攻。10月12日，5000名土耳其士兵在炮火的掩护下再次从金布恩强行登陆，准备攻占要塞。守城的苏沃洛夫是位杰出的军事指挥家，他率领防守军奋勇拼杀，击退敌人的进攻，并乘胜追击，几乎全歼敌人，给土耳其一记重创，打乱了土耳其的作战部署。

1788年1月，按照和约，俄国盟国奥地利宣布对土开战。6月，波将金指挥俄主力部队分水陆两路围攻战略要地奥恰科夫。7月14日，双方舰队在费多尼亚岛遭遇，展开激战。俄军抢占上风，痛击敌舰，陆上继续对奥恰科夫进行围困。12月17日俄军发起总攻，激战数小时，奥恰科夫被攻克。俄军围攻奥恰科夫之时，瑞典对俄宣战，准备从波罗的海进攻圣彼得堡，遭到俄舰队的阻击，虽未分胜负，但登陆计划被打乱。瑞典国王只好率3.6万人从陆上进攻彼得堡，但队内芬兰籍官兵拒绝越境作战，瑞典计划再次破产，只好带兵回国。

1789年7月，俄、奥两军会师。8月1日，在福克沙尼遭到土骑兵的袭击。土骑兵依托森林的掩护，与联军周旋。苏沃洛夫一面从正面牵制敌人，一面指挥联军向森林的两侧迂回，直扑敌人阵营。经过10小时的激战，消灭敌人1500余人。奥地利军队驻守福克沙尼，9月，土耳其主力反扑而至，福克沙尼告急。18日，苏沃洛夫率领7000余人隐蔽行军，与奥地利军会合，于21日夜偷渡雷姆纳河。次日凌晨向土军阵地发起突然袭击，雷姆尼克会战开始。土军虽然经过12小时的顽强抵抗，但最终放弃阵地溃退，土耳其的整个计划被打乱。俄军趁势一举攻克了宾杰拉，阿克尔曼城不战而降，俄军控制了整个摩尔多瓦。

1790年，瑞典企图进攻圣彼得堡的计划破灭，双方海战势均力敌，不分胜负，便与俄签订和约。9月，奥地利也因种种原因单独与土耳其签订停战和约。俄土双方都失去盟军后，战争也进入关键阶段。

10月中旬，俄陆军向伊兹梅尔挺进。伊兹梅尔位于多瑙河左岸，防御工事坚固，它控制着多瑙河下游，直接威胁俄军的侧翼和后方，战略位置极为重要。12月，苏沃洛夫指挥陆军3.1万余人开始了对伊兹梅尔的围攻。土耳其守兵有3.5万人，大炮265门，再加上坚固的防御，俄军连续强攻两次，都被敌人猛烈的炮火击退。苏沃洛夫对伊兹梅尔周围地形及敌人的防守情况进行详细侦察。18日，苏沃洛夫给土耳其首领发一封劝降信，意欲从思想上动摇敌人，但遭到拒绝。于是他兵分三路，从东南西三个方向同时发起猛攻。南面防御较为薄弱，他把2/3的兵力和3/4的火炮集中在南路。22日凌晨，俄军在黑暗和浓雾的掩护下开始排兵布阵，三路大军同时发起猛攻。守城土军主动出击，向俄军猛烈开火，但土军的被动局面始终未扭转。8时许，城池被攻破，土耳其士兵顽强地与敌人展开激烈的巷战。16时战斗结束，土耳其士兵死的死、降的降，全军覆没，俄军也付出1万人的惨重代价。

主力尽失的土耳其在随后的战斗中屡战屡败，被迫于1792年1月与俄签订《雅西和约》，土耳其承认沙俄兼并克里木，也放弃了格鲁吉亚。

俄土战争实现了沙俄称雄黑海的野心，从而为其进一步向巴尔干、地中海和中亚方向的侵略扩张创造了有利形势。

富兰克林

富兰克林一生只在学校读了近两年书。12岁时，他到哥哥詹姆士经营的小印刷所，当了五六年的印刷工人。他利用工作之便，结识了几家书店的学徒，将书店的书在晚间借来，通宵达旦地阅读，第二天清晨归还。14岁起，他开始练习写作。1721年，他开始经常给《新英格兰》报投稿，得到好评。

1723年，富兰克林离开了波士顿，先后在费城和伦敦的印刷厂当工人。1726年回到费城后，他已经掌握了精湛的印刷技术，开始独立经营印刷所，在1730年创办《宾夕法尼亚报》，亲自撰写文章，内容以艺术、科学为主，每周一期，一直延续了18年之久。他还在费城和几个青年创办了"共读社"进行自学。经过一年的努力，在1731年创办了北美的第一个图书馆。这个会社在1743年改称"美洲哲学会"，1749年发展成为费拉德尔菲尔学院，以后又改称

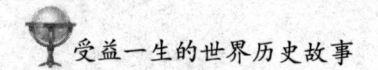

为宾夕法尼亚大学。他还在费城办过不少公益事业,如创办消防队、医院和警察机构,修筑道路等。

富兰克林时时关注大自然,从事科学研究。他的突出贡献之一是在电学方面。通过著名的电风筝实验,富兰克林证实了自然雷电的存在和性质,发明了避雷针,并因此被英国皇家学会聘请为会员。他和剑桥大学的哈特莱共同利用醚的蒸发得到-25℃的低温,创立了蒸发致冷的理论。他对气象、地质、声学及海洋航行等方面都有研究,并取得了不少成就。

富兰克林也是美国历史上杰出的政治家。从1757年到1775年,他几次作为北美殖民地代表到英国谈判。独立战争爆发后,他参加了第二届大陆会议和《独立宣言》的起草工作。1776年,已经70岁的富兰克林出使法国,赢得了法国和欧洲人民对北美独立战争的支援。在他于1785年从法国回国前夕,路易十六把自己的四周嵌满珍珠的肖像赠给他,以表彰他在外交上的杰出成就。回国后,他被选为宾夕法尼亚州州长。1787年,81岁高龄的他作为最重要的委员之一,积极参加制定美国宪法的工作,并组织了反对奴役黑人的运动。

1790年4月17日夜里11点,富兰克林溘然逝去,享年84岁。他生前威名赫赫,死后的墓碑上只刻着这样几个字:"印刷工富兰克林"。

克劳塞维茨和《战争论》

克劳塞维茨,1780年出生于普鲁士马格德堡附近布尔格镇的小贵族家庭。1792年参加普鲁士军队，1803年毕业于柏林军官学校。先后任俄罗斯骑兵军团的军需官、步兵参谋、普军军团参谋长。1818年出任柏林军官学校校长，晋升少将。他潜心研究战史，撰写军事理论著作。1831年11月16日死于霍乱病。1832年，其遗孀整理其书稿成书。

在作者生命中和《战争论》背后，还有一段让人感动的爱情故事。

玛丽，是克劳塞维茨的妻子。结婚前两人的身份、性格相差悬殊，玛丽不但是个大家闺秀，而且活泼热情。他们相识于亲王举办的晚宴上，并双双坠入爱河。1806年10月8日，德法开战，部队计划第二天就出发。克劳塞维茨和玛丽在临别前的一个晚上私订了终身。

克劳塞维茨戴着玛丽的戒指出发了。他的胸前还佩着装有她的相片的小金盒，在残酷的战争中，这个小金盒是克劳塞维茨唯一的安慰。

战争将两人分开，但却不能阻止两人鸿雁传情，克劳塞维茨不断给玛丽写信，玛丽也不断给克劳塞维茨回信。在此期间，玛丽的母亲试图说服女儿甩掉那个没什么前途的克劳塞维茨少尉，嫁给一位伯爵。但是，玛丽坚决不从，从未动摇。1810年夏，克劳塞维茨在总参谋部晋升为少校，12月17日，苦恋8年的有情人终成眷属，在柏林玛丽教堂举行了婚礼。

1818年9月，38岁的克劳塞维茨晋升为少将，成为军中最年轻的将军，但他丝毫不觉得兴奋，相反，他开始厌倦例行公事的军旅生涯，决定将工作重心转向学术研究领域。

在玛丽的房间里，克劳塞维茨不停地笔耕，玛丽就在旁边耐心地帮忙，帮他摘录其他著作的引文，抄写他的笔记草稿，甚至克劳塞维茨累了的时候，就口述由玛丽记录。

1831年，不幸降临到两人身上，克劳塞维茨感染上了霍乱，并且未能逃脱死神的魔爪,安详地死在妻子的怀抱里。

克劳塞维茨死后,玛丽没有辜负丈夫的期望,在她的努力下,饱含克劳塞维茨和玛丽心血和汗水的《战争论》终于出版问世了。

《战争论》是克劳塞维茨研究了1566～1815年间发生的130多场战争,并以德国康德、费希特和黑格尔的唯心主义古典辨证哲学为理论基础写成的一部不朽著作。该书共分3卷8篇124章,在书中,作者阐述了这样一些观点:战争是政治通过另一种手段的继续;战争的目的是消灭敌人;战争理论不是对战争实践的规定;决定战争的战略要素;相互交错的攻防两种作战形式;民众战争是战争整个过程的扩大加强等精彩观点。

《战争论》堪称资产阶级军事理论的经典之作,它探索战争奥秘的深度是克劳塞维茨死后100多年来任何一个军事理论家从未达到过的,它为近代西方军事思想体系的形成和发展奠定了理论基础,克劳塞维茨因此被称为西方近代军事理论的鼻祖。

曾经担任德军总参谋长、"施蒂芬计划"的策划人冯·施蒂芬伯爵在《战争论》第五版导言中写道,"无论从形式上还是从内容上,都是有史以来有关战争的论述中最高超的见解","通过它造就了整整一代杰出的军人"。《美国军事学说》的作者达尔·奥·史密斯将军写道:"克劳塞维茨的理论虽然不是产生于美国,但是这种理论对美国的作战方法和政策都具有重要影响。"

1836年,玛丽病故。她安葬在克劳塞维茨的身旁,墓碑上用拉丁文刻着这样的铭文:痛苦的死亡不能将爱情割断。

莱克星顿枪声

从16世纪开始,北美洲逐渐成为欧洲列强的殖民地,各国都有移民移居北美。经过100余年的发展,美利坚民族渐渐形成。18世纪中叶,英国在北美大西洋沿岸建立了13个殖民地,并阻止当地资本主义经济的发展,企图把这些殖民地变成英国工业品的销售市场和廉价原料的供应地,加大对殖民地的掠夺与压榨。英法七年战争结束后,英国在殖民地增加税收,控制出海权,把战争损失转嫁到北美人民的身上,双方矛盾日益激化。英国为独占西部,禁止向西移民,切断了北美人民的谋生之路,同时也限制了资产阶级对西部的开发,北美人民不断掀起反抗,从经济、政治斗争渐渐演变成武装冲突。

1774年9月5日,英属殖民地代表在费城成立"大陆会议",并秘密组织民兵武装,在康科德备有军需物资库。这一消息被英殖民者麻省总督盖奇知道后,于1775年4月18日派史密斯上校带兵收缴。民兵在莱克星顿打响了第一枪,牺牲了18人。毁掉军需物资的英军在撤退时受到全莱克星顿人民武装的包围,英军且战且退,伤亡259人。

莱克星顿枪声是美国独立战争中的第一次战役,它震动了整个北美殖民地。民兵迅速集合起来,包围了波士顿。5月10日,大陆会议在费城召开第二次会议,决定成立一支真正的革命军队——大陆军,由华盛顿任总司令。

缺枪少弹的大陆军凭借满腔热情,攻占了加拿大的蒙特利尔,打退了波士顿的英军,击败了南部查尔斯顿的殖民者。1776年7月2日,大陆会议通过了《独立宣言》,大陆军成为合众国武装,整个北美殖民地人民情绪激昂。华盛顿率领军队接连取得胜利,迫使英军退出新泽西州中西部。

英军欲以加拿大为基地,先平定北部新英格兰和纽约的美军,再向中南部推进。伯戈因遂带领加拿大英军南下,计划与纽约豪的驻军会合。但豪改变计划南下,伯戈因失去接应,新英格兰境内的民兵不断阻击和骚扰,伯戈因无法获得充足的补给,行动迟缓。

9月19日,处于困境的伯戈因决定放弃交通线,破釜沉舟向南进发,在弗里曼农庄向美军发起进攻。美军的顽抗使英军损失惨重,伤亡600余人。10月7日,英军再次进攻,又遭到美军痛击,伯戈因被迫撤退。10月12日,退到萨拉托加附近的伯戈因发现被追击的美军包围,只好投降。16日,与美签订《萨拉托加条约》。

萨拉托加的胜利,是美国独立战争的转折点。国际反英势力纷纷支援美国,法、西、荷等国相继对英宣战,英国在国际上处于孤立状态。

英军将战略重心转移到南方,先征服佐治亚州,又逼降查尔斯顿的美军,随后攻占了南卡罗莱纳。1780年12月,华盛顿任命洛林为南部美军总司令。洛林将部队分散开来,展开游击战。1781年1月17日,在考彭斯歼灭英军1100人。3月15日,在吉尔福德重创英军。同时,法国舰队在海上与英军周旋,也大大牵制了英军的陆上攻势。

4月,美军在法、西、荷等国海上舰队的配合下,开始大规模反攻,迫使英军退守海岸线。8月,英统帅康沃利斯将南部主力集中在弗吉尼亚半岛上的约克敦,以便与纽约驻军相互策应。华盛顿率领美法联军1.6万余人,从水陆各方包围了约克敦,切断了英军与纽约驻军的联系。10月9日,联军发起总攻,分别从左右两方同时向约克敦发炮。火炮的巨大吼声持续了十八九个小时,英军逐渐支持不住。16日，试图从海上逃跑的英军又因暴风吹散了准备好的船只而无法撤离。17日，失去反攻能力的英军只好投降。

1783年11月3日，美英签订和约，英国承认美国独立。美国独立战争宣告结束。

美国独立战争打碎了英国的殖民统治，实现了美国独立，掀起了美洲殖民地人民谋求独立的革命浪潮，开创了资产阶级革命的新纪元。

美国《独立宣言》

1743年4月13日，杰弗逊出生于弗吉尼亚。杰弗逊的父母对子女的教育非常重视，让他接受了良好的教育。杰弗逊少年时就通晓拉丁文和希腊文，阅读了很多古典名作。1760年，杰弗逊考上了威廉·玛丽学院。在求学期间，他每天学习达15小时，浏览了很多启蒙运动时期英法大思想家、大哲学家的作品，视野日益开阔，思想日渐深刻，为他成为美国历史上出类拔萃的人物奠定了基础。1767年，杰弗逊取得了律师资格，后来又当选为弗吉尼亚议员，开始从政。

随着北美殖民地经济的快速发展和英国对殖民地剥削日益加重，北美人民和英国宗主国的矛盾日益尖锐。起初杰弗逊并没有产生独立的念头，后来他看了一本宣扬独立的小册子《常识》。《常识》的作者大声疾呼，北美殖民地的前途和命运在于摆脱英国的殖民统治宣告独立。当时殖民地人民反英斗争日益高涨，杰弗逊也投身于北美独立运动的洪流之中。

1776年6月7日，在费城举行的第二届大陆会议上，弗吉尼亚代表理查德·亨利·李提出了一个议案，要求解除对英国国王的一切效忠，争取外国政府的援助，殖民地成立一个独立自主的国家。经过简短的讨论，大会决定任命托马斯·杰弗逊、约翰·阿丹姆斯、本杰明·富兰克林、罗杰·谢尔曼和罗伯特·李文斯顿5人组成一个委员会，负责起草一份宣言，宣布与英国决裂。虽然其他几人都比杰弗逊年长，但大家都一致推举他为执笔人。

从6月11日到28日，在两个多星期的时间里，33岁的杰弗逊把自己关在屋子里，奋笔疾书。他绞尽脑汁，反复修改，仔细推敲，以求尽善尽美。在杰弗逊写《独立宣言》期间，他的母亲和一个孩子刚刚去世，妻子又卧病在床。杰弗逊强忍着内心的巨大痛苦，以坚强的毅力，完成了这一庄严、艰巨而又伟大的任务。7月4日，经过大陆会议短暂讨论和修改后，13块殖民地的56名代表在《独立宣言》上郑重签字，正式批准通过。

7月8日，在宾夕法尼亚州大会堂的院子里，大陆会议向群众宣读了《独立宣言》。群众纷纷将帽子、鲜花抛到空中，大声欢呼。广场上礼炮齐鸣，军队列队游行。教堂的钟声响了一整天，一直持续到深夜。

《独立宣言》第一部分深受启蒙运动中法国哲学家卢梭的"社会契约论"和英国哲学家洛克的"天赋人权说"的影响，阐述了人生而平等，造物主赋予人们固有的、不可转让的权力，包括生存权、自由权和追求幸福的权力。主权在民，人民根据契约组成国家。第二部分谴责了英国在殖民地的残暴统治和肆意掠夺，已经成为迫害人民的政府，阐述了殖民地人民要求独立的原因。它痛斥英王乔治三世的种种罪行："他拒绝批准对公共福利有用和必要的法律，屡次解散州议会；派遣大批官员和军队控制殖民地的人民，搜刮民脂民膏；任意向殖民地人民征税；掠夺殖民地的船舶，骚扰沿海地区，焚毁城镇和乡村，杀害人民。"第三部分向全世界庄严宣

资产阶级革命

布:"我们以善良的殖民地人民的名义,向全世界郑重宣布,我们这些联合起来的殖民地从此成为、而且名正言顺地成为独立自主的美利坚合众国。从今以后,取消一切向英国王室效忠的义务,断绝一切和大不列颠的政治关系。我们是自由独立的国家,拥有宣战、结盟、缔约、通商以及一切独立国家所拥有的权力。"

《独立宣言》的发表,对号召北美人民同英国殖民者进行斗争以获取独立起到了巨大作用,为独立战争提供了理论基础,充分表明了殖民地人民建立自己的独立国家的决心,是殖民地人民走向成熟的里程碑。《独立宣言》是资产阶级思想史上的重要文献,被马克思称为"世界上第一个人权宣言"。

美开国总统华盛顿

华盛顿1732年出生于弗吉尼亚,父亲早年去世,后由哥哥劳伦斯抚养长大。大约七八岁时,他的哥哥劳伦斯从英国学成归来,兄弟俩虽然年龄相差14岁,但感情相当融洽。学识过人、风度翩翩、富于男子气概的哥哥成为了华盛顿心目中的偶像。后来哥哥整备行装,奔赴西印度群岛战场,他开始从哥哥的信中和其他来源了解到一些战斗故事,从那时起,华盛顿的一切游戏都带有了军事色彩,同学们成了士兵,自己则成了总司令。

华盛顿没有上过大学,但他勤奋上进,自学成才。16岁时,华盛顿在哥哥的帮助下成为土地测量员。1752年,哥哥去世,华盛顿继承了哥哥的遗产,成为大种植园主。同年,他担任了弗吉尼亚民兵少校副官长,开始了军旅生涯。1758年,他当选为弗吉尼亚议员，翌年与富孀马撒·丹特里奇结婚，获得大批奴隶和大片土地。

1773年，发生著名的波士顿倾茶事件，英国和北美大陆之间的矛盾冲突明了化。华盛顿果断地意识到，除了完全独立，北美大陆别无出路。1774年9月5日，在费城召开了第一届大陆会议。华盛顿作为弗吉尼亚议会的代表，身着戎装出席了会议，在他的大力促成下，大会通过了不惜以武装抵抗作为最后手段的决议。当时的北美大陆没有海军，也没有像样的陆军，却要面对号称"日不落帝国"的世界霸主英国，作出这样的决定是需要相当的勇气的。1775年4月18日，莱克星顿响起了枪声，美国独立战争开始。同年5月10日，第二届大陆会议在费城举行，大会决定成立由华盛顿任总司令的大陆军。

尽管大陆军在初期取得了一些胜利，但与英国军队相比，敌强我弱的形势显而易见。在保卫纽约的战役中，大陆军差点全军覆没。1776年冬天，大陆军陷入了异常艰难的局面。在危急时刻，华盛顿孤注一掷，率兵偷袭了特伦敦镇的普鲁士雇佣军，以2死3伤的代价歼敌千余，大振军威。1777年的秋天，在经历了众多的艰难困苦之后，萨拉托加战役打响。在哈得逊河西岸高地，英国名将伯戈因的8000余人部队受到了大陆军的两翼夹击，被迫投降。这次大捷促成了1778年2月的美法结盟，美国开始逐渐掌握了战争主动权。1781年10月9日，美国独立战争以美国的胜利而告终。

战争结束后，华盛顿拒绝了奖赏，回到了自己的庄园。但初生的美国离不开他，1787年，华盛顿再入政坛，主持召开了制宪会议，制定了沿用至今的美国宪法。1789年，华盛顿当选为美国第一任总统。在就任美国总统期间，他认为自己可以与世界上的任何一位国王相媲美，但又始终把自己看作是美国人民的"最恭顺的公仆"。

1796年9月17日，即将离任的华盛顿发表了著名的《告别辞》。《告别辞》呼吁全国要保持团结，珍视联邦，反对以一个党派的意志来代替国家意志，指出美国的外交政策应是"避免与国外世界的任何一部分永久结盟"。《告别辞》是华盛顿政治经验的总结，标志着"孤立主义"的开端，对美国以后历届政府的外交政策产生了深远影响。

在两届任期（1789～1797年）结束后，华盛顿坚决拒绝了再次连任。1799年，华盛顿因患喉头炎去世，享年67岁。他在神志清醒的最后时刻，说了这样一句话："我是在艰苦奋斗之后了此一生的。"

攻占巴士底狱

在巴黎东南的圣安东街，有一座高大的城堡，它就是巴士底狱。巴士底狱建于1382年，起初是为了抵抗英国人而建的堡垒，后来由于巴黎的扩大逐渐成为巴黎市区的建筑，改为王家监狱。这座阴森恐怖的城堡有高高的石墙，城墙上有8座塔楼，每个塔楼的顶端都安放着一尊大炮，虎视眈眈地对着整个巴黎。巴士底狱四周有一条宽25米的壕沟环绕，只有通过吊桥才能进入。几百年来，法国的官吏和密探，可以不经任何法律就逮捕反对国王、反对贵族、反对专制主义的人，把他们投入巴士底狱。在法国人民眼里，巴士底狱就是封建专制的象征。

18世纪的法国，国民分为三个等级，第一等级是教士，第二等级是贵族，第三等级是资产阶级、城市平民、工人和农民。第一、第二等级的人数只占全国人口的1%，但他们有权有势，占有全国1/3的土地，却不用缴税。他们还利用他们手中的权力，提高税收，设置关卡，千方百计地剥削人民，引起了广大人民的不满。

1789年5月,法国国王路易十六为了榨取更多的钱供他挥霍,召开了三级会议。第三等级的代表识破了他的诡计,趁机提出要求限制国王的权力,把三级会议变成国家的最高权力机关,这理所当然遭到了路易十六的拒绝。于是第三等级的代表宣布退出三级会议,成立国民大会,后来又改为制宪会议。听到这个消息后,路易十六暴跳如雷,秘密调集军队进入巴黎,准备逮捕第三等级的代表。

巴黎人民得知这一消息后,群情激愤,怒不可遏。1789年7月13日,巴黎人民手拿大刀、长矛、火枪,举行了声势浩大的起义。起义军迅速占领了巴黎的军火库,夺取了好几万只火枪和几门大炮。惊惶失措的路易十六急忙派军队前去镇压,但被起义军打得大败。仅一天的时间,起义军就控制了全城,只剩下市东南的巴士底狱了。

7月14日,巴黎群众高呼:"到巴士底狱去!"起义军从四面八方赶来,包围了巴黎最后一座封建堡垒。巴士底狱守备司令德·洛纳被潮水一样涌来的起义军吓破了胆,急忙命令士兵绞起铁索,升起吊桥。为了减少伤亡,起义军派了几个代表,举着白旗,去同巴士底狱守备司令德·洛纳谈判,希望他投降。但丧心病狂的德·洛纳竟然命令巴士底狱的士兵向代表们开枪。巴黎人民被彻底激怒了,立即向巴士底狱发起了猛攻。巴士底狱的士兵从城墙上向起义军开火,并用塔楼上的大炮轰击。起义军冒着敌人的炮火前进,他们抬着云梯,越过壕沟,奋不顾身地攻城。但由于敌人的火力太猛,起义军损失惨重,被迫撤退。起义军从四周的街垒向巴士底狱射击,但由于距离太远,对守军构不成威胁。

"我们也要有大炮!"大家齐声说。很快,起义军找到了几门旧大炮,上面生满了铁锈。一个叫肖莱的酒商自告奋勇来当炮手。"轰轰轰!"一排排的炮弹带着起义军的怒火打在城墙上,人民发出阵阵欢呼。但旧大炮的威力太小了,只打掉了一些石屑,在厚厚的城墙面前,实在是微不足道。巴士底狱的守军大声嘲笑起义军。

有几个勇敢的人拿着铁锹、铁镐、火把和炸药,冒死冲到巴士底狱的城墙下,想在墙上挖个洞,然后用炸药炸塌城墙。但他们还没来得及行动,就被城墙上的士兵打死了。

"我们需要真正的大炮和炮手!"大家又分头去找,过了一会儿,找来了一门威力巨大的大炮。炮手们调整好角度,把炮弹放到大炮里,点燃火绳,"轰"的一声,大炮发出一声怒吼,威力巨大的炮弹重重地撞在城墙上,发出震耳欲聋的爆炸,城墙一下子就掉了一大块。人们发出阵阵欢呼。"轰轰轰!"炮手们一刻也不停,继续发炮。"哐当"一声,一颗炮弹把铁索打断了,吊桥掉了下来。"冲啊!"起义军的发起冲锋,踏着吊桥冲进了巴士底狱,城内的士兵见大势已去,纷纷投降,而德·洛纳被愤怒的起义军活活打死。

占领巴士底狱的消息传到全国后,各地的法国人民纷纷起义,夺取政权。后来7月14日被定为法国国庆日。

法国的《人权宣言》

1789年8月4日夜,法国制宪议会紧急召开会议,内容是讨论农民的土地问题。会上,手足无措的贵族和僧侣们纷纷表示放弃封建特权。8月5日至11日,制宪议会通过了关于解决农民土地问题的《八月法令》。法令规定:废除农民对地主的依附关系和劳役;废除特权等级和各种特权;废除教会的什一税。但是,《八月法令》却要求农民高价赎买土地;没收教会的土地也分成大块高价出售,结果大部分土地落入资产阶级手中。这表明该法令实质上没有解决农民的土地问题。

1789年8月26日,制宪议会通过了宪法的序言——《人权宣言》。《宣言》是以1776年北美《独立宣言》为蓝本,以启蒙思想家的政治理论为依据而制定的。《宣言》指出人生来是平等的。《宣言》还宣布取消等级差别,否定君权神授,"在法律面前,所有公民一律平等",每个公民都享有人身、言论、信仰等自由,而且有反抗压迫的权利。《宣言》还规定了"财产是神圣不可侵犯的权利"。

《人权宣言》是资产阶级的纲领性文件,它的颁布具有重大进步意义。它以法律的形式,第一次把启蒙思想家所阐述的资产阶级政治主张固定下来。它提出的"在法律面前人人平等"和"主权在民"的原则,既沉重地打击了法国以至整个欧洲的封建专制制度,又调动了法国人民参加反封建斗争的积极性。

革命胜利后,路易十六在凡尔赛加紧策划反革命活动。他一面拒绝批准《八月法令》和《人权宣言》,一面又暗中向凡尔赛集结军队。革命领袖马拉主编的《人民之友报》,揭露了国王的反革命阴谋,号召人民向凡尔赛进攻。当时,由于雹灾歉收而处于饥饿中的巴黎人民怒不可遏。10月5日,成千上万的巴黎人民群众,在圣安东妇女的带领下,冒雨向凡尔赛进军,并包围了王宫,高呼着"要面包"的口号。10月6日清晨,国王卫队向群众开枪。愤怒的群众冲进王宫,逼迫国王批准了《八月法令》和《人权宣言》。群众把国王和王后从凡尔赛押到巴黎,置于人民群众的监督之下。不久,制宪议会迁到巴黎。这次事件,粉碎了国王的复辟阴谋,又一次挽救了制宪议会,把革命进一步向前推进。

1791年9月14日,制宪议会颁布新宪法,史称《1791年宪法》。新宪法规定法国为君主立宪政体国家,立法权属于由选举产生的一院制立法议会,立法议会是国家最高立法机构;国王是国家行政机构的首脑,但只能依据法律统治国家;司法权属于选举产生的法官，实行陪审裁判制。宪法宣布取消封建等级制；在选举制度上，凡年满25岁，有财产并能缴纳直接税的为"积极公民"，享有选举权；凡是不符合财产规定的为"消极公民"，被剥夺选举权与被选举权。制宪议会实行了有利于资产阶级的改革：统一行政区，把全国划为83个郡，取消了内地的关卡和苛捐杂税；废除了工业法规和行会制度；取消了商品专卖权，实行粮食自由买卖；统一全国的度量衡和货币。这些措施加速了法国资本主义工商业的发展。制宪议会还宣布国家监督教会和神职人员；把教会地产收归国有，并分成大块高价出售。这些措施既打击了天主教会，又增加了政府收入，而且满足了大资产阶级和自由派贵族购买土地的要求。

与此同时，制宪议会针对工人反饥饿的罢工斗争，于1791年6月通过了严禁工人集会、结社和罢工的《列霞不列埃法》。这表明资产阶级刚刚掌权就用政治手段把资本和劳动之间的斗争限制在对资本有利的范围内。

总之，制宪议会所通过的各项法令和政策虽具有一定进步意义，但改革的目的却在于巩固大资产阶级和自由派贵族的统治，为资本主义的发展开辟道路。

战神拿破仑

拿破仑在一次与敌军作战时，遭遇顽强的抵抗，队伍损失惨重，形势十分危险。拿破仑也因一时不慎掉入泥潭，被弄得满身泥巴，狼狈不堪。可此时的拿破仑却很乐观，内心只有一个信念，那就是无论如何也要打赢这场战斗。只听他大吼一声："冲啊！"他手下的士兵看到他那副滑稽模样，忍不住都哈哈大笑起来，但同时也被拿破仑的乐观自信所鼓舞。一时间，战士们群情激昂，奋勇争先，终于取得了战斗的最后胜利。

这是广泛流传的拿破仑的故事。在这个故事中我们不难看到拿破仑永不言败的精神，或许正是这种精神鼓舞着拿破仑创造了一个非比寻常的精彩人生。

在卡罗的8个子女中，老二拿破仑总是显得与众不同。他并不是一个讨人喜欢的孩子，身材矮小、体格瘦弱、外表非常笨拙，一开口就显得有些蠢。但他的权威令孩子们折服，连哥哥也对他俯首帖耳。1779年，拿破仑进入布伦纳军校学习，这是一所贵族学校，由于拿破仑来自乡下，所以他经常受到同学们的鄙视和嘲笑。但是拿破仑学习成绩很好，尤其是历史课，他对法国的历史事件、历史人物、历史发展了如指掌，这也成了他以后引以自豪的资本。

在布伦纳军校的一年冬天，雪下得很大。百无聊赖之际，拿破仑想出了一个新花样。他带领大家在大院子的雪地里扫出通道，建立碉堡，挖掘壕沟，垒起胸墙。当工程完成后，他指挥大家进行模拟攻防军事游戏。战斗持续了15天之久，而拿破仑就此成了学校里的英雄人物。

15岁那年，拿破仑进入巴黎陆军学校学习，学习时间虽然只有两年，但他却深深受到了法国启蒙思想的影响。从巴黎陆军学校毕业后，拿破仑当上了一名炮兵少尉，1791年晋升为中尉，次年又被提升为上尉。当时正值法国大革命期间，所谓时势造英雄，拿破仑抓住了机遇，迅速脱颖而出。1793年，法国保王党人在英国和西班牙的大力支持下，占领了法国南部重镇土伦，共和军久攻不克。拿破仑奉命参加土伦战役，任炮兵指挥，并晋级为上校。依靠拿破仑指挥的炮兵部队，共和军终于攻占了土伦。此役使拿破仑声名大振，不久他被破格提升为准将。1795年，他的炮兵部队在巴黎再建奇功，以5000人之力击溃了两万多名叛乱分子，这之后，拿破仑被任命为法国"内防军"副司令。后来，他又被派往意大利和埃及战场作战。此时的拿破仑已非昔日可比，他以不断的军事胜利证明了自己的实力。1799年，拿破仑从战场上悄然返回法国，发动了"雾月政变"，从此处在法国权力的顶峰，终于在1804年加冕称帝，即拿破仑一世，法国进入了法兰西第一帝国时期。

拿破仑执政时期，通过内政外交方面的努力，使法国迅速走向强盛。他着力打击教会势力，镇压反叛势力，采取各种积极政策推动经济发展，并主持制定了《民法典》，又称《拿破仑法典》。《拿破仑法典》将法国大革命的成果以宪法形式确定下来，对法国及其他资本主义国家的立法产生了深远影响。在对外战争上，拿破仑领导的军队几乎击败了所有的欧洲大国，推动了法国大革命的思想在欧洲的传播。

但是侵略俄国的惨败使法国元气大伤，并给其他敌对国家造成了可乘之机。1814年的莱比锡战役是拿破仑军事史的一个转折点——他第一次败给了反法联盟。之后，反法联军占领巴黎，拿破仑被流放到意大利海边的厄尔巴岛。1815年，拿破仑成功逃出流放地，返回法国，受到了热烈欢迎并迅速恢复了权力。但此时的法国已经雄风不再，经历了滑铁卢战役的惨败后，拿破仑永远退出了历史舞台。他被流放到大西洋中的圣赫勒拿岛，于1821年去世，终年51岁。

拿破仑兵败莫斯科

19世纪初，拿破仑几乎征服欧洲各国，但英国始终不与法国议和。拿破仑为毁掉英国人的贸易体系，实行高压政策，使欧洲各国断绝与英国的经济交往，对英实行经济封锁。面临经济破产的英国认识到只有引诱俄国脱离欧洲大陆组织，英国才会有生机，否则英国只有屈服。在英国的说服下，沙皇接受了英国的货物。拿破仑对俄国的行为极为不满，为报复沙俄，拿破仑兼并了由沙俄支持的赛尔登公国，开始对俄加强封锁。这使沙皇大怒，俄法关系迅速恶化。俄方要求法军撤到赛得河以西，遭到拿破仑的拒绝。拿破仑意识到战争不可避免，遂组织兵力东征俄罗斯。

1812年6月24日，拿破仑调集大军68万人，火炮1400门，渡过尼门河，开始了对俄国的入侵。拿破仑计划在维尔纽斯及其以东地区歼灭敌人主力。面对咄咄逼人的庞大法军，俄军采取主动撤退策略，法军紧紧追赶，但每次都落空。

俄军后退的同时，沿途实行坚壁清野，以阻滞法军前进。随着法军的快速深入，前后方出现脱节，补给发生困难。拿破仑命令部队停止前进，进行休整。这时，俄两路大军在斯摩棱斯克会合，组织防御工事。获得供给的拿破仑迅速向该地进军。8月16日，双方在斯摩棱斯克展开激战。俄军在法军猛烈的攻势下，顽强地抵挡三天后，终于招架不住，弃城继续后退。俄军只退不打，俄国内部舆论哗然，怨声载道。8月29日，沙皇任命库图佐夫为总司令对抗法军。深知撤退是正确决策的库图佐夫迫于舆论和沙皇的压力，决定与敌人展开一场会战。他把阵地选择在莫斯科以西124千米的博罗迪诺村附近。库尔干纳亚高地高踞周围地形之上，视野开阔，前方宽8千米，右翼为莫斯科河，左翼为难以通行的森林，后方是森林和灌木林，可隐藏预备军。在阵地上，俄军构筑了多面堡和钝角堡等完备的防御工事。库图佐夫企图以积极的防御手段达到最大程度地杀伤敌人之目的。

9月7日，拿破仑率领13万大军开始进攻，在这种对己不利的地形上交战，拿破仑失去了军队的机动性，从两翼迂回包围阵地也是不可能的。如果从南纵深迂回，只能分散削弱兵力，可能导致被各个击破。拿破仑只好采取正面突击，他选择比较狭窄的地段，采取突破敌人防线直插敌后方的策略，实施强攻。

会战开始，双方都以炮兵对射发起进攻。在炮兵的掩护下，凶猛的法军使俄军退过科洛恰河，法军遂紧追过去，遭到猛烈火力的反攻，又被迫退回。凌晨6时，法军向钝角堡猛攻，虽说人数及火力都占优势，但法国军仍被击退。7时许，法军又开始新一轮进攻，攻占了左边的一个钝角堡，俄军又以勇猛的反击夺回，双方这时都加强了兵力。法军对左右两个钝角堡发动第3次攻击，俄军也不甘示弱，抵抗极为顽强，堡垒几易其手。这也显示出库图佐夫排兵布阵的艺术：他把俄军战斗队形纵深配置，纵深达3～4千米，使步兵、骑兵和炮兵之间配合默契，保障了积极防御的坚固性，使法军几次易得手后又被迫放弃。双方进退反复，短兵相接，展开肉搏战。

为彻底突破俄军防线，拿破仑调集兵力实行猛攻。库图佐夫在此危急时刻，果断决定调强大的预备军袭击敌人左翼。战斗持续到18时，俄军仍坚守阵地，法军也没取得决定性胜利，但双方都付出惨重代价。法军伤亡2.8万人，俄军则为4.5万人。拿破仑遂退回出发阵地。战后，库图佐夫将俄军撤回内地，坚壁清野积聚力量。9月14日，拿破仑进占已成废墟的莫斯科。10月18日，俄军大举反攻，法军节节败退。到12月，法军损失50多万人，拿破仑的侵俄战争以惨败而告结束。拿破仑在俄国的失败使法国损失惨重，成为欧洲再次爆发反拿破仑战争的导火索，也成了拿破仑军队覆灭的标志。

第一个黑人共和国海地

海地是加勒比海上的一个小岛，这里原来生活着20万印第安人，后来西班牙殖民者来到这里后，把印第安人全部杀光了。他们从非洲运来了大量的黑人奴隶，强迫他们在种植园和矿山劳动。西班牙人残酷地剥削和压迫黑奴，每天强迫他们工作20多个小时，还任意侮辱、鞭打黑奴，甚至割掉他们的耳朵、手脚，把他们投入火中活活烧死，数不清的黑奴累死在矿山和种植园里。后来法国人来了，赶走了西班牙人，但黑人的地位丝毫没有改变。黑人终于无法忍受了，1791年，海地全岛爆发了奴隶大起义。仅仅几天时间，起义的黑奴就烧毁了1000多个种植园，冲进殖民官员和种植园主的家，杀死了2000多名法国殖民者。剩下的殖民者仓皇逃出了海地。在这场大起义中，杜桑逐渐成了起义军的首领。

杜桑是黑奴的后代，从小就养猪放羊，吃尽了苦头，后来成了种植园主的马车夫。他非常聪敏，自学了法语，读了许多伏尔泰、卢梭、孟德斯鸠的宣传自由平等的书籍。参加起义后，杜桑凭借着自己的学识和出色的组织、指挥才能逐渐成为起义军的首领。黑人亲切地叫他"卢维杜尔"，意思是指路的人。杜桑指挥起义军打败了法国派来的6000多人的军队。后来西班牙人和英国人又相继来到海地，杜桑又率领起义军和他们作战。杜桑先是集中兵力打败了北部的西班牙人，将他们赶出海地。然后以北部为根据地，经过3年准备，杜桑率领大军南下，猛攻英国人，将他们打得大败，解放了整个海地岛。

长期做奴隶的黑人，终于可以扬眉吐气做自己的主人了。1801年6月，他们召开大会，制定了第一部黑人宪法，废除了奴隶制度，推举杜桑为海地总统。

工业革命带来的变革

工业革命首先开始于英国,之后又发展到欧亚其他地区,从而引起广泛而深刻的社会变革,对人类社会产生了极其深远的影响。工业革命首先是一场空前规模的技术革命,使社会生产力取得了惊人的发展。其次,工业革命促成了无产阶级的形成,使社会日益分裂成资产阶级和无产阶级两个对立的阶级。同时,工业革命也将原有的亚欧大陆农耕世界发展水平大体平衡的局面打破了,在工业革命的冲击下,世界各国各地区都卷入资本主义世界的经济体系中。

瓦特改良蒸汽机

提起蒸汽机，人人都知道那是瓦特发明的，但这并不等于在瓦特之前就没有使用蒸汽的机械。其实，蒸汽机的发明也经历了一个产生、发展和逐步完善的过程。

传说，古埃及早在公元前2世纪便出现了利用蒸汽驱动球体的机械装置，只是年代太过久远，具体情况已无从考证。又有记载说公元1世纪，古希腊发明家希罗曾用蒸汽做动力开动玩具，大画家达·芬奇也用画笔描绘过用蒸汽开动大炮的情景。

较为确切地使用蒸汽作动力还应是从近代开始。1698年，英国工程师萨弗里发明了使用蒸汽驱动的抽水机。1712年，英国的纽科门发明了效率更高的蒸汽机，可以用活塞把水和冷凝蒸汽隔开。事实上，瓦特发明蒸汽机就是从改进纽科门蒸汽机开始的。

纽科门蒸汽机在生产领域的广泛使用，激起了人们的关注，这其中当然也包括詹姆士·瓦特。机会只赋予有准备的人，而瓦特就是这样一个有准备的人。

詹姆士·瓦特，1736年1月19日出生于苏格兰的格拉斯哥市附近的机械师家庭。他从小就迷恋机械制造。由于家道中落，瓦特中学刚毕业便去伦敦学习制造机械的手艺。他天资聪颖又勤奋刻苦，用1年时间学会了别人用4年才能学会的技艺。然后瓦特在家乡的格拉斯哥大学谋了一份仪器修理师的差事。

瓦特借修理教学仪器的机会结识了许多科学家，如布莱克教授和罗比逊等人，经常与他们一起探讨仪器、机械方面的问题。1764

工业革命带来的变革

年的一天，格拉斯哥大学的一台纽科门蒸汽机模型送到瓦特这里要求修理。瓦特不但修好机器，还对机械的构造和工作原理产生极大的兴趣。他找到了布莱克教授，与之共同研究减少纽科门蒸汽机耗煤量，提高其效率的方案。后来瓦特发现纽科门蒸汽机的汽缸和冷凝器没有分开，造成了热能的极大浪费，找到了症结之后，瓦特便开始改造纽科门蒸汽机的试验。

他筹措了一些资金，租了一间实验室，开始试制具有冷热两个容器的蒸汽机。他想，这样一来负责做功的汽缸始终是热的，而蒸汽冷凝的过程在另一个容器中完成，如此便可避免同一汽缸反复冷热交替，节约了热能。经过多次实验，多次失败，瓦特最终完成了一台具有实用价值的单作用式蒸汽机，并申请了专利保护。

为了在更大范围内推广自己的新发明，瓦特用自己设计的蒸汽机与纽科门蒸汽机当众比赛抽水。结果用同样多的煤，瓦特蒸汽机抽水量是纽科门蒸汽机的5倍。人们看到了瓦特蒸汽机的优势，纷纷以它替代了纽科门蒸汽机。

瓦特没有就此罢手，而是吸收了德国科学家利用进排气阀使汽缸往复运动的原理，用飞轮和曲拐把活塞的往复运动变成圆周运动，可惜该技术已被皮卡德抢先申请了专利权。但他另谋出路，用行星齿轮结构把往复运动变成了圆周运动，终于1781年10月获得了双作用式蒸汽机的专利权。

瓦特再接再厉，1784年用飞轮解决了转动的稳定性问题，获得了蒸汽机方面的第三个专利，两年以后他又着手进行了蒸汽机配气结构，从而获得第四个专利。瓦特不间断地努力，还发明了压力表保证了机器运行的安全。最终于1794年彻底完成了双作用式蒸汽机的发明改造，因为这一年皮卡德专利期满，瓦特将行星齿轮结构改装为曲柄连杆结构，使蒸汽机达到比较完善的地步。

瓦特为了保护自己专利的收益权，多次与人对簿公堂。1781年，洪布劳尔发明了"双筒蒸汽机"，瓦特认为其中引用了自己的专利，就向法院提出控告，结果阻止了这一发明的推广。特列维迪克发明了"高压蒸汽机"，瓦特也坚决反对，要求国会宣布其危险和非法。他的助手试验用蒸汽机来驱动客车，也得不到他的支持，直到晚年，瓦特都对蒸汽机车抱着敌视态度。

尽管如此，蒸汽机的发明与改良，使工业革命迅速展开，并波及美、德、法等国。瓦特为人类进步事业做出了不可磨灭的贡献，国际单位制中以"瓦特"作为功率单位就是为了纪念这位发明家。

英国宪章运动

19世纪30年代，英国完成了工业革命，社会日益分裂成资产阶级和无产阶级两大阶级。富有的资产阶级掌握了国家政权，为了维护自己的利益，他们制定了一系列的法律。而广大的无产阶级深受资产阶级的剥削，在政治上毫无权力，在经济上处于贫困状态。工人们每天要工作16～18个小时，资本家还大量雇佣低工资的女工和童工。工人们居住的条件也非常恶劣，他们的房屋狭小、肮脏，居住区里卫生条件很差，伤寒、疟疾、肺病等疾病流行。一个英国政府官员在视察了格拉斯哥城的工人居住区后说："15～20个工人们挤在一间小屋子里，躺在地板上，他们的被子竟然是半腐烂的麦秸杆混着破布条"，"房屋肮脏、潮湿，马都不能拴到里面。"

为了摆脱悲惨的生活，从19世纪20年代开始，工人们就不断举行大规模的游行示威。1836年，英国伦敦一个叫洛维特的木匠，发起成立了"伦敦工人协会"，号召工人们争取选举权，选出能代表自己利益的人去做议员，为工人说话。"伦敦工人协会"提出了6点主张：第一，凡是年满21岁，身体健康、没有刑事犯罪记录的男子都应该拥有选举权；第二，选举时必须秘密投票；第三，全国各选区应该按照当地的居民人数排定，选区选出的议员名额也应当与人数相适应；第四，国会每年改选一次；第五，取消对候选人的财产资格限制；第六，如果议员当选，应该发薪金。宪章运动从此开始。

1838年，这6项主张以法案的形式公布，被命名为《人民宪章》。《人民宪章》一经公布，就受到了广大工人的热烈欢迎，宪章运动很快从伦敦扩展到全国各地。工人们在各地举行大规模的集会，经常有四五万人参加，有的集会甚至多达10万人。他们高举着火把，发表战斗性的演说，甚至高呼斗争口号："武装起来！"一个工人领袖在演说中说："普选权问题，归根到底是刀子和叉子的问题，是面包和乳酪的问题！"

1839年2月4日，第一届宪章运动代表大会在伦敦召开，定名为宪章派工会会议。会议一致决定在5月5日采取和平请愿的方法，向议会递交请愿书。有的代表提出，如果议会拒绝请愿书，和平请愿失败，那就举行武装暴动。当时在请愿书上签字的人超过了125万，请愿书重达300千克，工人们把它放在装饰着彩旗的担架上，抬到了议会。7月12日，议会拒绝了请愿书提出的要求。政府随即派出了大量的军警对工人们进行镇压。

和平请愿活动失败后，愤怒的工人们举行了武装暴动。1839年11月，英国南威尔士1000多名矿工，手拿木棍、长矛和短枪等简陋武器，向南约克郡进军。政府立即派出大量军警前去镇压。在达纽波特，军警向工人们疯狂射击，很多工人倒在了血泊中。工人们没有被敌人的残暴吓倒，他们沉着迎战，顽强抵抗。20多分钟后，由于寡不敌众而遭到失败。政府以此为借口逮捕了宪章派领导人欧康纳，宪章派工会被迫解散。

3年后，欧康纳出狱。在他的领导下，拥护《人民宪章》的工人们组成了一个全国宪章派协会，入会者达5万多人。1842年，他们再次向议会递交请愿书。请愿书的内容除了以前的6条内容外，又增加了要求废除教会的"什一税"和"新贫民法"的内容。请愿书有300万人签字（约占当时英国成年男子的一半），再次要求议会将《人民宪章》定为法律。请愿书指出："议会既不是由人民选出来的，也不是由人民做主的。它只为少数人的利益服务，而对多数人的贫困、苦难和愿望置之不理"，"英国的统治者穷奢极欲，被统治者饥寒交迫"。（当时英国女王每天的收入是164镑17先令60便士，她的丈夫亚尔伯特亲王每天的收入是104镑20先令，而广大普通工人每天每人的收入只有两便士。）但这次请愿再次被议会否决。此后，英国各地罢工活动此起彼伏。

最终，宪章运动还是被镇压，但英国政府不得不颁布了一些改善工人劳动状况的法令，在一定程度上缓解了英国社会的阶级矛盾。

席卷欧洲的革命

19世纪40年代中期，随着工业革命的扩展，欧洲大陆的资本主义得到迅速发展，新兴的工业资产阶级力量日益壮大，但在政治上他们仍然处于无权或少权状态，政权被封建落后势力所把持，深受他们的压迫，这些封建势力成了资本主义发展的绊脚石。另一方面，深受外族压迫的东南欧各国都希望推翻外国统治，取得民族独立。

1845年，欧洲大陆普遍发生了马铃薯病虫害（当时马铃薯是欧洲人的主要口粮），各国相继出现了农业歉收，许多地方出现饥荒。1847年，欧洲又发生了经济危机，很多工厂倒闭，大量的工人失业。广大人民群众的生活状况日趋恶化，社会动荡不安，欧洲大陆的阶级矛盾和民族矛盾迅速激化。

当时的意大利半岛分裂为许多封建小国，他们都直接或间接地受制于奥地利，这种分裂状态和外族统治严重阻碍了意大利资本主义的发展。1848年1月，西西里岛首府巴勒莫的人民首先发动了起义，揭开了1848年欧洲革命的序幕。经过激战，起义者击败了国王的军队，建立了资产阶级临时政府。在巴勒莫起义的影响下，意大利的米兰、威尼斯等地也相继爆发了反对奥地利统治的起义。撒丁、那不勒斯、托斯卡纳的封建小国的统治者也向奥地利宣战，意大利半岛革命形势高涨。1849年2月9日，以马志尼为首的罗马共和国宣告成立。7月3日，法国、奥地利和两西西里王国出动军队，颠覆了罗马共和国。后来由于各小国封建统治者的背叛，革命形势急转直下。8月22日，奥地利军队攻陷威尼斯，意大利革命失败。

在意大利的影响下，1848年，欧洲各国相继爆发了大规模的革命。当时的法国处于代表金融资产阶级利益的七月王朝的统治之下，这引起了工业资产阶级的不满。于是工业资产阶级和广大人民联合起来，于2月22日在巴黎群众发动了起义。经过两昼夜的激烈战斗，起义军攻占王宫，法国国王路易·菲利浦出逃，起义军成立了临时政府，宣布废除君主制，建立共和国，史称法兰西第二共和国。但胜利果实被资产阶级篡取，他们下令解散国家工厂，并把工厂中的工人编入军队或驱赶到外省去做苦工。工人们忍无可忍，被迫举行了六月起义，但遭到了政府军的残酷镇压，起义失败。

德意志在1848年以前是一个由35个邦和4个自由市组成四分五裂的联邦国家，这种分裂的状况和意大利一样，严重地阻碍着资本主义的发展。德意志的巴登公国首先爆发革命，并迅速波及到了很多地区，纷纷成立了资产阶级政府。3月13日，普鲁士王国首都柏林的工人、市民和大学生举行示威游行，并同普鲁士军队展开激烈战斗。普鲁士国王威廉四世调动大批军队，向起义军发起猛攻。经过激烈战斗，普鲁士军队被迫撤出柏林，威廉四世同意召开有资产阶级参加的议会。3月29日，资产阶级首领康普豪森组阁，柏林三月革命的胜利果实落入资产阶级手中。

东南欧也爆发了反对外国统治的民族解放运动，其中以匈牙利的革命最为声势浩大。当时匈牙利处于奥地利的统治之下。1848年3月15日，佩斯人民在革命家裴多菲的领导下，强迫市长在实行资产阶级改革的政治纲领《十二条》上签字，不久革命群众控制了首都。革命者向奥地利皇帝提出建立匈牙利独立政府和废除封建制度的要求。奥皇非常敌视匈牙利革命，他调集了大批反革命军队进攻匈牙利，并于1849年1月5日攻陷匈牙利首都。匈牙利政府迁到德布勒森。不久，匈牙利起义军展开反攻，取得节节胜利。4月14日，匈牙利议会发表《独立宣言》，宣布匈牙利独立。5月21日，匈牙利起义军收复了布达佩斯。为了镇压匈牙利革命，奥地利勾结沙俄，共同出兵。沙俄出动了14万大军入侵匈牙利，20万奥地利军队也对匈牙利发起了猖獗的进攻，匈牙利处于腹背受敌的境地。由于双方军事力量相差悬殊，再加上匈牙利内部右翼分子叛变，匈牙利军队遭到惨败，匈牙利革命失败。

匈牙利革命的失败标志着欧洲1848年革命的结束。镇压了匈牙利革命后，沙俄又相继镇压了罗马尼亚、捷克等国的革命运动，成为欧洲宪兵和镇压东欧民族解放运动的刽子手。

革命诗人裴多菲

"生命诚可贵,爱情价更高,若为自由故,二者皆可抛。"提起这首100多年来在全世界广为传诵的诗篇,人们就会想起它的作者——匈牙利诗人裴多菲。

1823年1月1日,山道尔·裴多菲生于奥地利帝国统治下的多瑙河畔的一个匈牙利小城。他的父亲是一名贫苦屠户,母亲是一名农奴,家庭处在社会最底层。匈牙利人的祖先是中国古代的北方的匈奴人,他们被西汉击败后西迁到欧洲,曾经强盛一时,但衰落后长期受到周边民族的歧视和压迫。匈牙利人一直为自由而战,涌现了很多可歌可泣的民族英雄。匈牙利人擅长用诗歌作为激励民族战斗的号角,历史上曾涌现出一大批杰出的爱国诗人。17世纪以后,匈牙利处于奥地利帝国的统治之下,他们争取自由的起义此起彼伏。

在这种环境下长大的裴多菲,从小就喜欢听老人讲述民族英雄的传说。那些为匈牙利民族争取独立而牺牲的英雄的故事,在他幼小的心灵上打下了深深的烙印。

1835年,裴多菲到奥赛德求学。在学习期间,他勤奋刻苦,取得了优异的成绩,并且开始发表诗歌。由于家境贫寒,裴多菲没有完成中学教育就退学了。他曾在匈牙利军队中当过兵,还曾在一个民间流浪剧团中当过小演员,跟着剧团到匈牙利各地去演出。在游历的过程中,裴多菲深深了解了匈牙利底层人民在奥地利皇帝和匈牙利贵族下遭受的苦难,立志为祖国的独立而奋斗。

1846年9月,裴多菲在舞会上结识了伯爵的女儿尤丽娅,他们一见钟情,但遭到了伯爵的反对。最终,裴多菲和尤丽娅冲破重重阻力,走进了婚礼的殿堂。

此时,欧洲大地上涌动着革命洪流,匈牙利人民起义也在酝酿。

1848年春,奥地利统治下的匈牙利民族矛盾已经达到白热化程度。裴多菲目睹人民遭受奴役和苦难,大声疾呼:"难道我们要世代做奴隶吗?难道我们永远没有自由和平等吗?"3月14日,他与其他领导人在佩斯的一家咖啡馆里写下了实行资产阶级改革的政治纲领《十二条》,并强迫市长签字。当晚,裴多菲写下起义檄文《民族之歌》:"起来吧,匈牙利人,祖国正在召唤!/是时候了,现在干,还不算晚!/做自由人,还是做奴隶/你们自己选择吧,就是这个问题!"15日清晨,震惊世界的匈牙利"佩斯三月起义"开始了。在民族博物馆前,裴多菲向1万多名起义者朗诵了《民族之歌》。起义者呼声雷动,击败了反动军队,迅速占领了布达佩斯。裴多菲率领起义军高举着匈牙利的三色旗,冲进了全国最大的一家印刷厂,和印刷工人一起,印刷了大量的《民族之歌》和《十二条》,四处散发,极大鼓舞了匈牙利人民的革命热情。随后,裴多菲又率领革命群众冲进监狱,打开牢门,把里面所有的政治犯都放了出来。这些政治犯出狱后,积极投身革命,革命队伍迅速扩大,革命形势日益高涨。奥地利皇帝斐迪南派匈牙利贵族朗博格公爵去做匈牙利总督,趾高气扬的朗博格乘着马车,刚过多瑙河大桥,就被愤怒的革命群众打死了。气急败坏的奥地利皇帝派大军进攻布达佩斯,被起义军打得大败而回。第二年4月,匈牙利国会通过独立宣言,成立共和国。

为了镇压匈牙利起义,一心想维护欧洲旧秩序的奥地利皇帝斐迪南勾结俄国沙皇尼古拉一世,派了34万反动军队向着匈牙利恶狠狠地扑过去。民族危难的紧急关头,裴多菲给战友贝姆将军写了一封信:"请让我与您一起去战场!"在战火纷飞的1848年,裴多菲成为一名少校军官,并写了100多首诗。1849年,裴多菲来到东部战场,参加了具有决定意义的瑟什堡战役。在战斗中,裴多菲和凶残的俄军展开了殊死搏斗,被哥萨克骑兵所杀,年仅26岁,后被埋葬在英烈公墓中。

《共产党宣言》

随着欧洲工人运动的蓬勃发展,一种代表工人利益、科学指导工人争取解放的思想应运而生,它就是马克思、恩格斯创立的科学社会主义。

1847年春季的一天,一位青年来到比利时首都布鲁塞尔的同盟街5号。他仔细看了一下门牌号,整理了一下衣服,走上前去,轻轻敲了下门。过了一会儿,一个留着大胡子的人打开门,看见一个陌生人站在门外,他问答:"请问您找哪位?"这个大胡子就是马克思。"请允许自我介绍一下,我叫莫尔,是受正义者同盟的委托前来拜访您的。"那位青年说道。"哦,欢迎,快请进。"马克思非常热情。

当时欧洲有很多工人团体和社会主义小组,正义者同盟是影响较大的一个国际组织,在欧洲各国都有会员。莫尔就是正义者同盟的领导人之一。

坐下之后,莫尔打开皮包,掏出一封信,对马克思说:"马克思先生,这是我们全体正义者同盟领导人签名的委托书,想请您和恩格斯先生为我们写一个宣言。"

1847年夏天,正义者同盟在英国首都伦敦召开了第一次代表大会，恩格斯出席了会议，而马克思由于经济原因没能出席会议。大会根据马克思和恩格斯的提议，将正义者同盟改为共产主义者同盟，并将原来的口号"人人皆兄弟"改为"全世界无产者联合起来"。恩格斯为同盟起草了新《章程》。新《章程》的第一条就明确规定了共产主义者同盟的目的：推翻资产阶级政府，建立无产阶级专政，消灭旧的阶级对立的资产阶级社会，建立没有阶级、没有私有制的新社会。从此，一个崭新的无产阶级政党——共产主义者同盟诞生了！

为了躲避反动的资产阶级政府的迫害，正义者同盟的活动都是在地下进行的。共产主义者同盟成立后，开始在工人中大力宣传，扩大影响。马克思、恩格斯在比利时首都布鲁塞尔组织了一个"工人教育协会"，并把《德意志—布鲁塞尔报》作为共产主义者同盟的宣传阵地，用来传播共产主义思想，教育广大的工人和群众。

1847年底，共产主义者同盟在伦敦召开了第二次代表大会。在大会上，代表们觉得应该用宣言的形式写一个纲领。大会结束后，马克思和恩格斯受代表们的委托，经过紧张的工作，合写了《共产党宣言》。

《共产党宣言》中，第一，马克思和恩格斯用辩证唯物主义的科学理论阐述了资本主义必将灭亡和共产主义必将胜利的科学结论，指出生产关系一定要适应生产力的客观规律；第二，无产阶级的伟大使命是推翻资本主义，建立社会主义和共产主义，无产阶级是资本主义的掘墓人；第三，共产党是无产阶级的先锋队，没有共产党的领导，无产阶级不可能取得胜利；第四，批判了形形色色的假"社会主义"和假"共产主义"。在《共产党宣言》的最后，马克思、恩格斯用豪迈的口吻向全世界宣布："让统治阶级在共产主义者革命面前发抖吧。无产者在这个革命中失去的只是锁链，他们获得的将是整个世界。"

1848年2月，《共产党宣言》在伦敦正式出版，并很快翻译成了多种文字在世界各国传播。《共产党宣言》是马克思、恩格斯的重要著作之一，是无产阶级革命政党的第一个完整理论，是共产主义运动的第一个纲领性文件。它的发表，标志着马克思主义的诞生。

第一国际的建立

1863年，波兰爆发了反对沙皇俄国残暴统治的民族起义。沙皇俄国惊恐万分，派出了大量的军队对起义者进行血腥镇压。沙俄军队的野蛮行径，引起了欧洲人民的强烈愤怒。

英国和法国的工人首先掀起了声援波兰人民独立起义的运动。英国全国工人组织"工联"举行了大规模的游行集会，强烈要求英国政府对沙俄施加压力，但英国首相帕麦斯以需要法国政府也同意为由拒绝了工人的要求。于是英国工人会议通过了致法国工人的《呼吁书》，呼吁法国工人和英国工人团结起来，共同战斗，并建议召开全欧洲工人参加的国际会议。

1864年9月28日，英国首都伦敦的圣马丁大教堂内挂满了欧洲各国的旗帜，来自欧洲各国的工人代表济济一堂，大家情绪非常激动，一致声援波兰人民反抗沙皇统治的斗争。在大会上，英国工人代表首先宣读了《英国工人致法国工人书》，号召"为了工人的事业，各国人民必须团结起来！"紧接着，法国工人也宣读了《法国工人致英国兄弟书》："全世界的工人必须团结起来，筑起一道坚不可摧的堤坝，坚决反对把人们分成两个阶级——饥肠辘辘的平民和脑满肠肥的官吏——的害人制度。我们要团结起来，只有自己才能拯救自己。"马克思作为德国代表也出席了大会。

大会根据法国工人代表的提议,决定建立国际工人组织,即"第一国际",成立一个由英、法、德、意等国工人代表组成的临时中央委员会(后改为总委会)。马克思被选为委员并担任德国通讯社书记。

大会原先决定由中央委员会领导起草第一国际的纲领和章程,马克思因为有病而未能参加起草。不料,各国工人代表之间产生了严重分歧,闹出了一场风波。

英国代表在起草纲领时,把改善工人阶级的经济利益放在首位,要求提高工人阶级地位而斗争;意大利代表则想把意大利工人协会的章程作为第一国际的章程,甚至想成立一个以意大利人为首的"欧洲工人阶级中央政府"。这就明显偏向意大利工人,会在第一国际中造成不和甚至是分裂。不管是英国代表还是意大利代表,他们所提出的问题都是围绕经济利益而提出的,根本没有涉及到工人阶级要求的政治地位问题。他们还没有意识到工人的政治利益才是最根本的利益,工人阶级有了政治地位作保障,包括经济问题在内的其他一切问题会很好解决。

看到这乱哄哄的场面,德国代表写信把情况告诉马克思,马克思接到信后,非常着急。他意识到,如果再这样下去的话会产生严重的分裂,会背离建立第一国际的意义。10月18日,马克思带病前来参加会议。

马克思不顾疾病缠身,认真地阅读和修改了所有文件。经过了七天七夜的努力,马克思向总委会提交了修改后的文件。文件共两份:《第一国际成立宣言》和《第一国际共同章程》。

总委会随即召开全体会议,会议一致通过了马克思修改后的《宣言》和《章程》。

《宣言》是第一国际的纲领性文件,它说:"夺取政权已成为工人阶级的伟大使命。"各国的工人阶级要团结起来,形成一支强有力的队伍,这样才能战胜资产阶级,消灭阶级统治和实现劳动资料公有，使工人得到彻底的解放。在《宣言》的最后，马克思用了《共产党宣言》的口号："全世界无产者，联合起来！"

第一国际成立后，开始组织各国工人开展运动，欧洲各国的工人运动此起彼伏。1866年英国裁缝工人大罢工，1867年法国青铜工人大罢工，1868年瑞士日内瓦建筑工人大罢工。在第一国际的大力支持下，这些罢工都取得了胜利。

第一国际在支持各国工人争取自己的权益的同时，也在同各种机会主义和无政府主义进行了艰苦的斗争。这些斗争主要是与普鲁东主义和巴枯宁主义的斗争。在这些斗争中，马克思针锋相对，痛斥他们的谬论，揭露他们企图夺取第一国际领导权的阴谋。在马克思等人的坚决斗争下，他们都遭到了可耻的失败。

战胜了普鲁东主义和巴枯宁主义，第一国际不断发展壮大，团结各国的工人阶级，大力支持各国工人的运动。在世界各国的工人运动中，第一国际起到了巨大的作用。

埃及抗英斗争

19世纪时的埃及处于奥斯曼土耳其帝国的统治之下。1798年，为了打击英国人的势力，拿破仑率领法军进攻埃及，进而威胁英国的殖民地印度。奥斯曼帝国急忙派了一支阿尔巴尼亚军队前去增援。阿尔巴尼亚军团的首领叫穆罕默德·阿里，是个阿尔巴尼亚人，出生在一个军官家庭。后来他参加军队，因为英勇善战，成为阿尔巴尼亚军团的首领。在埃及人民的支持下，阿尔巴尼亚军团英勇作战，终于击败了法国侵略者，穆罕默德·阿里被任命为埃及总督。

但刚赶跑了法国人,埃及南方的前马木路克王朝的残余势力又开始兴风作浪,发动叛乱。穆罕默德·阿里率领军队,离开首都开罗,南下平叛。见埃及北部兵力空虚,英国人觉得有机可乘,就派了1400多名士兵入侵埃及,占领了亚历山大港,并向埃及尼罗河入海处的腊西德城挺进,首都开罗一片混乱。富人们纷纷把值钱的东西装上车,逃到南方,而穷人只能忧心忡忡,不知该如何是好。

趾高气扬的英国军队仗着自己武器先进和人数众多,根本不把埃及人放在眼里。他们大摇大摆地开进了腊西德城。腊西德市长知道打不过英国人,早就率领着300名士兵撤退了。英军除了在进城时遇到了一些微弱抵抗外,基本上没有发生大的战斗,很快就占领了全城。

"埃及人全是一些胆小鬼,根本不敢和我们打!"英军士兵大声嘲笑埃及人。"明天我们就能占领开罗,后天就能见到金字塔!"一些英国士兵大喊大叫。腊西德城的英国副领事赶来迎接英军。"埃及军队早跑了!"副领事对英军将领说,"他们的主力在南方打仗,北方没有多少军队。""哈哈哈,就是有军队他们也不是我们的对手,我们英国人是天下无敌的,我们战无不胜。占领埃及,简直易如反掌。埃及就是印度第二!"英军将领狂妄地说。

"那是,那是。"副领事连忙点头,"我给大家准备了丰盛的酒席,给大家洗尘接风。""太好了,我们早就饿了。"英军士兵一拥而上,坐在桌子前大吃大喝起来。由于英国士兵很多,所以分成了好几部分,到不同的酒馆去吃饭喝酒。英军士兵在酒馆里大声喧哗,吵吵闹闹,很快就喝得东倒西歪,烂醉如泥了。

就在这时,突然从屋顶上、窗户里发出了许多子弹,很多英国士兵惨叫一声倒地而亡。"杀死侵略者!"许多埃及士兵高喊着,有的拿枪,有的挥舞着大刀,杀了进来。英军士兵有很多人根本来不及抵抗就成了俘虏。有的英军士兵慌忙去拿枪,结果不是被当场打死，就是被砍掉了脑袋。原来，腊西德市长领着埃及军队又杀了回来，趁英国人不备，杀了他们个措手不及，连英国的将军和副领事都被当场打死。这一仗，埃及人大获全胜。

几天后，埃及人押着被俘的英国侵略者来到首都开罗游街示众。英军士兵一个个被捆得结结实实，垂头丧气地走在大街上。街道两旁围观的开罗市民大声欢呼着胜利口号，纷纷把臭鸡蛋扔到英国人的身上。大街上还有许多木笼子，里面装着许多砍下的英国士兵的血淋淋头颅。

在南方打仗的穆罕默德·阿里迅速平定了叛乱，得知英国人即将再次入侵后，穆罕默德·阿里动员广大人民，有钱出钱，有力出力。埃及军民同仇敌忾，团结一致，再次击败了英国侵略者，并乘胜进军，收复了亚历山大港，捍卫了国家的独立和领土的完整。

击败英国人的入侵后，穆罕默德·阿里开始了大规模的建设，进行了各种改革。他消灭割据一方的马木路克势力，统一了全国，没收马木路克的全部土地，分给大臣或分成小块租给农民耕种。此外，为了促进农业的发展，他兴修水利，推广种植棉花等经济作物。为了发展工业，穆罕默德·阿里从西欧进口了很多机器，聘请了很多工程师技师，并派遣大量的留学生，创办了很多企业。穆罕默德·阿里还创办海军，大力发展陆军，使埃及成为地中海东部的强国。

为了摆脱土耳其人而独立，穆罕默德·阿里发动了两次战争，击败了土耳其人，埃及成了一个地跨非、亚两洲的独立帝国，但不久，英国人卷土重来，埃及逐渐沦为英国的殖民地。

印度反英大起义

19世纪初，伴随着工业革命，英国工业资本发展迅速，使得英国对殖民地的剥削与资本掠夺进一步加大。印度是英国统治下的一个半殖民半封建社会，殖民者把印度变成了倾销产品的市场和原料基地，使印度当地的手工业者破产失业，给广大农民和手工业者带来深重灾难，也直接影响到一些封建主的利益。印度各阶层与英国殖民者之间的矛盾日益尖锐，全国到处弥漫着反英抗英的吼声，民族起义在秘密酝酿之中。

1857年初，殖民者不顾印度人的宗教信仰，用牛油、猪油涂在子弹上，出身印度教徒和伊斯兰教徒的士兵们满腔怒火。殖民者还不断降低士兵待遇，更激起了他们的仇视。5月10日，驻守在米鲁特的士兵杀死英国军官，首先起义。

当晚，米鲁特起义军向德里进发，在德里城内军民的响应下，11日起义军就攻占了德里。他们焚烧英国军营，严惩英国军官，袭击英国教堂。起义军在这里组建了起义政权，周围农民、手工业者等社会各阶层纷纷加入起义军，起义军人数增至4万余人。英殖民者急调军队，以旁遮普为后方基地，向德里发起进攻。4000余英军于6月8日对德里发起攻势。德里城墙坚固，环城有一条很深很宽的护城河。英军开始时缺少重炮、攻城炮，在起义军的英勇抗击下，英军的每次进攻均被击退。受到挫败的英军并没放弃，他们一面调集重炮，一面和混进起义军内部的封建主勾结，造成起义军内部发生矛盾，实力有所削弱。9月14日，德里城在英殖民军重炮的轰击

工业革命带来的变革

下被攻陷，起义军在街巷内与敌人展开肉搏战。经过6天的激战，起义军打死敌人5000余人，最终被迫退出德里城，向勒克瑙转移。英殖民者进驻德里后展开了疯狂报复，屠杀起义军2万余人。

1858年3月，勒克瑙成了起义中心，集结起义军20万人。英军获得消息后，立即调集9万大军和180门大炮，向勒克瑙逼近。面对枪炮装备精良的敌人，以马刀为主的起义军不畏强敌，与敌人展开英勇的斗争。在敌人猛烈炮火下，起义军坚守半月之久，终因伤亡惨重被迫放弃勒克瑙城。3月21日起义军主力开始撤离，随即英军攻陷了勒克瑙城。

3月25日，在休·罗斯爵士的率领下，英殖民军开始了进攻另一个起义中心詹西城。当日，英军对詹西城展开了激烈的炮轰。詹西女王是一位英勇而出色的指挥官，她亲临城头，与起义军并肩作战。在她的影响下，起义军更为顽强勇敢，英军的进攻屡屡受挫。4月1日，2万起义军在坦提亚·多比的率领下，赶往詹西支援解围，但遭到英军的截击而溃败。4日，詹西城内投降主义者叛变，引英军从南门攻进城池。女王大怒，遂亲身挥动武器，带领士兵一起冲锋陷阵，与敌人展开白刃战。顽强的起义军们杀死敌人无数，但终因寡不敌众，大势已去，女王趁夜突出重围。

德里、勒克瑙和詹西三大起义中心相继沦陷，各地起义军先后转入游击战。他们充分利用地形，机动灵活地与英军周旋，在运动中寻找时机打击敌人。

1858年5月，坦提亚·多比和詹西女王分别率领起义军向卡尔皮集结，围攻了瓜廖尔。6月，起义军攻占瓜廖尔，在这里建立临时政权。英殖民者十分恐慌，立即从各地调集军队。6月17日，英军在罗斯的指挥下向瓜廖尔进攻。在城市的东南郊，詹西女王与敌人展开激战。詹西女王始终和士兵在一起奋战，多次对英军发动猛烈的攻击，但遭到敌人炮火的轰炸，起义军伤亡越来越多。最终起义军因腹背受敌而溃败，詹西女王英勇就义，坦提亚·多比率军

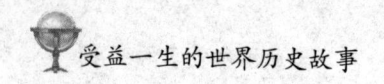

撤出瓜寥尔。在英军收买政策下，起义军内部出现叛变，1859年4月，坦提亚被出卖后遇难，印度民族起义最后失败。

这次起义是印度历史上的重要转折点，它沉重地打击了英殖民统治，也加速了印度资本主义的发展，这次民族大起义在亚洲近代史上也占有重要地位。

苏伊士运河

苏伊士运河位于埃及东北部的苏伊士地峡，作为亚、非两大洲的分界线，连接着地中海和红海，战略位置十分重要，拿破仑占领埃及时，就曾萌发开凿运河以沟通两个海域的想法。

1798年，拿破仑征服埃及。在仔细察看埃及的地理位置后，他认为开通一条运河，把地中海和红海连成一体十分必要。因为这样既可以直接攫取印度和远东的财富，又可以切断英国与东方殖民地的联系，削弱它的实力。为此他责成科学顾问对该地区进行勘测。结果这些人得出红海海面比地中海海面高几米的谬论，认为若是开通运河，整个埃及三角洲就会被淹没。无奈之下，拿破仑也只得作罢。

时过不久，拿破仑被纳尔逊领导的英国海军驱逐出这一地区，之后这块宝地也没有得到片刻的安宁。19世纪，被工业革命武装起来的西方列强把殖民魔爪伸向亚非拉的每一个角落。苏伊士地峡处在地中海与红海之间，如果在此开通运河，就可以大大缩短从大西洋到印度洋的航线，如此的经济、政治、军事战略重地早令殖民者垂涎三尺。

1854年，法国殖民者费迪南德·李赛普使用欺诈的手段，得到

工业革命带来的变革

土耳其的埃及总督赛德帕的信任,与之签订了《关于修建和使用沟通地中海和红海的苏伊士运河及其附属建筑的租让合同》。合同规定,从运河通航之日起,租期99年,期满后归埃及所有;埃及无偿提供开掘运河所需的一切土、石、劳动力;运河是埃及的一部分,运河公司是埃及公司,受埃及法律和习惯所制约。这份合同生效后,1859年4月25日,李赛普组建的"国际苏伊士运河公司"正式开凿苏伊士运河。工程从北端的赛得港开始,沿苏伊士地峡向南推进,到1869年11月凿通了这条长达100多千米的运河。但代价是巨大的,10年间,由于高强度的劳动,低劣的食物,再加上监工的虐待,12万劳工累死在工地上。苏伊士运河中流淌的不仅是红海与地中海的海水,还有成千上万名埃及劳工的血泪。

这条运河开通后,总长达到190.25千米;深为22.5米,允许通过的船只最大吨位为21万吨,满载油轮限速13千米/小时,货舱船限速14千米/小时。

以上性能的这些数据使得它成为世界上最长的无船闸运河,而且航道极为安全,事故发生率几乎为零,并且可以昼夜通航。

如此性能优越的运河,并没有因为埃及人付出了惨重的代价就为他们带来福利,而是长期为西方殖民者所把持。从竣工之日起,运河公司股票的52%就控制在法国资本家手中。1875年,英国政府又巧取豪夺,占有了埃及掌握的15%的股票,控制了公司44%的股权,成为该运河的实际控制者,然后又在1882年派兵强占运河区,长达74年之久。直到1956年,埃及最终才把运河收归国有,这期间英国的船只从本土到海湾国家,航程缩短了46%,从而为以英国为代表的欧洲列强节约了大量费用,缩短了船只的航运周转期。这使得列强更快更多地从东方的殖民地攫取财富,更牢固地控制那里弱小的国家和民族。苏伊士运河因此一度被称为向西方殖民主义输血的主动脉。

1956年,埃及不但将运河收归国有,而且击败了英法和以色列的联合进攻，捍卫了运河主权。但到了1967年，西奈半岛被以色列占领，埃及被迫关闭运河。6年后，埃及收复了西奈部分领土，1975年又重新开放运河。苏伊士运河历经沧桑，最终回到了埃及人手中。

俄国1861年改革

19世纪中期以前，沙皇俄国的资本主义经济虽然有所发展，但仍然是一个落后的农奴制国家。农奴的数量在这个国家占到90％以上，世世代代饱受贵族地主的剥削和压迫。

1846年，英国废除了《谷物法》。在利益的驱使下，俄国的地主拼命剥削农奴，把粮食贩卖到英国，赚取了大量金钱供他们挥霍。以前农奴都有自己的份地，地主们将农奴的份地抢走，实行月粮制，每月只发给他们仅能糊口的粮食，并强迫他们在土地上没日没夜地劳动。在月粮制下的农奴们的地位已经和奴隶差不多了，就连一个俄国大地主也不得不承认："月粮制介于农奴制和奴隶制之间，月粮制下的农奴们始终无法摆脱他们的处境，除了微薄的生活资料和劳动到死以外，没有任何前途。"在月粮制下的农奴受着地主们的残酷剥削，他们的劳动率越来越低。

由于地主们的残酷剥削，农奴们一贫如洗，根本无力购买工业制品，这对俄国资本主义的发展产生了严重的制约。另外，由于农奴们都被地主们束缚在土地上，自由劳动力很少，使得工厂严重缺乏劳动力。由于地主们可以任意剥削农奴，所以他们根本不去关心生产工具的改进。一个地主解释他为什么不使用打谷机时说："我为什么要使用打谷机？如果庄稼都在秋天打完了，那农奴们在冬天干什么？买打谷机还要花钱，还要维修、保养，而用农奴根本不用花一分钱！"这就严重阻碍了俄国生产率的提高和工业的进步。

1853～1856年，为了争夺在奥斯曼土耳其的利益，俄国和英法两国之间爆发了战争。因为战场主要在俄国的克里米亚半岛，所以被称为克里米亚战争。在战争中，俄国农奴制的落后和英、法资本主义的先进形成了鲜明的对比。俄军使用的滑膛枪射程仅为英法军队使用的来复枪的1/3；俄国海军的战舰还是木质帆船，而英、法军队的战舰则是先进的汽船；俄国南方没有修铁路，所有的军需品都要靠大车来运，前线士兵的弹药、粮食和药品严重不足，而英、法军队则在占领区迅速修建了铁路，弹药、粮食和药品供应充足、及时，后勤保障非常得力。加上俄国的军官腐败无能，侵吞军饷、贪污军需品，而英法联军则纪律严明。在战争中，俄军一败涂地，伤亡达52万多人，耗费了5亿卢布，俄国的财政到了崩溃的边缘，国际地位更是一落千丈。沙皇尼古拉一世服毒自杀，继任的沙皇亚历山大二世被迫向英法两国求和。

克里米亚战争使俄国统治者意识到，只有废除农奴制，加快资本主义的发展才能富国强兵。克里米亚战争加剧了俄国的阶级矛盾，耗费了大量的人力物力，农奴们纷纷起义。一些开明的知识分子秘密成立组织，密谋发动起义，准备推翻沙皇的统治。

为了巩固自己的统治，亚历山大二世在1861年3月3日签署了《关于脱离农奴依附关系的农民的一般法令》、《关于脱离农奴依附关系的农民购买其宅地及政府协助农民购买耕地的法令》等一系列关于废除农奴制的法令。这些法令主要分为3个方面：一是宣布农奴人身自由，地主再也不能任意买卖农奴和干涉农奴的家庭生活。农奴可以从事工商业，成为市民和商人。二是规定土地仍然归地主所有，农奴必须购买。资金主要部分由政府以有息债券的形式付给地主，然后农民在49年内连本带息还给政府。事实上，农奴为了赎买土地而交纳的赎金大大高于地价，按照市场价格卖给农民的土地仅值5亿卢布，但实际上农奴交给政府的赎金却高达19亿卢布。三是为了有效地管理农奴，农奴要住在原来的村庄中。村中的官员由民主选举产生，但必许服从政府的命令。

除此以外，沙皇还废除了募兵制，实行义务兵制。在文化教育方面也推行了一些普及教育的措施。

1861年的改革是沙皇实行的一次自上而下的资产阶级性质的改革，是俄国历史上一次重要的转折点，使俄国的生产关系在一定程度上适应了生产力的发展，俄国从此走上了迅速发展资本主义的道路。但这次改革很不彻底，仍保留着大量的封建残余。

美国南北战争

美国独立后，南北两方沿着不同的体制发展。美国北部工业发展迅速，资本主义生产力得到极大提高。而南部仍是以种植庄园主剥削压榨奴隶为基础的奴隶制。北部工业的发展，需要大量的廉价劳动力、生产原料和商品市场，而大量的奴隶却被南部奴隶主束缚在庄园里，南部的生产原料也多出口到欧洲，并从欧洲进口工业品，这无疑使北方工业得不到足够的原料和劳动力，进口的工业品也冲击着北方的生产。南部的奴隶制严重阻碍了美国资本主义的发展，两种制度之间的矛盾日趋尖锐。

1860年11月，痛恨奴隶制的共和党人林肯当选总统，南部扩展奴隶制度的梦想破灭。为维护自身利益，南部奴隶主发动叛乱。12月20日，南卡罗莱纳州宣布独立，佐治亚、阿拉巴马、密西西比、

工业革命带来的变革

佛罗里达、路易斯安那和得克萨斯等州也纷纷跟随。1861年1月，南部各州组织"南方同盟"，2月在蒙奇马利成立临时政府，戴维斯当选总统。4月12日，南军不宣而战，攻占了联邦政府军驻地萨姆特要塞，南北战争爆发。

预先对战争做好充分准备的南部诸州开始时进展顺利，采取以攻为守的战略，集中兵力寻歼北军主力。南军迅速占领哈珀斯费里和诺福克海军基地，进驻铁路枢纽马纳萨斯，直接威胁联邦首都华盛顿。北方采取了所谓的"大蛇计划"，把部队分散在较长的战线上，且消极防御，给南军可乘之机，使南军在战场上节节胜利。1862年初，北军沿东西两线发动进攻，除西线格兰特率领的部队解放了肯塔基州和田纳西州大部，取得一定的战果外，在其他战场，南部军队均抢占上风。

面对不断的失利，人民群众强烈要求政府以革命的方式进行战争。林肯当局顺应民意，颁布《宅地法》，规定公民有权获得一份土地。1863年1月1日，正式颁布《解放黑人奴隶宣言》，宣布南部各州的奴隶永远获得自由，并允许黑人参加北方军队，宣言沉重地打击了南部的奴隶制度，奴隶们看到了曙光，纷纷起义，参加北方军队，也极大地调动了北方人民的激情。此举使整个战局发生了变化。

北军采取主动进攻、全面摧毁南军的军队战斗意志和经济基础的战略决策。1863年5月，北方波托马克军团13万人向里士满进军。轻敌的南军多次被击败，北军扭转了战争的被动局面。与此同时，西线的格兰特军团切断南军水上运输线，从水陆同时实施进攻，打通了密西西比河，向南军修筑在密西西比河上的重要堡垒维克斯堡发起总攻，意图把南军分割成东西两部分。防御坚固的维克斯堡控制着整个河面。北军猛烈的炮轰持续了47天，几乎摧毁了要塞的所有防御工事。弹尽粮绝的守兵失去防御能力，于7月4日投降，2.9万人的俘虏创造了南北战争期间俘虏人数最多的纪录。7月

8日，北军攻占了哈得孙港，实现了分割南军的目标。9月9日，格兰特命坎伯兰军团向交通枢纽和工业中心查塔努加发起围攻，取得向南部进军的基地。

维克斯堡和查塔努加的大捷，注定了南军败亡的最后命运。

1864年，格兰特被任命为总司令，统一指挥北军的战斗。北军发起战略进攻，双方损失惨重。北方人力、财力充沛，能及时补给，南军则兵源枯竭。7月上旬，南军的罗伯特·李派2万余人奔袭华盛顿，因消耗殆尽而全军覆灭。9月，北军西线的谢尔曼攻占了亚特兰大，插入敌人后方。12月21日，占领了萨凡纳，奠定了战胜南部的基础。

1865年，谢尔曼北上，与格兰特形成夹击南军之势，一路势如破竹。4月1日，北军在彼得斯堡附近与南军展开决战，南军遭到惨败。罗伯特·李被迫于9日率领残军2.9万人向格兰特投降，历时4年的内战到此结束。

北军的胜利，恢复和巩固了联邦的统一，摧毁了奴隶制，扫清了美国资本主义发展的障碍。由于新科技的应用为战争史开辟了全新篇章，战争面貌大为改观，后勤供应也更为复杂，这次战争被人们称为"第一次现代化战争"。

日本倒幕运动

19世纪中期以前，日本处于德川幕府的统治之下，实行锁国政策，只和中国、朝鲜和荷兰有贸易往来，对世界的变化一无所知。

随着西方势力的侵入，西方的大量廉价的纺织品也大量涌入，日本的传统手工工场纷纷倒闭,大量的农副产品和黄金外流。

面对这种严峻的局势,日本统治阶级出现了两个对立的集团:以幕府将军为首的保守派为了维护自己的利益,主张维持现状,反对改革;以萨摩和长州两藩为首的一些大名主张改革,推翻幕府统治,富国强兵,废除不平等条约。双方发生了激烈的冲突,倒幕派毒死了畏惧幕府的孝明天皇,扶植年幼的明治天皇上台。

1867年10月上旬的一天,在京都(当时天皇所在地)天皇宫中的一间书房里,倒幕派首领大久保利通、西乡隆盛等几个重要人物聚集在一起,商量如何对付幕府。其中一个人说:"倒幕要名正言顺,必须取得天皇的支持。"其他人都点头表示同意。几个人商量好了,就派了一个人去向天皇报告。明治天皇虽然只有15岁,但他很有见识,早就对幕府把持朝政表示不满了。于是,他就和倒幕派联合起来共同反对幕府将军德川庆喜。他下了份密诏,密令讨伐德川幕府。大久保利通等人接到密诏,非常高兴。

不料,听到风声的德川庆喜假装辞去幕府将军的职位,主动要求把政权还给天皇。倒幕派看穿了德川庆喜的缓兵之计。他们准备先下手为强,打德川庆喜一个措手不及。

倒幕派连夜调兵遣将,把自己的部队调集到京都,发动了宫廷政变。1868年1月3日,倒幕派率兵包围皇宫,解除德川幕府警卫队的武装。明治天皇和他们召开了御前会议,宣布"王政复古",收回大权。明治天皇宣布建立由他领导的新政府,委派大久保利通等人主管政事。

气急败坏的德川庆喜连夜逃出京都,退到大阪。他不甘失败,调集忠于他的军队,打着"解救天皇,清除奸臣"的旗号,杀向京都。

大久保利通率领倒幕派的军队,毫不畏惧,沉着应战,在京都附近的鸟羽、伏见两地严阵以待。为了鼓舞士气,明治天皇还亲自到阵前督战。

到了半夜，毫无防备的幕府军刚到这里就遭到了倒幕军大炮的轰击，双方随即展开了厮杀。幕府军虽然人数多，但士气低落，而政府军却斗志旺盛，以一当十。不久，幕府军就败下阵来，纷纷逃跑。

倒幕军乘胜追击，包围德川庆喜的老巢江户。德川庆喜见大势已去，只好向倒幕军投降。至此，统治日本200多年的德川幕府倒台。

幕府彻底倒台以后，明治天皇进行了一系列有利于资本主义的改革，使日本很快走上了资本主义道路，史称"明治维新"。

铁血宰相俾斯麦

一次，俾斯麦乘火车出差，下车后坐在椅子上休息。这时，另外一位旅客坐在了他旁边，并和他攀谈起来。那个旅客问俾斯麦是做什么生意的，当俾斯麦知道对方是皮革商后，也谎称自己是皮革商。临别时，俾斯麦微笑着对那人说："阁下如果以后来柏林，不妨来我的工厂参观，我的工厂在威廉街76号。"（威廉街76号是首相办公室）

那个皮革商打死也不会相信，面前这个和善的人就是有"铁血宰相"之称的俾斯麦。的确，在政治上俾斯麦可没这么温顺，他绝对称得上是一个铁腕人物。

1815年，俾斯麦出生于德国普鲁士勃兰登堡的一个贵族家庭，父亲是政府官员，母亲出身于资产阶级家庭，受过良好的教育，是俾斯麦家族中第一个来自非贵族家庭的妇女。

俾斯麦天资聪颖，学习成绩不错，但常常喜欢和别人打架，蛮横的天性从小就暴露了出来。他在1832年进入哥廷根大学，一年半后转入柏林大学，主攻法律，对历史和外语尤其感兴趣。大学期间，与同学发生过28次决斗。1835年大学毕业后，他在柏林的法院当过见习书记官，但那种琐碎的工作根本不适合他野心的性格，他经常在工作时间骑马出去散心。1838年春天，俾斯麦爱上了一个牧师的女儿，爱得可谓如痴如狂，最后竟然追人家追到了瑞士，但是终究没有成功。后来，在母亲的劝说下，他转到波昂的法院工作，又投效了王家卫队，但是不到一年时间，他就因为冒犯长官而辞职。他在1839年返回故乡，和家人一起经营庄园。1847年，俾斯麦结婚了，夫人是一位虔诚的教徒，在夫人的影响下，俾斯麦逐渐改掉了过去的一些陋习，也成为了一名忠实的信徒。

婚后不久，俾斯麦步入政坛，当选普鲁士联邦议会议员。之后，他逐渐形成了自己的政治信念：第一，最好的政府形式莫过于君主专制；第二，德意志必须在普鲁士的领导下完成统一。1859年，俾斯麦任驻俄公使，1861年改任驻法公使。1862年，他出任普鲁士宰相兼外交大臣，几天后，他发表了著名的"铁血演说"，宣称"当代的重大问题不是用说空话和多数派所能解决的，而必须用铁和血来解决"。俾斯麦"铁血宰相"的称号就是来源于这里。一言以蔽之，他决心用武力作为解决政治问题的最主要手段，在当时，这主要就是指排除奥地利，由普鲁士领导完成德意志的统一。

俾斯麦通过三次王朝战争实现了统一的目标。第一步，在1864年初挑起对丹麦的战争，把属于丹麦的石勒苏益格和荷尔施泰因两公国（居民多数为德意志人）并入德意志。第二步，在1866年挑起对奥地利的普奥战争。迫使奥地利退出德意志联邦，并建立起在普鲁士领导下的北德意志联邦，统一了德意志北部和中部。第三步，在1870年挑起普法战争，清除统一南德的障碍。这次战争是德国在欧洲崛起的重大转折，强大的法国在色当战役中被彻底击败，法皇拿破仑三世被俘，巴黎被普军占领。1871年1月18日，俾斯麦在法国的凡尔赛宫宣布统一的德意志帝国成立，普鲁士国王威廉一世成了德意志帝国的皇帝，俾斯麦出任帝国宰相，并被授予公爵封号，成为19世纪下半叶欧洲政治舞台上的风云人物。

德国统一后，俾斯麦就显得不那么顺利了，他在国内推行的强硬政策遭到人民的普遍反对，对外与英、法争夺海外殖民地也处处碰壁，又引起容克资产阶级的不满。1888年，威廉二世即位为德国皇帝。威廉二世不同于他的父亲，他野心勃勃、刚愎自用，与俾斯麦在"政策谁做主"的问题上产生了摩擦。1890年3月，威廉二世命令俾斯麦递交辞呈书，俾斯麦在当政28年后下台。1898年3月18日，俾斯麦溘然长逝，享年83岁。

普法战争

19世纪上半期，德意志是一个由34个独立的国家和4个自由市组成的松散的联邦。这个联邦没有中央政府，没有统一的军队，各国都各自为政，严重阻碍了资本主义的发展。普鲁士和奥地利是德意志各国中最强大的两个国家。普鲁士击败了不愿意统一、只想维持自己在德意志内霸权的奥地利，统一了北德意志，举起了德意志统一的大旗。但当时南德意志的4个邦还处于法国的控制之下，为了德意志的统一，普鲁士首相俾斯麦决定和法国开战。

当时的法国在历史上叫法兰西第二帝国，他的皇帝拿破仑三世叫路易·拿破仑·波拿巴，是拿破仑的侄子。他是个狂妄自大的人，连拿破仑1%的军事才能都没有，但却经常对外发动战争。他公

工业革命带来的变革

开说:"德意志决不能统一,它应该被分成三部分!"当时法国国内阶级矛盾激化,社会问题多如牛毛,法国的资产阶级为了转移国内人民的注意力,夺取德意志的莱茵河西岸地区;而普鲁士方面视法国为德意志统一的绊脚石,它也企图夺取法国矿产丰富的洛林和阿尔萨斯地区。于是,一场大战不可避免了。

1870年7月19日,法国正式对普鲁士宣战。当时法国有40万军队,拿破仑三世以为凭借自己的强大的军事势力可以很快击败普鲁士。他狂妄地说:"这场战争不过是到柏林的一次军事散步!"可实际情况并非如此。40万法军调到前线的只有20万,而且军队编制混乱,军官找不到士兵,士兵找不到军官,有的将军还远在非洲。狂妄自大的法国将军以为法军必将是在普鲁士境内作战,所以他们只带了普鲁士地图,而没有带本国的边境地图。本来按照原计划,法军在拿破仑三世抵达前线后的第二天就应该向普鲁士进军,但拿破仑三世看到法军装备、粮草严重缺乏,犹豫起来。普鲁士军队趁机结集了40万军队,完成了军事部署。到了宣战的第8天,法军的25万人才来到法普边境。

8月2日,法军攻入普鲁士境内,但立即遭到了普鲁士军队的迎头痛击。8月4日,普鲁士军开始全面反攻,法军全线崩溃,普鲁士攻入法国境内。拿破仑三世见大事不好,急忙把指挥权交给巴赞元帅,自己乘着一辆马车向西狂逃。巴赞在抵抗了一阵后,败退到麦茨要塞,随即被普军包围。法军的麦克马洪率领12万法军退到色当要塞,和早先到这里的拿破仑三世会合。不久,色当也被普军包围。

9月1日早晨,色当大战开始。法军龟缩在坚固的要塞中同普军对抗。普军占领了色当四周的高地,用700门大炮猛轰色当。一时间,色当上空炮声隆隆,炮弹像雨点一样落入色当城内,全城一片火光,到处都是残垣断壁,滚滚浓烟,法军死伤惨重,连麦克马洪元帅也被打伤。

拿破仑三世从来没有见过这种阵势,被普军的强大火力吓得魂飞魄散。他急忙换上一套士兵的服装,跑到麦克马洪的指挥所,战战兢兢地说:"元帅,我们还能承受下去吗?"见到拿破仑三世身穿士兵的服装,麦克马洪心里就明白了一大半:皇帝要投降了。他叹了一口气说:"陛下,我们孤军奋战。外面没有援军,我们的弹药又不多了,我已身负重伤,无法再继续指挥作战。您来决定吧。"

拿破仑三世说:"在现在的情况下,我们已经没有取胜的希望。为了士兵们的生命,我决定同普军谈判。"

下午三点,拿破仑三世在城中的中央塔楼升起了一面白旗,同时派人向普鲁士国王送去了一封投降书。投降书是这样写的:"我亲爱的兄弟,我没有死在我的军中,所以我把我的佩剑送给陛下,希望以后能继续做彼此的好兄弟。拿破仑。"

第二天,拿破仑三世正式签署了投降书,他和麦克马洪元帅以及39名将军、10万名士兵做了俘虏,650门大炮和大批的武器辎重落入普军手中。这次战役在法国历史上被称为"色当惨败"。

色当兵败的消息传到巴黎后,愤怒的人民推翻了第二帝国,建立了法兰西第三共和国,结束了法国历史上的王朝统治时代。

巴黎公社

色当惨败后,普军继续深入法国,在不到20天时间里,包围了法国首都巴黎。巴黎人民发动大起义,推翻了帝国政府,成立了资产阶级临时政府。临时政府虽然口头上高喊要坚决抵抗,但他们却背地里同俾斯麦商量投降条件。

不久，资产阶级临时政府内阁总理梯也尔同俾斯麦签订了卖国条约，宣布普法战争结束。条约非常苛刻，普鲁士要求巴黎城外炮台移交给普军，法军还要交出2000门大炮和17万支步枪以及大量的弹药，被全面解除了武装。法国赔偿普鲁士50亿法郎，割让阿尔萨斯和洛林。

但英勇的巴黎人民却始终保持着高昂的战斗热情，他们对卖国的临时政府非常不满，于是组建了一支以工人为主体的国民自卫军，还筹款铸造了400门大炮。

为了巩固自己的反动统治，梯也尔决定夺取国民自卫队的大炮，消灭国民自卫军。

1871年3月18日凌晨，梯也尔命令巴黎卫戍司令维努亚带着一支军队鬼鬼祟祟地来到摆放着大炮的蒙马特尔高地。他们先杀死了守卫在那里的几名自卫军战士，然后开始拖走大炮。

这时突然传来几声枪响，原来政府军在拖大炮的时候，被自卫军战士发现，急忙鸣枪报警。睡梦中的国民自卫军战士纷纷拿起武器，跑到蒙马特尔高地。

许多妇女、老人和儿童也纷纷赶到这里截住了他们。大家愤怒地质问政府军：

"你们想干什么？为什么偷我们的大炮？"

"你们自己投降卖国，交出你们自己的武器弹药还不够，还要偷我们大炮送给普鲁士人？"

"把我们的大炮放回原处！"

维努亚恼羞成怒，他大声说："这是政府的命令！"但大家根本不怕他，继续指责他。

维努亚大怒，命令政府军向群众开枪。

但这些士兵们都站着不动。维努亚气急败坏，抽出大刀大声下令："谁不听命令我就砍掉他的脑袋！"可是仍然没有人服从他的

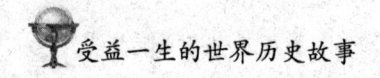

命令。

突然,一个士兵高喊:"我们不能杀自己人!"其他士兵也高呼:"对!不打自己人,枪口一致对外!打倒普鲁士人!"于是他们立刻逮捕了维努亚,加入了国民自卫军。

当天下午,国民自卫军中央委员会决定以武力还击反动政府。人们从四面八方攻入市中心,与反动政府展开了殊死搏斗。临时政府首脑梯也尔见大事不好,急忙跳上一辆马车,飞快地逃到巴黎西南的凡尔赛去了。其他的政府官员一见总理跑了,也都纷纷出逃。晚上10点左右,国民自卫军占领了空无一人的市政厅。两名身手矫捷的战士爬上市政厅大厦,升起一面鲜艳的红旗,巴黎人民的武装起义取得了胜利。

3月28日,20万巴黎民众聚集在巴黎市政厅前的广场上,欢呼巴黎公社——世界上第一个无产阶级政权成立。

巴黎公社发布法令,撤销旧军队、旧警察,由国民自卫军代替。立法、司法和行政权力由公社成立的10人委员会统一行使。巴黎公社宣布实行民主选举,实行政教分离、信仰自由的政策,将逃亡资本家的工厂交给工人管理。

梯也尔逃到凡尔赛后,手下只有两万残兵败将,根本无法与巴黎公社对抗。于是他秘密派代表去见俾斯麦,低三下四地祈求他释放俘虏来增强凡尔赛政府的力量。俾斯麦也非常敌视巴黎公社,他同意了凡尔赛政府的请求,释放了10万法军俘虏,并表示允许法军穿越普鲁士军的阵地,从北面进攻巴黎。

1871年5月20日,凡尔赛军向巴黎发起了猛攻。面对数倍于己的敌人,巴黎公社的勇士们毫不畏惧,奋起抵抗,越战越勇。但随着战争的继续,由于缺乏统一的指挥和防御的失误,形势对巴黎公社军越来越不利。

由于起义军战士的顽强抵抗,凡尔赛军不知虚实而不敢贸然入城。但第二天中午,一个叛徒偷偷跑出城去,向敌军报告了城中的情况。就这样大批凡尔赛士兵疯狂地冲进了巴黎。公社战士与敌人展开了激烈的巷战。他们发誓:人在街垒在,只要还有一口气,决不让敌人越过街垒!

经过5天的血战,在优势装备和数倍于己的敌人的疯狂进攻下,公社战士防守的各个街区相继失陷。5月28日,敌人占领了公社战士最后一道防线——拉雪兹公墓,200多名公社战士全部阵亡,存在了72天的巴黎公社失败了。

亚当·斯密著《国富论》

他并不英俊,有一个突出的不合标准的唇,一个大鼻子和一双突出的眼睛,所以,可以毫不客气地把他描述为一个"突出体的混合物"。另外,他终生为一种神经的折磨所困扰,他的头震颤,还有语言障碍。但这些都没有妨碍他的智慧的发挥,他的朋友和学生都非常喜欢他,他与众多的名人结成了朋友,从俄国和欧洲大陆旅行回来的学生都愿意听他的课。他喜欢独自沉思,并经常闹笑话。一次在做礼拜时,他在思考一个有趣的问题,突然哈哈大笑起来,弄得大家摸不着头脑。还有一次,他心不在焉地把一片面包放入开水中,然再倒了一杯牛奶,喝过之后却说,他从来没有尝过调制得这么差的茶。他就是政治经济学现代体系的真正创始人亚当·斯密。

亚当·斯密出生于1723年,自小聪颖好学,在14岁时考入了格拉斯哥大学。据说,在4岁的时候,他被一个卖艺的女艺人拐走,但多亏被母亲从森林中及时追回,才没有使我们失去一个伟大的经济学家。斯密在大学中攻读数学和自然哲学，因为成绩优良，在1740年被学校免费保送到牛津大学。他在牛津大学期间结识了英国当时著名的哲学家、历史学家和经济学家大卫·休谟，并与休谟建立了深厚的友谊。1746年，斯密毕业，但因为没有找到工作，就回到了家乡。

1748年，他被聘为爱丁堡大学的修辞学和文学史讲师。1751年，任格拉斯哥大学教授，讲授逻辑学和道德哲学。斯密在格拉斯哥大学任教长达14年，就是在这一时期，他的经济思想开始发展起来。1759年，他的《道德情操论》出版，该书试图证明道德裁判的原因，或者说证明人们的某些行为在道德上被允许或不允许的原因。斯密把人设想为一个利己的动物，然而他们似乎又能并非基于自私自利的考虑来评判道德。该书及其所论述的问题，引起了人们极大的兴趣，也使斯密名噪一时。1764年，斯密辞去了格拉斯哥大学的教授职务，改任一位青年贵族贝克莱公爵的私人教师，他陪同贝克莱公爵旅行欧洲，结识了许多著名的学者，如法国启蒙学派的著名思想家伏尔泰、重农学派的领袖人物魁奈等，在这一时期，斯密的代表作《国富论》的思想体系逐渐形成。

1767年，斯密返回故乡，闭门钻研，终于在1776年出版了《国富论》，该书以利己主义为出发点，研究经济增长的源泉和动力问题，并系统地阐述了经济自由的思想。也正是在这本书里，斯密论述了他著名的"看不见的手"思想。这本著作共分为5篇，第一篇强调分工的发展是国民财富增长的重要途径，以及分工后产生的工资、利润、地租问题；第二篇论述资本的性质、构成、积累及使用。前两篇构成了斯密经济学原理的基本部分，斯密在后三篇考察了促进国民财富增长的间接途径，他从历史的角度出发，分别论述了不同的经济政策、经济学说和财政制度对增进国民财富的关系。《国富论》出版后，引起了极大的轰动，斯密还在世时就再版了5次，并迅速传遍了欧洲大陆。

1778年,斯密被任命为苏格兰海关税务司司长,1787年,又被任命为母校格拉斯哥大学的校长。他一生未娶,于1790年病逝,享年67岁。

达尔文环球考察

达尔文,1809年生于英国的一个医生家庭,8岁时,进入教会学校读书。此时的他,不仅毫无过人之处,而且连日常的诵读都感到困难。他的爱好也与一般儿童不同,他喜欢收集邮票、画片、矿石、钱币等东西,对动植物也有很大的兴趣。9岁时,他进入一所文法学校读书,学习成绩平平,但更专注于以前的兴趣,以至于老师甚至父母都认为他只是一个平庸的孩子。16岁时,他被父亲送到爱丁堡大学学医,但他对于授课内容没有什么兴趣,在两年后转往剑桥大学学习神学,父亲希望他将来成为一个"尊贵的牧师"。可是,达尔文偏偏对生物感兴趣。有一次,达尔文在老树皮中发现了两只奇特的甲虫,他左右手各抓住一只,兴奋地观看起来。突然,树皮里又跳出一只甲虫,达尔文措手不及,就把一只甲虫放在嘴里,伸手又抓到了第三只。哪知嘴里的那只甲虫突然吐出一股辛辣的汁液,把他的舌头蜇得又麻又痛,他这才把口中的虫子吐了出来。后来,人们为了纪念他首先发现的这种甲虫,就把它命名为"达尔文"。

在剑桥的三年里,达尔文与地质学教授塞奇威克和植物学教授亨斯罗结识,更加喜欢上了对自然界的观察和研究,而对神学的学习却没什么进展。当读了洪堡的《南美洲旅行记》和赫胥黎的《自然哲学导言》之后,他已经立志要投身于自然科学研究了。

1831年达尔文大学毕业，经亨斯罗的推荐，以博物学家的身份参加了英国政府组织的"贝尔格号"军舰的环球考察，开始了漫长而又艰苦的环球考察活动。达尔文每到一地总要进行认真的考察研究，采访当地的居民，采集矿物和动植物标本，挖掘生物化石，收集没有记载的新物种，积累了大量资料。

"贝尔格号"到达巴西后，达尔文攀登安第斯山进行科学考察。当爬到海拔4000多米的高度时，他意外地在山顶上发现了贝壳化石。达尔文非常吃惊："海底的贝壳怎么会跑到高山上了呢？"经过反复思索，他终于明白了地壳升降的道理。

达尔文还敏锐地觉察到了物种在不同地区的变化状况，逐渐对《圣经》中的人类起源说产生了怀疑，并萌发了生物进化论的思想。

这次环球考察在1836年10月结束。结束旅行后，达尔文忙于整理带回来的标本和笔记资料，不经意间，他接触到了马尔萨斯的《人口论》一书。书中提到人口的增长速度要远远快于粮食的增加速度，只有依靠瘟疫和战争等灾难性因素抑制人口过快增长，才能缓解人口与粮食之间的矛盾。这其实言明了种内竞争的必要性，为达尔文进化论思想形成提供了依据。

达尔文在"贝尔格号"环球考察的基础上，又受到马尔萨斯人口论的影响，经过大量的科学推理和综合分析，关于生物进化思想逐渐成熟起来。终于在1859年发表《物种起源》一书，在学术界引起轩然大波。

达尔文的进化论思想可以概括为以下几个方面。首先是遗传和变异。他指出，遗传和变异普遍存在于各物种当中，进而推动各种生物进化或灭绝。而遗传和变异也相互作用，有的变异遗传给后代个体，而有的变异就不能，分别称为一定变异和不定变异。关于变异的诱因，达尔文认为是生存环境的变迁，器官的使用程度等。

其次是自然选择，即所谓物竞天择，适者生存。其实，"自然选择"概念是受了种畜场"人工选择"的影响而提出的,即人工选择是根据人的需要,而自然选择就是根据自然的需要。达尔文通过观察发现大多数生物繁殖过剩,而这些新生个体在残酷的生存竞争中,只能接受自然条件的选择,适者生存。

再次是性状分歧、种形成、绝灭和系统树生产。生活实践告诉人们,各种动植物可以从一个共同的原始祖先,经过人工选择,从而形成众多性状各异的品种。在自然界中,这个道理依然适用,一个物种会由于生存条件的差异,形成许多变种、亚种和种。时间久了,同一物种内的亲缘关系,会像一株枝杈众多的大树,即称为系统树。

《物种起源》一书近乎完美地表述了达尔文的进化论思想,对日后的生物学发展具有重要意义,达尔文也因此享誉世界。剑桥大学授予他法学博士的称号,并为此举行了隆重的会议。1878年,他被选为法国科学院植物学部通讯院士,同年又被选为柏林科学院的通讯院士。

1882年4月19日,达尔文在家中去世,享年73岁。送葬时,著名科学家胡克、赫胥黎、华莱士,皇家学会主席拉卜克等人亲扶灵柩。他被安葬在威斯敏斯特大教堂,与牛顿等名人长眠在了一起。

巴斯德发现病菌

路易·巴斯德,1822年出生在法国的多尔,是近代著名的化学家和微生物学的奠基人。

巴斯德家境贫困,靠半工半读于21岁考入巴黎高等师范学院,专攻化学。早期一直致力于晶体结构方面的研究,并取得相当的成就。1854年以后，巴斯德逐步转入微生物学领域。

人们很早就在日常生活中，发现做好的饭菜和奶制品等放久会变酸的现象，但不知到底是什么原因使其发生这样的变化。巴斯德于19世纪50年代投入这一问题的研究，他以牛奶为实验对象，准备一份鲜奶和一份变酸的奶，然后分别从中取出少量放到显微镜下观察，结果在两个样本中发现同一种微小的生物，即我们今天所谓的乳酸菌。区别仅在于所含细菌数目不同，鲜奶中的乳酸菌数量明显少于酸牛奶。接着，巴斯德又对新酿造的酒和放置一段时间已变酸的酒进行类似的实验，在两种酒中也发现同样的生物——酵母菌，而且前者所含细菌少于后者。他经过进一步分析、研究，最终确认无论是牛奶还是酒变酸都是因为细菌数量的增加和活动的加强所致。巴斯德把这类极小的生物称为"微生物"。并且以乳酸菌和酵母菌作为它们的代表，对其生活习性、营养状况、繁殖特征等方面进行了深入分析。1857年，巴斯德关于微生物的第一个成果《关于乳酸多酵的论文》正式发表。此文标志着一个新的生物学分支——微生物学诞生。

微生物学自诞生之日起，就立足于为生产实践服务。1863年，巴斯德发明防止葡萄酒变酸的高温密闭灭菌法，后来称之为"巴斯德灭菌法"。在研究解决丝蚕病的过程当中，他对致病菌有了进一步认识，从而在19世纪60年代末提出了病菌学理论，这引起了一些临床医学家的注意。当时的许多外科手术过程非常顺利，就是术后病人死亡率居高不下。英国名医李斯特意识到这可能与创口感染病菌有关，遂用巴斯德灭菌法对手术器械和场所消毒灭菌，此举使其术后病人死亡率从45%骤降至15%。

进入19世纪70年代以后，达内恩医师受巴斯德灭菌法的启发，发明了碘酒消毒法，后来美国的霍尔斯特德和英国的亨特又开医学戴消毒手套和口罩的先河，这些灭菌法和防菌法至今仍在外科手术领域广泛应用。

巴斯德在开创微生物学之后，更大贡献在于免疫学方面的研究。病菌侵入人体就会使人产生抗体，那么要是让失去毒性的病菌进入人体，使之产生抗体以杀灭后来侵入的有毒病菌，不就可以达到免疫效果吗？

路易·巴斯德在这方面进行大量探索，其中最值得一提的是其培育的狂犬病疫苗。1880年，巴斯德收集了一名狂犬病患者的唾液，将其兑水后注射到一只健康的兔子身上。一天以后，兔子死去，他再把这只兔子的唾液接种给另外一只健康兔，它也很快死去。巴斯德在显微镜下观察死兔的体液，发现一种新的微生物，进而用营养液加以培养，再将菌液注射到兔和其他动物体内，毒性再次发作。他在观察这些染病动物的体液时发现了与培养液中相同的微生物，巴斯德初步确认是这种病菌（其实是病毒）导致狂犬病，于是对这类病菌用低温（0~12℃）的方法减毒，后又用干燥的方法再次加以减毒。过了一段时间后，经实验发现其毒性已不能使动物致病，可以用来免疫。1885年6月，巴斯德第一次使用减毒疫苗治愈了一名患狂犬病的男孩。从此，狂犬疫苗进入实用阶段。

在战胜了狂犬病之后，巴斯德被誉为与死神抗争的英雄。为了表彰其在微生物学领域的杰出贡献，巴黎建立了巴斯德学院，该学院后来为推进微生物学的发展起了重要作用。

诺贝尔与诺贝尔奖

诺贝尔，全名阿尔弗雷德·伯纳德·诺贝尔，1833年10月21日出生在瑞典首都斯德哥尔摩。幼年的诺贝尔家境贫苦，但受作为发明家的父亲的影响,热衷于发明创造。

在诺贝尔9岁的那一年,父亲带他去了俄国,并为其聘请了家庭教师,教授小诺贝尔数、理、化方面的基础知识,为他打下了基础。同时,诺贝尔在学习之余在父亲开的工厂里帮忙,这使他的动手能力进一步增强,并具备了生产和管理方面的知识和经验。

当时由于工业革命的开展和深入,刺激了能源、铁路等基础工业部门发展。为了提高挖掘铁、煤、土石的速度,工人频繁地使用炸药,但当时的炸药无论是威力,还是安全性能都不尽人意。意大利人索布雷罗于1846年合成了威力较大的硝化甘油的威力,可惜安全性太差。那时又盛传法国人也在研制性能优良的炸药,这一切促使诺贝尔的注意力转移到炸药上来。

1859年,在家庭教师西宁那里,诺贝尔第一次见识了硝化甘油,西宁把少许硝化甘油倒在铁砧上,再用铁锤一敲便诱发强烈的爆炸。诺贝尔对硝化甘油做了进一步分析,发现无论是高温加热还是重力冲击均可以导致其爆炸,他开始为寻求一种安全的引爆装置而努力。经过无数次实验,最后他发现若是把水银溶于浓硝酸中,再加入一定量的酒精,便可生成雷酸汞,这种物质的爆炸力和敏感度都很大,可以作为引爆硝化甘油的物质。

用雷酸汞制成的引爆装置装到硝化甘油的炸药实体上,诺贝尔亲自点燃导火索,只听"轰!"的一声巨响,实验室的各种器物到处乱飞,他本人已被炸得血肉模糊。从废墟中爬出来他用尽最后一点气力说:"我成功了。"然后就昏死过去。科学的进程是如此悲壮!不管怎样,雷酸汞雷管发明成功,他在1864年申请了这项专利。很快,诺贝尔的发明传播开来,用于开矿、筑路等工程项目中,大大减轻了工人们的挖掘强度,工程进度也快了许多。但世界各地的爆炸事故层出不穷,有些国家的政府为此甚至禁止制造、运输和贮藏硝化甘油,这给诺贝尔的事业带来极大的困难。经过慎重考虑,诺贝尔决定赴美国加利福尼亚就地生产硝化甘油,并研制安全炸药。在试验中,他分析了一些物质的性质,认为用多孔蓬松的物质吸收硝化甘油,可以降低危险性,最后设定25%的硅藻土吸收75%的硝化甘油就可形成安全性很高的猛炸药。

威力强劲、使用安全的炸药的出现,使黑色火药逐步退出了历史舞台,堪称炸药史上的里程碑。诺贝尔在随后的几年里,又发明了威力更大、更安全的新型炸药——炸胶。1887年,燃烧充分的无烟炸药在诺贝尔实验室诞生了。

循着威力更大、更安全和更符合人的需要的原则,诺贝尔为人类的进步做出了杰出的贡献,受到后人的尊敬。

1896年12月10日,伟大的科学家诺贝尔去世。遵照其遗嘱,他的大部分遗产(约900万美元)作为设立诺贝尔奖金的基金,每年提取基金的利息,重奖为人类进步事业做出重大贡献的后人。诺贝尔在他的遗嘱中明确,获奖的唯一标准是其实际成就,而不得有任何国籍、民族、肤色、信仰等方面的歧视;奖金每年颁发一次,授予前一年中在物理学、化学、医学等3个领域里"对人类做出最大贡献的人"。该奖于1901年12月10日,即诺贝尔逝世5周年纪念日首次颁发,至今已有超过500人获此殊荣。后来还增加了文学、和平等奖项。诺贝尔临终设立此奖,是其对人类科学文化事业的进步的又一重大贡献,永远值得后人景仰。

发明大王爱迪生

爱迪生一生只接受过3个月的正规教育,他成功的秘诀就是勤奋和恒心。他为了发明电灯,先后试验了6000种纤维材料,找到了碳化竹丝做耐热材料，最后发展到钨丝灯，前后用了近20年的时间。

这位发明大王是人类最伟大的发明家之一，一个人有1000多项发明在人类历史上实属罕见。

爱迪生，1847年2月11日出生在美国俄亥俄州的米兰镇，在家中是最小的孩子。父亲是木匠，母亲是教师，家境很差。

爱迪生在小学当了3个月的笨孩子之后，就被母亲带回家，开始了"半工半读"的生活，即白天跟父亲做木工活，晚上跟母亲学文化。爱迪生聪明勤奋，这样的培养方式一方面使他有一定的知识功底，另一方面还提高了动手能力。爱迪生小小年纪，就在自己家中的地窖里搞起各种小实验。

19世纪70年代，第二次科技革命已经展开。各种发明创造层出不穷，但如何记录人类的声音呢？最后爱迪生解决了这个问题——留声机。

启发爱迪生发明留声机的灵感源于他发明碳粒电话受话器的实验过程。在实验中，他偶尔发现随着人说话声的高低错落，接触在膜片上的金属针也跟着有规则地振颤。这时他突然想到把这一过程倒过来，就可以复制声音。于是爱迪生把锡箔纸卷在带螺纹的圆筒上，圆筒下有一层薄铁皮，铁皮中央装上一根短针。当他用钢针滑动锡箔纸，果然就发出了声音。爱迪生按这一原理设计制造了世界第一台"会说话的机器"，后来人们称之为留声机。

科学家是不容易满足的，爱迪生更是如此。就在留声机在博览会展出时，他又开始对另一问题着迷：用电照明。

虽说当时已出现了电弧灯，但它需要2000块伏打电池做电源，而且光线灼眼，照明时间也很短，不适于日常使用。于是，爱迪生开始了新一轮的攻坚战，他几乎把家搬到实验室，吃饭、睡觉都在那里。最后，他把注意力锁定在灯丝上。他先后试着将硼、钉、铬等金属和碳化的棉线做灯丝，由于氧化作用，这些灯丝均被烧断。爱迪生又实验了数千种材料做灯丝都归于失败。最后，他发现抽净灯泡中的空气以后，再用碳化竹丝做灯丝，可以维持40个小时。爱迪生终于在1879年10月21日发明家用电灯，电灯取代了煤气灯为广大民众所接受。

爱迪生发明电灯以后，一时声名鹊起，成了公众人物。他却不为所动，又开始考虑如何利用人的视觉暂留现象设计一种可以迅速连续拍照的摄影机，然后把这些照片依次迅速地展现在人的面前，给人的感觉就好像是在看运动的景物或物体。在这一思路指导下，爱迪生又利用他人发明的感光软片，很快制成了摄影机。之后，他又制成了可以连续播放胶片的放映机。至此，爱迪生又完成了他的另一发明"留影机"，电影也随之产生。

爱迪生一生的发明成果极其丰富，除了留声机、电灯、留影机之外，还有1000多项专利。爱迪生经过艰苦卓绝的努力，在发明领域做出巨大成就，为人类进步事业做出巨大贡献。

1929年10月21日，在电灯发明50周年的时候，人们为爱迪生举行了盛大的庆祝会，德国的爱因斯坦和法国的居里夫人等著名科学家纷纷向他表示祝贺。1931年10月18日，爱迪生因病逝世，享年84岁，就在他辞世之前，他还完成了苦心研究的人造橡皮。

五一国际劳动节

每年5月1日，全世界的劳动者都要纪念他们自己的节日——五一国际劳动节。

19世纪80年代，欧美各资本主义国家经济高速发展，随之而来的是资本家的残酷剥削。在美国，工人们每天要工作14～16个小时，有的甚至达到18个小时。工人们在长时间、高强度的劳动下，仍然无法达到温饱水平。忍无可忍的工人们联合起来，同资本家展开了坚决的斗争。工人们提出缩短劳动时间，改善工作环境的合理要求，并希望政府能够以立法的形式明确8小时工作制。但他们的合理要求遭到了政府的蛮横拒绝。

工人们被激怒了。1886年5月1日，芝加哥、纽约、波士顿、费城等城市的工人举行大罢工，纷纷走上街头抗议，大约有35万人参加了罢工示威活动。工人们举着红旗，高唱着《8小时的歌》：我们要把世界改变，我们厌倦了无休止的劳动，只能得到糊口的工资，没有时间让我们思考。我们要晒太阳，我们要闻花香。我们相信上帝也允许8小时工作制，我们从车间、农场和船坞，召集我们的队伍，争取8小时工作、8小时休息、8小时归我们自己。

"8小时工作、8小时休息、8小时归我们自己"成了当时一句响亮的口号，工人们抽着"8小时牌香烟"，购买"8小时牌皮鞋"。这句口号从美国传到了全世界，得到了世界人民的广泛支持。

5月3日，芝加哥麦考米克收割机厂的资本家雇佣了300多名替工者准备进入工厂工作，与守在门口的1400名打工者发生了激烈冲突。警察在没有发出任何警告的情况下悍然对工人开枪射击，打死了4名工人，多人受伤。

当天晚上，3000多名工人聚集在芝加哥市的广场上举行大规模的示威，抗议警察的暴行，哀悼死难的工人兄弟。正在这时，一队全副武装的警察冲进会场，用武力驱赶工人，工人们奋起抗争，会场秩序一片混乱。就在这时，一个别有用心的人向人群中仍了一枚炸弹，炸死了1名警察、4名工人，另外有多人受伤。警察立即向群众开枪，打死打伤了200多名群众，并逮捕了很多工人。

在没有任何证据的情况下，芝加哥法院起诉8名工人领袖，判处7人死刑，1人15年徒刑。工人领袖斯庇斯在法庭上慷慨陈词：

"如果你们以为绞死了我们就可以扑灭工人运动，就可以平息那些在贫困和悲惨的劳动中千百万工人心中的怒火的话，那就绞死我们吧！你们可以扑灭一个火花，但在你们四周，会燃起更多的火花，这是来自地底的烈火，你们是无法将它们扑灭的！"

美国的很多知名人士和欧洲各国的很多要人都纷纷给伊利诺伊州州长写信和打电报。德国著名的工人运动领袖威廉·李卜克内西和马克思的女婿爱德华·爱威林都亲自到狱中探望被关押的工人领袖。世界各国的工人纷纷举行集会，向美国提出强烈抗议。在巨大的压力面前，州长被迫只判处其中4人死刑。

到了行刑的那天，工人领袖费希尔平静地说："今天你们让我们窒息，让我们的声音消失，但我们在坟墓中的沉默将会使更加雄辩的时刻即将到来。"几十万芝加哥工人参加了他们的隆重葬礼，他们高唱《马赛曲》，很多人留下了热泪。

这次事件之后，美国有十几万工人争取到了8小时工作制，其他工人的工作时间也大大缩短了。很多资本家被迫宣布星期天放假。

1889年7月14日，在巴黎召开的世界各国社会主义者代表大会上，有的代表提出要把1886年5月1日定为斗争日，号召全世界的工人们在每年的5月1日都要举行大规模的示威游行，要求政府实行8小时工作制。

1890年，在巴黎召开的第二国际成立大会上，通过了一项决议，规定从今以后每年5月1日各国工人都要举行示威游行活动。五一国际劳动节从此诞生，成为全世界劳动者的光辉节日。新中国成立后，我国政府规定，每年的5月1日庆祝国际劳动节。

三国同盟

进入19世纪后期,第二次工业革命开始兴起,科学技术突飞猛进,社会生产力得到了极大的提高,人类进入了电气时代。欧洲各国的工业和经济再次跨上了一个台阶,逐渐形成了垄断资本主义,各国开始向帝国主义过渡。但它们之间的发展是不平衡的,英、法等老牌资本主义国家发展速度较慢,而新兴的美国、德国发展速度很快,成为世界排名第一、第二的资本主义工业大国。由于帝国主义国家之间的发展不平衡,它们之间的矛盾也在加剧。各国为了自己的利益,纷纷寻找对策。

普法战争后,为了防止法国东山再起,德国首相俾斯麦勒索了法国50亿法郎的巨额赔款,并且强行割走了矿藏丰富的阿尔萨斯和洛林地区,企图让法国"流尽血"。德国凭借着这些资源和资金,迅速跃升为世界第二工业大国。但出乎俾斯麦意料的是,法国人卧薪尝胆,奋发图强,不仅没有一蹶不振,反而恢复了元气。法国人为了报仇雪耻,在不断扩充军备的同时,还四处寻找盟友,共同对付德国。

面对法国咄咄逼人的复仇计划,惊恐万分的德国人没有坐以待毙,俾斯麦也开始四处拉拢盟友,对抗法国。

恰好这时,奥匈帝国和俄国在巴尔干问题上发生了争吵。原来两国都对巴尔干半岛上的波斯尼亚和黑塞哥维纳地区垂涎三尺,俄国凭借着强大的实力,四处宣扬"大斯拉夫主义"(波斯尼亚和黑塞哥维纳的居民和俄罗斯人同属斯拉夫人),企图把奥匈帝国的势

工业革命带来的变革

力排挤出去,独占巴尔干半岛。德国不愿意看到俄国过于强大,害怕它威胁德国,再加上德国和奥匈帝国同属日耳曼民族,所以德国在巴尔干问题上支持奥匈帝国。两国联手,开始排挤俄国的势力,使俄国吞并波斯尼亚和黑塞哥维纳的计划落空。为此,俄国对德国怀恨在心。

1879年8~10月,德国首相俾斯麦与奥匈帝国的外交大臣安德拉西在维也纳秘密会谈,缔结秘密军事反俄条约——《德奥同盟条约》。这个条约的主要内容是如果德、奥两国中一国遭到俄国的进攻,那么另一国应以全部的军事力量进行帮助;如果其中一国遭到另一个国家(暗指法国)的进攻,那么另一缔约国应对其盟国采取中立。但如果进攻的国家得到俄国的支持,那么两国应动用全部的军事力量联合作战。如果遭到法国和俄国的联合攻击,那么双方则要共同作战。由此,德国和奥匈帝国正式结盟。

和奥匈帝国结盟后,俾斯麦还不放心,他总觉得力量还有些单薄,于是又把目光投向了意大利。意大利自从1870年统一后,资本主义得到了迅速发展,国家的实力迅速增强。为了扩大自己国家的产品销售市场,意大利急于开拓海外殖民地,首先看上了和自己一海之隔的北非明珠突尼斯。但法国人也想占领突尼斯,两国争执不下。狡猾的俾斯麦看准了这一点,找上了意大利,表示在突尼斯问题上德国支持意大利。但紧接着他又找到法国,暗示德国不反对法国人占领突尼斯。法国人喜出望外,于1881年出兵占领了突尼斯。当时在突尼斯有很多家意大利企业和两万意大利侨民,意大利政府早已经把突尼斯当成了嘴中的肥肉,不料却被法国人占领了。可是法国的实力比意大利强大,单凭自己的力量,意大利讨不到什么便宜。这时俾斯麦伸出了橄榄枝,极力拉拢意大利。为了报复法国,丧失了地中海优势的意大利同德国的关系开始密切起来。

但意大利和奥匈帝国有领土争端,两国素来不和。在德国的调解下,两国终于坐到了一张谈判桌上。1882年5月,德国、奥匈帝国和意大利三国在维也纳签订了同盟条约。条约规定，如果意大利遭到了法国的攻击，那么德国和奥匈帝国应以全部的军事力量援助；如果德国遭到了法国的进攻，那么意大利也应以全部的军事力量进行援助。如果缔约国中的一国或两国遭到了两个或两个以上的国家（暗指法国和俄国）的进攻，那么三国要动用全部的军事力量协同作战。但意大利还有一个附加条件：如果英国进攻德国或奥匈帝国，意大利则不予援助。就这样，三国同盟正式形成。

瓜分非洲的柏林会议

非洲丰富的自然资源一直吸引着欧洲殖民者。15世纪时，欧洲殖民者开始向非洲进行渗透。当在西非几内亚湾沿岸和南非发现金矿和钻石矿后，欧洲列强在贪婪欲望的驱使下，加快了向非洲渗透的步伐。

19世纪中期时，当时的殖民地只占非洲面积的10%左右，除了法、英等殖民国家在阿尔及利亚、南非建立了较大的殖民地外，欧洲其他殖民国家一般只在沿海或大河河口处建立了几个零星据点，还没有能深入到非洲内陆。这怎么能满足众殖民列强扩大殖民地的要求呢？于是，各个殖民国家都蠢蠢欲动起来。

在众多殖民国家之中，比利时首当其冲，打着"国际开发"的旗帜，在1876年成立了"国际考察和开发中非协会"（后改名为"国际刚果协会"），积极筹划非洲探险活动。

1877年，在比利时国王利奥波德二世的支持下，美籍英国探险家斯坦利完成了从东向西横贯赤道非洲的探险，并发现了刚果河河口。回到欧洲后,斯坦利在报刊上撰文,并发表了《穿过黑暗大陆》一书,描绘了他的探险经历和刚果河流域的美丽富饶。很快,斯坦利的文章引起了欧洲殖民者的极大兴趣。次年7月,利奥波德二世与斯坦利签订合同,由斯坦利率领一支比利时远征军再次远赴刚果,开辟一条可以进入刚果内地的道路。

但是,利奥波德二世的计划很快就落空了。"国际刚果协会"刚刚成立、斯坦利还没有取得实质性进展的时候,法国国王就派意大利人布拉柴率法国远征军以"法国分会"的名义进入刚果,并说服当地的帖克人国王马科科签订了"法国拥有对其全部领土保护权"的条约。1880年10月,马莱博湖右岸升起了法国的三色旗。1881年7月,当斯坦利率领的比利时远征军在距刚果河河口约400千米的马莱博湖左岸登陆时,本打算能在登陆地占领一块殖民地,却发现法国的三色旗正耀武扬威地飘扬着。斯坦利也算是见过大世面的人,他马上找到马科科国王。

"尊敬的国王陛下,如果你宣布与法国签订的条约无效,比利时将给你更为优厚的待遇。"斯坦利看到马科科国王并无主见,遂诱惑道。

马科科本来是个小国,看到有这么多大的殖民国家对马科科如此青睐,国王竟表现得有些得意,他满口答应了斯坦利的要求。就这样,比利时与法国的利益在刚果河下游出现了对峙的局面。不料,葡萄牙突然向比利时政府提出抗议。葡萄牙称,早在15世纪葡萄牙就占领过刚果这片土地。

如此一来,刚果这片土地成为列强争夺的焦点。为了解决列强在刚果问题上的纠纷,英国提出了召开国际会议的建议。

1884年11月15日,在德国首相俾斯麦的主持下,德、英、法、美、比、葡、意、荷等14个国家在柏林召开讨论非洲事务的会议,可笑的是,这次会议竟然没有一个非洲国家参加,而会议却口口声声说是要解决非洲事务。

会上，列强唇枪舌剑，德、英、美等国在刚果未占有地盘，力主在该地区实行"自由贸易"，法、葡等则极力反对。最后，列强们同意了利奥波德二世提出的成立"刚果自由邦"的建议，并决定"刚果自由邦"成立后，利奥波德二世任该邦元首。此外，各殖民列强为了和平共处，围着会议桌在地图上划定了他们各自在热带非洲地理上的界限。

柏林会议签订的议定书洋洋洒洒6万余字，但大多是官样文章，决议条目措词模糊，这也难怪，霸占别人的领土哪能会底气十足呢？

柏林会议是瓜分非洲的新起点。到1912年，非洲大陆除埃塞俄比亚和利比里亚两国表面上还保持着独立外，其他国家和地区已全部被瓜分完毕。并且，从瓜分非洲的形势上可以看出欧洲列强的力量对比，同时，这次会议也成了第一次世界大战一个间接的导火索。

东学党起义

19世纪70年代，日本用武力强迫朝鲜政府签订条约，使朝鲜沦为日本的半殖民地。为了满足日本殖民者的欲望，朝鲜政府加紧了对人民的剥削。朝鲜政府的这一做法使朝鲜国内民怨四起，人民的处境越来越悲惨。当时，朝鲜民间流传着这样一首诗歌："金樽美酒千人血，玉盘佳肴万姓膏。烛泪落时民泪落，歌声高处怨声高。"这首诗歌在朝鲜各地广为传唱，是社会境况的真实写照。

1893年，朝鲜发生了饥荒，人们流离失所，挣扎在死亡线上。但

工业革命带来的变革

是,朝鲜的统治阶级丝毫没有减轻对人民的搜刮,甚至变本加厉。在全罗道的古阜郡,农民因被政府征收水税和杂捐过重,派出代表向郡守请愿。郡守非但没有解决这一问题,还对请愿代表施以酷刑。

农民们愤怒了,他们决定举行起义,当起义的首领被抓住处以死刑后,农民更加愤怒了。

1894年是旧历甲午年,这年年初,古阜一带的农民在全准的率领下发动了武装起义,因为这次起义的农民大多是东学党的成员,所以这次甲午农民起义也被叫作东学党起义。起义军打开古阜谷仓,把粮食分给农民,夺取兵器库中的武器,并发布了"辅国安民,逐灭倭夷,灭尽权贵"等斗争纲领。

东学党是由崔济愚在1860年创立。创立之初,东学党宣传人人平等的思想,在朝鲜沦为日本的半殖民地后,又向朝鲜人民宣传反帝反封建的思想。1874年,小官吏出身的全准加入东学党,并很快成为东学党的首领。

1894年三月底,朝鲜农民军在白山建立了大本营,全准向全国人民发表檄文,号召人民拿起武器推翻朝鲜腐朽政府的统治,把日本侵略军赶出朝鲜。朝鲜人民纷纷响应,很快,起义队伍就发展到七八千人。起义者头缠白布,以古老的竹枪为武器,在自任总大将的全准和总管领金开南的率领下冲下白山,给朝鲜政府军和日本侵略军以出其不意的打击。

虽然朝鲜政府对日本侵略军甘愿屈服,但对本国人民的起义可是想尽了办法镇压。然而起义军如破竹之势,政府军哪里镇压得下去?只能是白白殒命而已。起义军每到一处,都开仓放粮,严惩当地贪官污吏,所以越来越多的人加入其中。

在攻占了南方重镇全州后,全准制定了攻打汉城(现改称首尔)的计划。

闻听起义军要攻打汉城,朝鲜国王慌忙召开紧急会议商量对策。

"眼下的情况，我们只能采用缓兵之计，一面假意与起义军谈判，一面去请求清国援助。"一名狡猾的老臣向国王建议。

"也只好这么办了。"于是，国王一面派专员去与全准进行谈判，一面派使臣去中国请求清政府的援助。

全准本来不打算与政府和解，但以崔时亨为首的一派坚决反对攻打汉城，而且当时是农忙时节，起义军内大部分的农民归乡心切，在军心动摇的情况下，全准只能与政府签订了和约。朝鲜政府表面上接受了起义军平分土地、取消债务的要求，条件是起义军撤出全州。

起义军撤出全州之后，政府请来的清军开进了朝鲜。日本侵略军正找不到进一步占领朝鲜的借口，看到中国军队进驻朝鲜，便也以镇压起义军为由进入朝鲜。

当时，起义军已发展到10万人，而且控制了全国3/5的土地，如果一鼓作气肯定能横扫朝鲜全境，但是，以崔时亨为首的一派人又反对北上，遭到全准的驳斥后，崔时亨竟公开分裂起义军，带领一队人马脱离起义军，使起义军的力量减弱。

十月，全准率领起义军攻打汉城，路过公州时遭到了日军的进攻，由于武器装备相差悬殊，起义军损失惨重。为了保存力量，全准率领残部后撤，以等待时机继续作战。不料两个月后，由于叛徒出卖，全准和其他的起义军领导人被朝鲜政府军和日本侵略军抓获。

1895年三月，全准以大逆不道罪被判处死刑。在宣判时，全准指着参加审判的日本领事怒斥道："你们是朝鲜人民最大的敌人，虽然你们处死了我，但朝鲜的爱国农民已经团结到一起，他们会同你们斗争到底的。"

轰轰烈烈的东学党起义就这样被镇压下去了。

巴拿马运河

中美洲呈狭长状态,像一条短短的扁担,挑着南北美洲。在这条扁担的最窄处,便是今天的巴拿马共和国。巴拿马之所以被全世界所瞩目,主要是因为巴拿马运河的存在。

巴拿马运河像一座水桥,横跨在太平洋与大西洋之间,缩短了两大洋之间的航程,例如从日本横滨到美国纽约,比以前的航程缩短了5000多千米,从夏威夷到纽约,航程将近减少了1个月。

16世纪前,印第安人就已经在巴拿马地峡地区居住了。哥伦布发现新大陆后,西班牙人巴斯蒂斯根据哥伦布制定的路线第一次到达巴拿马地峡。1513年9月,西班牙探险家巴尔博亚在巴拿马地峡做了一次考察,在地峡一侧的一座山的顶峰上,巴尔博亚发现了地峡的另一侧是一望无际的蔚蓝色海洋,这个蔚蓝色的大洋就是现在的太平洋,因此,巴尔博亚也被称为太平洋的发现者。

在巴斯蒂斯之后,巴拿马的黄金被大量开采,出于对黄金的追捧,欧洲国家的许多冒险家接踵而来。

西班牙国王卡洛斯一世发现,如果巴拿马地峡通航,人们从大西洋沿岸到太平洋沿岸就不用再绕过南美洲的南端了,于是,他驱使当地的巴拿马人修筑了一条连接两大洋的石板大道,以运载西班牙人从太平洋掠夺来的财富。为了使船只能在巴拿马地峡通航,卡洛斯一世决定再开凿一条运河,当时甚至还制定了具体的方案,但这种方案最终因有限的技术条件和施工能力没有实施。

1814年,西班牙殖民当局又提出了利用查格雷斯河沟通两大洋交通的考虑,但并没有付诸实施。此后,英国人、法国人和美国人都曾绘制过开凿地峡运河的蓝图,也都未曾实施。之后的几十年,美、英、法等国为取得在巴拿马建造一条人工运河的权益展开了激烈的竞争。

1878年,法国"全球巴拿马洋际运河公司"从当时统辖巴拿马的大哥伦比亚联邦那里取得了运河的承租权,并于两年后成立了法国运河公司。1881年3月,巴拿马运河正式开凿。

曾经负责修建苏伊士运河的菲迪南德·勒赛普是巴拿马运河开凿工程的主持人。由于巴拿马地峡自然条件与苏伊士地峡不同,勒赛普部署的《巴拿马运河工程计划》并没有能因地制宜,使运河的开凿工程遇到了意想不到的困难。结果,花了8年时间,巴拿马运河只挖掘了计划的1/4。1889年,开凿运河的工程因为法国运河公司的破产而停止。

此后,法国又组织了新的运河公司,但工程仍被迫中途停止。为开凿巴拿马运河,法国花了将近20年时间,投资3亿多美元,却只完成了工程的1/3。

与此同时,美国西海岸的加利福尼亚发现金矿,大批美国人从东部被吸引到西部,掀起了开采黄金的热潮。但是,由于西部洛基山脉的险恶地理条件和纵横的河流的阻挡,美国人如果从东海岸前往西海岸必须要绕经巴拿马地峡,因此,美国对开凿两大洋航路的要求日益迫切。当法国运河公司破产后,美国喜出望外。1902年,美国以4000万美元购买了法国运河公司的全部资产。

紧接着,美国又趁大哥伦比亚发生内战之机,策动巴拿马脱离哥伦比亚独立,并与刚刚成立的巴拿马政府签订了《巴拿马运河条约》,条约规定,美国有永久占领、使用、控制巴拿马运河区的权利,而美国为此仅仅付给巴拿马1000万美元。巴拿马人民为这一条约与美国斗争了几十年,直到1977年再次签订新的条约。

1904年,美国正式动工开凿运河。美国方面吸取法国公司失败的教训,改为修建水闸式运河。1914年,工程基本完成,次年通航,1920年正式开放。

巴拿马运河又被称为"死亡的河岸",据统计,整个工程期间共死去10万多人,这些人除有从当地或西印度群岛雇用的工人外,还有从非洲购买的黑人,从南欧和东南亚、中国雇来的数万劳工。

巴拿马运河西起里斯托巴尔,东至巴尔博亚,全长81.3千米,最窄处152米,最宽处304米,从通航以来就成为世界上重要的海上通道。对美国来说,这条运河更为重要,为其军事扩张和经济掠夺带来了巨大利益,所以美国人又称巴拿马运河为"地峡生命线"。

1977年9月7日,在经过巴拿马人民数次的反美斗争后,美国被迫同巴拿马签订了一个新条约,新条约规定:巴拿马可在1999年收回运河及运河区主权。

美西战争

19世纪末,美国完成对西部的开发,走向了帝国主义时期。垄断财团对原材料的需求和寻找新的市场投资场所等,迫切要求美国向海外扩张。为建立向拉丁美洲和远东及亚洲扩张的基地,美国将矛头指向西班牙。当时的西班牙是一个已衰落的殖民帝国,在国际中处于孤立的境地。古巴、波多黎各和亚洲的菲律宾均为西班牙殖民地。美国选择西班牙,欲夺取其殖民地,用来满足其对拉丁美洲和亚洲进一步扩张的战略部署。1895年2月,古巴发生反对西班牙统治的武装起义,美国借机意欲干涉,遭到西班牙的拒绝,双方矛盾激化。

美国当局加紧做好战前准备,一方面广泛地进行外交活动,一方面加强军事装备,扩建军队。为加强海军力量,美国建造了许多大型巡洋舰和战列舰。1898年2月,西班牙驻美公使攻击美国总统的信件被公开，激起了美国内部反西班牙的情绪。2月15日，以友好访问为名的美舰"缅因号"突然在古巴哈瓦那港爆炸沉没，造成美官兵260余人死亡，美国怀疑西班牙是事件的制造者。美国当局下令封锁古巴港口，并在周围海域布设水雷。4月24日，被逼无奈的西班牙只好对美宣战。次日，美国对西班牙宣战，美西战争全面爆发。

美军的作战目标极为明确：依靠强大的海军力量，先突袭菲律宾的马尼拉海湾，再打击古巴的西军，从而占领拉丁美洲及亚洲的西属殖民地。

5月1日凌晨，美海军上将乔治·杜威率领舰队，凭借良好的航海技术，乘着黎明前黑暗的掩护，率领舰队突然驶进马尼拉湾。西班牙要塞哨兵发现后开炮轰击，但均未命中。美军随即进行还击，停泊在港湾的西班牙舰队在慌乱中组织反击，但有的舰船还未起锚就被击沉。要塞上的炮火虽然猛烈，命中率却低得可怜。杜威命令美舰队火力集中向西班牙的旗舰猛攻，7时许，旗舰被击沉。失去指挥的西班牙舰队更是乱作一团，只有被动挨打。中午，西班牙舰队遭到全歼，马尼拉湾被美军封锁，西班牙在太平洋的制海权落入美军手中。

马尼拉突袭成功，极大地鼓舞了美军。6月，美国打着"帮助古巴独立"的旗号，计划从圣地亚哥港登陆。此时的古巴，反西民族革命全面爆发。

为迫使西军接受海战，美军决定海军陆战队从港口东面不远的关塔那摩湾强行登陆，从陆上对圣地亚哥港形成包围之势。6月10日，600名海军陆战队队员出发。虽然关塔那摩湾防守相对较弱，但仍遭到西军的顽强阻击，美军伤亡重大。但防线最终被突破，美军成功登陆。7月1日，美陆战队先后攻占了圣地亚哥港东北部和东部的据点埃尔卡纳和圣胡安，形成了对圣地亚哥港的包围之势。7月17日，圣地亚哥守兵投降。8月12日，美军趁势攻占了波多黎各岛。8月13日，在菲律宾人民起义军的配合下，美陆军攻占了马尼拉市，西班牙在殖民地的力量被美军彻底歼灭。

1898年12月10日，双方签订《巴黎和约》，美国如愿得到了古巴、波多黎各和菲律宾，西班牙仅得到美国给付的作为割让菲律宾补偿的2000万美元。

这场战争使美国走向对外扩张，标志着美国进入帝国主义时代；开始了帝国主义重新瓜分世界领土的新时期；而西班牙对拉美及太平洋殖民地的丧失，使其从帝国主义争霸的政治舞台中退却。

日俄战争

1895年中日甲午战争后，日本侵占了中国的辽东半岛、台湾和澎湖列岛，这与旨在控制中国东北的俄国产生了矛盾。俄国联合德、法出面干涉，迫使日本退出辽东半岛。日本加紧军备，制订十年扩军计划，决心以武力同沙皇再度争战。俄国在中国东北的势力也迅速扩大，到1898年，整个东北三省沦为俄国的势力范围。1900年，中国爆发义和团运动，俄国借口"保护"侨民和中东铁路为名一举占领东北三省。这引起日本和英国的强烈不满，在英国的支持下，日本开始了对俄的复仇。

1903年8月，日俄双方就重新瓜分中国东北和朝鲜问题进行谈判。已完成扩军备战的日本态度强硬，致使谈判破裂。1904年2月6日，日本断绝与俄国的外交关系。8月，日本不宣而战，海军舰队用鱼雷偷袭旅顺俄国舰队。几艘舰船被击沉后，俄舰队被迫退到港内，日军遂将旅顺港口封锁。

俄陆军司令克鲁泡特金建议主力撤出辽东半岛，在哈尔滨集结，等候俄从莫斯科来的援兵，再进行反攻，击退日本军队，解救孤军死守的旅顺俄军。但由于俄军指挥层意见分歧,于是将主力军集结点改为辽阳,然后向旅顺推进。

对于日本来说,朝鲜半岛是一条比较安全的补给线,是日本进退自如的便利基地。来自俄军的海上威胁就是驻旅顺港的俄舰队,他们足可以切断日本的海上交通,制海权对日本是极为重要的。针对这些情况,日本一面引诱俄舰队接受会战,另一方面日陆军在舰队的保护下,从仁川登陆,控制朝鲜半岛,建立稳固基地后,用3个军团的兵力从朝鲜湾的北岸登陆,向辽阳进军,以阻止俄南下支援旅顺。第4军团则围攻旅顺港,攻克后北上与前3个军团会合,在俄陆军增援未到前击败俄军。

5月初,日本在朝鲜站稳脚跟,便从朝鲜湾登陆满洲。25日,日本军攻入金州,次日,攻下南山高地,占领了大连。旅顺港完全处于日军的包围中。

旅顺港有三道防御工事,依托地势,人工构建了堡垒和碉堡,并有高压铁丝网包围,防御强度极高。日本连续发动两次总攻,均被顽强的俄军抑制住,日军损失惨重,虽也攻占了周边一些关键性的阵地,但俄军全部防御体系的总枢纽203高地仍控制在俄军手中。11月26日,日军向203高地发起第三次总攻。火力轰炸连续数天,日军付出1.1万人的代价,终于在12月5日登上203高地,旅顺港内的船只从这里尽收眼底。7日,俄舰船被全部击毁。1905年1月4日,日军占领旅顺,俄军投降。日军按计划北上与其他军团会合,投入对俄主力的进攻。

3月10日,日军攻克奉天,俄军向哈尔滨撤退。

5月9日,俄军波罗的海舰队缓缓进入中国海域赶来支援,27日在对马海峡被日舰队全歼。对马之战的失败,使俄国国内的人民忍无可忍,大多数城市爆发革命,沙皇专制制度接近崩溃边缘。9月,俄日双方都已力竭,在美国的说合下,双方签订和约。

日俄战争使沙皇专制走向坟墓,加速了俄国革命的到来;日本从此跻身于世界强国之列。

"一战"到"二战"

　　20世纪初,欧洲各主要资本主义国家相继进入了帝国主义阶段。由于资本主义的政治、经济发展不平衡,欧洲出现了两大军事集团,双方于1914~1918年进行了一场世界大战,以协约国的胜利而告终。1919年,巴黎和会召开,建立了"凡尔赛体系",但各国依然是矛盾重重。帝国主义战争引发了革命。1917年11月,俄国爆发十月革命,无产阶级夺取了政权。随后,在欧洲和亚洲发生了一系列革命运动。20世纪30年代后期,法西斯势力猖獗一时。1939年9月1日,德国进攻波兰,引发了第二次世界大战,英、法、苏、美、中、日等世界许多国家相继参战。1945年8月,战争结束。

三国协约

随着德、意、奥三国关系日益密切，英、法、俄也随之走到了一起。

当新兴资本主义国家迅速崛起的时候，老牌资本主义国家也奋力争夺地盘，尤其是英、法两国，与德国之间的摩擦与日俱增，为此，英法两国都开始在世界范围内寻找可以并肩作战的战友。

其实，明眼人都能看出，三国同盟的主要针对对象是法国，看到三个国家的矛头直指自己，法国怎么能不着急呢？于是，心急如焚的法国开始把眼光盯上了德国的邻邦俄国。

1879年，为了对付俄国在巴尔干地区的扩张，德国与奥匈帝国在维也纳签订《德奥同盟条约》。俄国本来就对德国相当仇恨，看到德国公开与己为敌，自然气愤得很。这一切都被法国看在眼里，法国认为拥有广阔疆土的俄国足以使自己单薄的力量增加不少，于是开始对俄国进行拉拢。

1888年，法国向俄国贷款5亿法郎，次年又向俄国贷款19亿法郎，此后，又相继向俄国贷款数次。到1893年双方签订条约时止，法国已累计向俄国贷款100多亿法郎。

看到法国对自己如此仗义，俄国感激涕零，俄国也早想找一些同伴与自己一起承担德、意、奥三国联合带来的危险。在这种情况下，法、俄两国军事首领于1892年签订了秘密的军事协定，这一协定在1893年12月15日和1894年1月4日分别得到了两国政府的批准。

协约规定，如果意大利或奥匈帝国在德国支持下进攻俄国，法国应

"一战"到"二战"

与俄国并肩作战。

虽然与俄国签订了军事协定，但法国还是觉得没有安全感，于是，又开始寻找盟友。找来找去，法国觉得只有英国才算得上是一个好帮手。虽然此时的英国已经没有了昔日的辉煌，但依然是世界上数一数二的强国。而这时，英国也正遭受着来自德国的威胁。

迫于形势，不久之后，英国就对法国的拉拢做出了反应。1903年春，英王爱德华七世访法，这次访问是英、法亲善的开端。同年7月，礼尚往来，法国总统回访英国。1904年4月，英法两国在伦敦签订了一项瓜分殖民地的协约，协约规定，英国承认法国在摩洛哥有维护安全和协助改革的权力，法国也不干涉英国在埃及的行动；英国把西非的一些殖民地让给法国，法国则放弃在纽芬兰的捕鱼权。协约中，英、法两国还划定了在暹罗（今泰国）的势力范围。通过协约，英、法两国的矛盾基本解决，双方利益开始趋向一致。

法国同英国签订条约以后，想到英国与俄国之间有着很深的矛盾，怎么才能使他们两国尽释前嫌呢？没料到，不等法国出面，英国便调节了与俄国之间的关系。因为日俄战争和1905年革命，俄国在财政上越来越依赖英、法两国，虽然当时俄国在近东、中亚和远东地区都与英国有利益冲突，但要比起与德国的矛盾，就显得微不足道了。1907年8月，英俄两国在圣彼得堡签订了分割殖民地的协定，协定规定，俄国承认阿富汗在自己的势力范围之外，并承认英国代管阿富汗的外交；波斯（今伊朗）东南部划为英国势力范围，北部为俄国势力范围，等等。

英、法协约和英、俄协约，加上法俄同盟，标志着三国协约正式形成。三国协约没有像三国同盟那样签订一项共同条约，俄、法两国是负有军事义务的同盟国，但英国则无须承担这种军事义务。

三国同盟和三国协约两大帝国主义军事集团形成以后，扩军备战成了他们的当务之急。复杂的国际关系日趋紧张，局部战争接连发生，最后终于导致了1914年第一次世界大战的爆发。

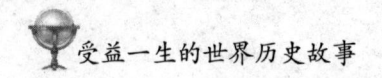

1918年一战结束，德国投降后，同盟国瓦解，美、英、法、日等帝国主义国家曾以协约国的名义向苏俄发动了三次武装干涉。随着各帝国主义国家之间矛盾的不断加深，协约国也逐步瓦解。

大棒政策与金元外交

西奥多·罗斯福为人熟悉的不仅仅是因为他曾是美国总统（1901～1909年），更因为他推行的"大棒政策"。

"大棒政策"源于罗斯福在下野后的一段公开演讲，在那次演讲中，他说："我在任美国总统期间，对付他国的办法是'说话要好听点，但手里要拿着大棒'。""大棒政策"由此得名。

其实，"大棒政策"最早提出时，西奥多·罗斯福还没有当选为美国总统。1900年，罗斯福任纽约州州长，他在给朋友的一封信中，有一段关于美国外交政策的话："我非常喜欢西非的一句谚语：说话温和，手握大棒，将所向无阻。"从这句话就不难理解"大棒政策"的深意。

罗斯福是一位热衷政治、崇尚权力、勇武好斗的总统，他曾说过这么一句话："和平的胜利，不如战争的胜利伟大。"不需多言，从这句话中就能看出罗斯福的秉性。

美西战争爆发前夕，当时的罗斯福任美国助理海军部长，战争爆发后，罗斯福辞去职务，与伍德组成志愿军骑兵团，在古巴圣胡安山之役中击败西班牙军，为美国的胜利奠定了基础。此后，罗斯福声名大噪，他率领过的骑兵也因此被称为"铁骑"。

就任总统后，罗斯福主张以武力为后盾，迫使拉丁美洲国家

"循规蹈矩"，听命于美国，主张凭借强大的经济军事力量，积极推行向外扩张计划，特别是对加勒比海地区的侵略，这些都是罗斯福推行"大棒政策"的表现。

罗斯福曾毫不掩饰地说："任何一个美洲国家行为不端时，美国不能保证其不受惩罚。""在西半球，美国对于门罗主义的信念可能迫使美国履行国际警察力量的义务。"占领巴拿马运河区，是西奥多·罗斯福"大棒政策"的典型事例。

巴拿马原是哥伦比亚的一部分，美国向哥伦比亚提出要开凿巴拿马运河的要求，但遭到了哥伦比亚的拒绝。看到自己的开凿巴拿马运河的计划没有成功，美国遂于1903年11月在巴拿马组织了叛乱，支持巴拿马脱离哥伦比亚，成立了巴拿马共和国。巴拿马共和国成立后不久，便与美国签订了完全按照美国的意图拟订的条约。条约规定，巴拿马将运河区16千米宽的地带交给美国永久使用、占领和控制，美国甚至有权在运河区使用警察、陆军和海军等。1914年，巴拿马运河通航后，运河区长期由美国控制，成为了"国中之国"，直到20世纪末巴拿马才收回了运河区的权利。罗斯福把开凿巴拿马运河看作是他任美国总统时期的最大成就，他在自传中说道："没同内阁商量，我就拿下了巴拿马。"

当然，美国推行大棒政策的地区并不限于拉丁美洲，在解决阿拉斯加与加拿大的边界纠纷中，美国同样对英国和加拿大施加了压力。1906年，罗斯福因调停日俄战争获得了诺贝尔和平奖，其实，罗斯福调停日俄战争完全是出于美国自身的利益：如果俄国战胜，将会打乱亚洲的实力平衡；日本战胜，对维持亚洲地区的正常秩序也非常不利，只有维持两国在东亚地区的均衡，美国的利益才不至于受到威胁。

1909年，塔夫脱继西奥多·罗斯福就任美国第27任总统。塔夫脱上台后，美国的对外政策开始变为"用美元代替枪弹"，即以资本输出作为对外侵略、扩张的重要手段，利用经济渗透，控制拉美各国的经济和政治,以此适应美国垄断资本主义对外扩张的需要,这种外交政策称作"金元外交"。到20世纪30年代左右,20个拉美国家中已有14个被美国资本所控制,由此可见"金元外交"的厉害。金元外交的推行,表明美国在掌握世界经济霸权的同时,力图在国际政治中占据首席地位。

无论是"金元外交"还是"大棒政策",在美国建立霸权的道路上都起到了举足轻重的作用。

萨拉热窝事件

1914年6月下旬,奥匈帝国的军队在波斯尼亚首府萨拉热窝附近举行军事演习,以支持当地的亲帝国分子,压制斯拉夫人的民族解放运动,并想以此威吓邻近波斯尼亚的塞尔维亚,企图把它也纳入奥匈帝国的版图。

6月28日,这天是个晴朗的星期天,萨拉热窝热闹非凡。原来,奥匈帝国的皇储弗朗茨·斐迪南大公夫妇要来这里访问。斐迪南是个极端军国主义分子,军事演习就是他亲自指挥的,这次访问萨拉热窝也是他计划中的一部分。

28日上午10时左右,一列豪华专车驶入萨拉热窝车站。由奥匈帝国的近百名士兵组成的仪仗队分成两队,分列在车站两侧。当斐迪南及妻子索菲女公爵坐上一辆敞篷汽车后,队伍开始缓缓向萨拉热窝市政府行进。

斐迪南心里非常清楚塞尔维亚民族对奥匈帝国的仇恨,所以这次访问他只带了这部分仪仗兵,并没有带过多的军事部队,想以此博得一些被统治民族的好感。

波斯尼亚在几年前被奥匈帝国吞并，萨拉热窝市政府为了讨好奥匈帝国的皇位继承人，把这次欢迎仪式搞得相当隆重。

此时的斐迪南夫妇正坐在敞篷汽车里，看着眼前繁华热闹的街市，不由得沾沾自喜。斐迪南从敞篷汽车里频频向路边的波斯尼亚人举手示意，时不时地露出趾高气扬的神情。路旁的人们带着愤怒，但碍于政府警察挡在前方维护，只能眼巴巴地看着斐迪南对塞尔维亚人进行挑衅。

正当斐迪南大公等人游行的时候，一批埋伏在人群里的暗杀者正欲行动。这批人属于一个军人团体，当他们听说奥匈帝国的大公要访问波斯尼亚时，便制定了一个周密的暗杀计划。当斐迪南的豪华汽车从车站出来时，7个暗杀者便混入了人群之中，并随着人流一步步地向斐迪南的汽车靠近。

虽然波斯尼亚当局在街道上派置了很多警察，但由于街上的人太多，根本无从维护，有的警察甚至躲到了角落里去闲聊，这无疑是个实行暗杀计划的好机会。

斐迪南车队缓缓地向市政厅的方向行驶着，离隐没在人群中的第一个暗杀者越来越近。这个塞尔维亚青年心跳加快，双手甚至颤抖起来。

"镇静，镇静，一定拿稳枪，整个民族的希望可就掌握在我手里了啊。"尽管他一再地安慰自己，但心跳的加快还是使他的眼神忽闪不定。正当这个暗杀者将要采取行动时，一个警察不偏不倚地走到了他的面前。

"你在这里鬼鬼祟祟地干什么？没看过奥匈帝国的大人物吗？"警察并不知道他是一个暗杀者。

"长官，我只是想临近看看，眼神不是太好，我这就回家。"第一个暗杀者不得不远离了斐迪南的车队。

车队又向前行驶，不一会儿便到了市中心，这里埋伏着第二个暗杀者。这个塞尔维亚人一刻也没有考虑，在手脚发抖之前便向行驶在车队中间的斐迪南大公的汽车扔出了一颗炸弹。炸弹偏移了方向，在斐迪南随从的车前爆炸了，碎片击伤了几个随从。车队很快逃到了市政厅门口的广场上，这里有一大批波斯尼亚警察在等候，应该不会再有危险了。

斐迪南非常愤怒，但也为自己躲过这场劫难而庆幸。

"总督先生，难道你们就是用这种方式来欢迎我的吗？"他从车上站了起来，怒视着邻座的波斯尼亚总督。

"不是的，殿下，你没发现刚才那个人是个精神病人吗？你大可以按着原计划进行访问，我保证不会再发生这样的事了。"总督唯唯诺诺地弓着腰。

"好吧，不过在这之前，我得先去医院看看我的随从。"斐迪南想以此来表现一下他的仁慈。

于是，司机调转车头，向医院方向开去。萨拉热窝市长和波斯尼亚总督又派了一大批宪兵和警察保护在斐迪南大公的汽车旁。

前面是一个十字路口，过了这个路口就是萨拉热窝市医院了。正在这时，斐迪南只听得身后的士兵惊叫起来，回过头一看，一个年轻人举枪直奔而来。

"有刺客！"斐迪南满以为逃过了一劫不会再出现危险了，哪里会料到这里还有仇恨他的人在等着他，不由得魂飞魄散，呆在那里一动不动。

这个暗杀者叫加夫里洛·普林齐普，只有19岁，是这次暗杀行动中最坚决最勇敢的一个。看到在场的所有人都惊慌失措，普林齐普乘机跃到斐迪南大公车的正前方，扣动了扳机，"砰砰"两声之后，斐迪南大公夫妇都被击中要害，双双死于血泊之中。

斐迪南夫妇的被刺，给奥匈帝国制造了一个吞并塞尔维亚的借口。随即，奥匈帝国向塞尔维亚政府发出通牒，以反恐怖组织的名义，要对塞尔维亚采取军事行动。德国皇帝威廉也竭力唆使奥国向塞尔维亚全面开战。

此后,奥匈帝国正式向塞尔维亚宣战,第一次世界大战由此爆发。

施蒂芬计划

萨拉热窝事件后,第一次世界大战全面爆发。其实,早在1905年时,德国就制定了大战的作战计划。这一计划由德国的总参谋长施蒂芬提出并制定,所以在历史上被称为"施蒂芬计划"。由此可见,德国发动大战是蓄谋已久的。

"施蒂芬计划"制定以后,受到了德皇的重视,后来又经过反复论证、补充、修改,遂成为了德国发动大战的基本蓝本。施蒂芬在这一方案上可谓是下了一番功夫,"施蒂芬计划"把德国的作战分为东西两线,战略重点放在了西欧,即西线,因此西方大国,如英、法等国成了德国的假想敌。在西线,采取先发制人的手段,集中优势兵力进行"闪电战",经比利时突袭法国,然后再迂回到东线,集中力量对付俄国。按照"施蒂芬计划",如果一切顺利的话,赢得这场战争只需要三四个月时间。但是,施蒂芬可能忘了一句话:计划赶不上变化。他所计划的一切,不久之后就成为了泡影。

毛奇作为继任的参谋总长,按"施蒂芬计划"部署了整个战争。当然,毛奇也和德皇一样,认为施蒂芬这一计划简直是上天给德国的一个机会。

1914年8月4日早晨,在埃米希将军的率领下,德国第一、第二两个集团军迅速越过比利时国境，向纵深方向挺进。"施蒂芬计划"开始实施了。

德军攻打比利时的第一站是列日要塞。这里地势险要，易守难攻，比利时派了4万人在这里驻守。比利时是一个小国，从建国以来就没有打过仗，埃米希将军自恃着强大的军队，相信比利时军一定会缴械投降的，便派了一个使者去见比利时指挥官勒芒将军。

"勒芒将军，我奉德国埃米希将军的命令来督促贵国投降。如果你们让我军通过贵国，德国将给贵国最高的荣耀。否则，我军将会踏平比利时。"使者满以为自己的一番话能恐吓住勒芒将军，可他错了。

"是吗？比利时是中立国家，你们竟敢违背国际公法来侵略我国，不要以为比利时国小势弱就会怕了你们，我们誓死要守住要塞。"勒芒将军慷慨激昂地对傲慢的使者说道。

临走前，使者恶狠狠地对视着勒芒将军："好吧，那你们就等着大炮和飞机的袭击吧。"

使者回到德军驻地，把勒芒将军的态度对埃米希陈述了一番，埃米希顿时火冒三丈，立即命德军大炮轰击列日要塞的炮台，并派飞机在列日要塞上方投下了十几颗炸弹。接着，德陆军像潮水一样冲向了列日炮台。但是，在比利时军队的反击之下，德军没有攻下一个列日炮台，只是白白地葬送了几千人的兵力。

最后，德军不得不调来一门巨型攻城榴弹炮，这是当时威力比较大的炮，口径要比协约国的大炮大。随着爆炸声四起，列日要塞上的炮台顿时化为一片瓦砾。埃米希立即命令德军穿过列日要塞，向法国北部挺进。

根据"施蒂芬计划"，毛奇还在阿尔萨斯、洛林地区筑起深壕，布置少数德兵，按兵不动，以逸待劳，借以吸引法国部队，迷惑法军。别看这是虚的一招，但它可是"施蒂芬计划"中的关键步骤。施蒂芬当时想出了很多应急改变战略部署的方案，唯独没有改变这里的部署，甚至在他临死时还再三嘱咐不要削弱他的右翼纵队。

不过，毛奇虽然在右翼部署了兵力，却把原本70个师兵力的设想削弱了很多，这也是"施蒂芬计划"最后破产的一个关键因素。

法军总司令霞飞将军接到德国主力向法国北部扑去的消息后，忙率法军主力从东北出击，直取阿尔萨斯和洛林地区。正当法军为收回40多年前割让给德国的土地而沾沾自喜时，英军和法第三、四集团军败退的消息传来。

按当时表面上的情况看，"施蒂芬计划"的确是像要马上成功了，但实际上，法军也正因为躲开了德军而保存了主力。毛奇将军看到眼前巨大的胜利不由得得意忘形起来，把主力分为几路进攻法国，还调出两个军去东线对付俄国，这无疑是给法军可乘之机。霞飞将军把法军主力调到左翼，造成对德军的夹击之势。

9月5日，德、法两军在马恩河遭遇，进行了为期近5天的"马恩河"大会战。此后，双方进入了对峙阶段。正是"马恩河"会战粉碎了德军速战速决的作战计划，使得"施蒂芬计划"彻底破产。

凡尔登"绞肉机"

1916年初，随着"施蒂芬"计划的破产，德国不敢贸然深入俄国，就将战略重点转移到法国。此时，法国军队已苦战一年半，军事力量已到极限。位于马斯交通要道上的凡尔登是法国前线中最大的交通枢纽，也是法军重要的军事要塞，德军决定在这里给法军以突然打击。这是德军新任参谋总长法金汉提出来的战略方针，他说："在这场战役中我们要让法国人把血流尽！"他认为凡尔登是法国决不敢也不愿放弃的一个重要军事基地，对它施以攻击，法国就会向那里投入全部兵力，这样，德国才有机会使法国在军事上崩溃，从而迫使其投降。

此时的法军总司令霞飞因备战索姆河战役而无暇顾及凡尔登要塞，驻守要塞的兵力只有4个师10万人，270门大炮。凡尔登要塞的防御工事异常坚固，由4道防御阵地组成，其中前3道是战壕、掩体、土木障碍和铁丝网等野战防御工事，第4道防御阵地则由永久工事和两个堡垒地带构成。

德军总参谋长法金汉意识到负责进攻凡尔登的德国皇太子不可能仅通过一次奇袭就能攻取要塞。于是法金汉准备在凡尔登与法军进行一场消耗战，用一场规模空前的炮轰，以最小的代价取得实质性的初步胜利，以挫败法军士气，进而剿杀法军的一切反攻。

1916年2月21日早晨，法金汉调集10个师27万兵力，近千门大炮和5000多个掷雷器，以数量和力量均压倒法军的优势分布在12千米长的前沿阵地上。7时许，德国炮兵开始实施强大的炮火攻击。铺天盖地的炮弹倾泻在法军的野战防御阵地上。德国的新式武器——大口径的攻城榴弹炮将一颗颗重磅炮弹射向坚固的工事；掷雷器发射的装有100多磅炸药和金属碎片的榴霰弹，使法军堑壕成为平地；小口径高射炮使法军惊慌失措；喷火器把法军前沿阵地变成火海。持续了8个半小时，200万发炮弹的轰炸，把要塞附近三角地带的战壕完全摧毁、森林烧光、山头削平，法军前沿完全暴露出来。炮火刚息，德军步兵便以纵深战斗队形以散兵线分梯队向法军防线冲击。虽然士气高昂的法军凭借剩余工事奋勇抵抗，击退了德军的一次次进攻，第一道阵地还是被德军占领。德军随后又进行了4天的轰炸，攻占了法军外围据点之一的杜奥蒙特堡，但德军的伤亡也远超过他们的预料。

杜奥蒙特的失守，使法军统帅霞飞如梦初醒，他一面命令守军不惜一切代价死守阵地，一面命令最优秀的将领贝当增援凡尔登。

贝当在马斯河左岸加强法军的炮火力量,用法国的新式武器轻机枪和400毫米超级重炮装备部队,重振士气。并在前沿阵地划定一条督战线,后退者格杀勿论。

整个凡尔登会战成了屠杀场,枪炮、喷火器、毒气弹成了残酷的屠夫。德军的伤亡也达到了极限,前沿阵地堆满尸体。7月份时,双方仍相持不下,德军仅前进了七八千米,但已攻下沃克斯堡。

眼看凡尔登被攻破,此时,俄军突破奥地利防线,英法联军在索姆河战役中击败德军,这迫使法金汉分兵火速去救援。

1916年10月24日,法军开始反攻。他们采用小纵队分散指挥的战术,迅速收回了杜奥蒙特和沃克斯堡,德军被迫撤退出凡尔登。

凡尔登战役,法军几乎投入了全部军力,德军也有44个师加入战斗,双方伤亡人数超过70万人,被称为战争史上的"绞肉机"。法金汉不仅使法国流尽了血,而且也使德国把血流尽了,回国后便辞去总参谋长的职务。

凡尔登战役是第一次世界大战中具有决定性的一次战役,虽说德军达到了消耗法军的目的,但自己也遭到无法弥补的人力、物力上的巨大损失。德军士气从此低落,各条战线的困境日益加重。这次战役中,德法双方竞相使用新武器。但德军的正面突击战术并没有攻破野外堑壕等防御工事,这也更使人们认识到炮兵越来越重要。

"阿芙乐尔号"的炮声

第一次世界大战爆发后,俄国爆发了第二次资产阶级民主革命,即1917年的二月革命。二月革命推翻了沙皇的统治,但却出现了资产阶级临时政府和士兵代表苏维埃两个政权并立的局面。资产阶级临时政府成立后,指派了一名上尉军官任"阿芙乐尔号"巡洋舰的舰长。为了防止水兵起义,临时政府加紧了对"阿芙乐尔号"的监察。但是,"阿芙乐尔号"巡洋舰上的领导权还是落到了布尔什维克手里,因为军舰委员会主席别雷舍夫正是布尔什维克党人。

1917年4月,列宁回到俄国,向俄国人民发表了《四月提纲》,提出了从资产阶级民主革命过渡到社会主义革命的任务。经过布尔什维克党人的宣传,革命形势在九十月份趋于成熟,革命运动空前高涨起来。

临时政府发觉了布尔什维克人的"阴谋",便企图先发制人。同年11月2日(俄历10月20日),临时政府派士官生占领了彼得格勒最重要的据点,到处搜捕布尔什维克党的领导人,密令彼得格勒军分区司令派兵进攻革命军事委员会所在地斯莫尔尼宫。

11月5日,别雷舍夫来到斯莫尔尼宫。

"别雷舍夫,革命军事委员会有非常艰巨的任务交给你。"布尔什维克领导人之一的斯维尔德洛夫对别雷舍夫说道。

"能为俄国的革命出一份力,我感到很高兴,我保证出色地完成党交给我的任务,哪怕是付出生命。"别雷舍夫坚决地回答。

"好样的,按照列宁的指示,'阿芙乐尔'号在这次革命中的任务非同寻常……"斯维尔德洛夫向别雷舍夫仔细地讲解了"阿芙乐尔"号在这次革命中的任务。

11月6日,临时政府封闭了布尔什维克党中央的机关报,形势越来越严峻。根据列宁的指示,武装起义被提前到这一天举行。别雷舍夫赶紧把"阿芙乐尔号"的全舰人员集合起来,阻止喧嚷着要进城参加起义的水兵,号召大家服从革命纪律,静候革命军事委员会的命令,做好充分的战前准备。

午夜时分,别雷舍夫收到了从布尔什维克党人从斯莫尔尼宫传来的命令,要求"阿芙乐尔号"驶往尼古拉桥方向,使那里被敌人扰乱的交通得到恢复。

但是，"阿芙乐尔号"舰长却对布尔什维克党人的命令百般推托，他所听命的是临时政府，怎么能听布尔什维克的命令呢？迫不得已，别雷舍夫决定单独指挥这艘军舰。

当"阿芙乐尔号"抵达尼古拉桥时，守卫大桥的士官生早已经被倒戈的巨大巡洋舰吓得逃跑了。别雷舍夫马上命令舰上的舵手们把断开的桥梁修复好。桥刚一被修好，几千赤卫队员和士兵欢呼着跨上桥面，向冬宫冲去。

到7日上午9时许，工人赤卫队和革命士兵在布尔什维克党的领导下迅速占领了彼得格勒的主要桥梁、火车站、邮电局、国家银行和政府机关等战略要地，还占领了通往冬宫的要道。临时政府总理克伦斯基乘坐美国大使馆的汽车灰溜溜地逃跑了。

"别雷舍夫同志，列宁同志要求'阿芙乐尔号'发表这份《告俄国公民书》。"快11时的时候，别雷舍夫接到了通讯兵拿来的一份文件。别雷舍夫一刻不敢耽搁，立即用"阿芙乐尔号"上的无线电向全世界进行了广播。《告俄国公民书》的大致内容是这样的：临时政府已经被推翻，国家政权已转到彼得格勒苏维埃革命军事委员会手中。听到广播的俄国人民热血沸腾，纷纷奔向街头，欢呼雀跃，有些甚至加入到起义的队伍中去。

俄国二月革命

1917年1月，为了纪念1905年的流血星期日，俄国各地爆发了大罢工。由于沙皇政府在一战中节节失败，给俄国经济造成了很大的破坏，人民的不满越来越厉害，所以革命随时都有可能爆发。1917年3月8日（俄历2月23日），圣彼得堡工人举行罢工游行示威，不久，罢工人数已超过30万。尼古拉二世非常害怕，下令对罢工进行镇压，很多人被军警逮捕。政府的反动行为激起了群众的不满，冲突逐渐演变成武装起义。很多被调来镇压的士兵受群众的感召纷纷倒戈，首都起义取得胜利。尼古拉二世见势不妙，赶紧调拨外地的军队镇压。但那些军队受革命的影响也都发生兵变，尼古拉二世被迫在该年的3月15日宣布退位。就这样，罗曼诺夫王朝被推翻了，二月革命取得了胜利，成立了资产阶级共和临时政府。

下午5时左右，起义的工人和士兵包围了冬宫。但资产阶级临时政府不肯善罢甘休，进行着垂死挣扎，他们发出了一个又一个的求助命令，指望着能从前线调回军队，但这个希望很快就落空了，援军没有到来，起义军却捷足先登。革命军事委员会命令"阿芙乐尔号"在9点45分时发射空弹信号，那是革命军事委员会对临时政府发出通牒的最后期限。

9时45分，传来了临时政府拒绝投降的消息，别雷舍夫命令"阿芙乐尔号"巡洋舰以空炮射击，发出了开始向冬宫总攻的信号。

第二天凌晨，冬宫被赤卫队革命士兵攻占，临时政府的16名部长全部被抓获，十月革命获得了成功。

车厢里的停战协定

当第一次世界大战进入第三个年头时，无论是同盟国方面还是协约国方面，都已经处于非常困难的境地了。在凡尔登战役之后，德、奥两国深感力量不足。1916年底，德奥集团在各条战线上连连战败，只能采取守势。德国的"无限制潜艇战"虽然为德奥扳回了些胜利的希望，但是却招来了美国的参战，使德国速战速决的希望又泡了汤。美国参战后，派遣军队开赴欧洲战场，牵制了德国很大一部分的兵力。

1917年，俄国成立了苏维埃共和国。不久，列宁便向参加第一次世界大战的各交战国提出了不割地、不赔款的和平建议。列宁的建议遭到了英、法等国的拒绝，而德国竟欣然同意与俄国举行和平谈判。难道德国真的想就此停战吗？不是的，德国只不过是想通过与俄国的停战来减轻压力，以集中兵力对付英、法等国，再者，德国想迫使还没有巩固的苏维埃政权接受屈辱的和约，从中捞取好处。1918年3月3日，德国与苏维埃共和国签订了《布列斯特和约》，俄国退出了帝国主义战争。

德国虽然减轻了东线的压力，但是，德国国内人民的反战运动却给德国统治者带来了更大的压力。1918年3月7日，德国统治者决定在西线发动最后攻势，虽然取得了一些进展，却未能取得决定性胜利。7月，协约国联军在美国大量物资的援助下，开始向德军进行反击。9月，英法美联军突破了兴登堡防线。10月下旬，奥匈帝国瓦解，捷克斯洛伐克和匈牙利宣布独立。

为了在战后国际政治中处于领导地位，也为了限制英、法，美国总统威尔逊在1918年1月8日的国会中发表演说，提出公开外交、海上自由、贸易自由、裁减军备、民族自决、成立国际联合机构等被称为"世界和平纲领"的"十四点"要求，呼吁德国政府投降。

内外交困的德国政府不得已进行了政府改组。10月，德国新任首相巴登亲王马克斯请求与协约国签订停战协定。11月4日，德国基尔爆发了水兵起义，起义军占领了基尔、汉堡、不来梅等重要城市。在基尔水兵起义的带动下，德国各地掀起了革命风潮，资产阶级政权摇摇欲坠，这更加坚定了资产阶级想要与协约国谈判的决心。

11月7日的傍晚，一辆汽车越过德法两军交战阵地向法国方向行驶，这辆汽车上插着白旗，车里坐着以德国外交大臣为首的代表团，他们正去协约国联军司令部请求和谈。

次日，汽车到达了巴黎东北贡比涅森林的雷通车站，此时，联军总司令福煦乘坐的火车也正好路过雷通车站。为了更有利于谈判，德国外交大臣登上车厢会见福煦。

"尊敬的福煦将军，很高兴在这里提前见到您。"德国外交大臣满脸堆笑地迎上前去。

福煦见到敌方的官员如此卑躬屈膝，竟然没一点反应："谈判的时间还没到，你们来见我干什么？"

面对福煦的质问，德国外交大臣脸上显出一丝惊恐："噢，是这样的，我们希望听听您对停战提出的建议。"

"建议？好啊，你们拿去看看吧，这里写得很清楚，如果你们想议和的话，3天后在这里签字就可以了，其实，我们很愿意继续打下去的。"福煦一边说着，一边拿出一份早已写好停战条件的文件。

德国外交大臣接过一看，顿时傻了眼，那是多么苛刻的条件啊，其中包括：德军14天内撤出占领的法国、比利时、卢森堡的领土，甚至连德国莱茵河东西各30千米的领土都交由联军管理。如果在稍早一些时候，德国绝对不会答应这样的条件，但今非昔比，国内的革命形势正在进一步扩大，如果不签订这一协定，德国政府将很快会走下历史舞台。左右衡量之后，德国政府决定签订这一协定。

11月11日，德国政府代表埃尔茨贝格尔走上福煦乘坐的火车，与福煦签订了《贡比涅森林停战协定》。6小时后，双方停火，第一次世界大战结束。

巴黎和会

1919年1月18日,巴黎和会——一场分赃的丑剧——在法国巴黎附近的凡尔赛宫镜厅内举行。

"法国是这次战争最大的受害者,所以我们理所当然地应该拿更多的战利品。"法国总理克列孟梭对表现出不满的其他国代表说道。

"但我们英国为这次战争出的力可不比你们法国少啊。"英国首相劳合·乔治站了起来,几乎是怒视着克列孟梭。虽然战后的法国已不如前,但大部分国家的代表还是慑于法国的力量,只有英国敢与之争锋。

克列孟梭虽然已经快80岁,但他"老虎总理"的作风依然不减当年,他怎么能让德国巨额的赔款外落到他国之手呢?

"你们英国一直都是在我们法国土地上作战,你们本土损失了多少呢?而你瞧瞧我们的国土,遍体鳞伤……"克列孟梭激动得似乎有些说不下去了。

劳合·乔治也不甘示弱:"可我们只要赔款的30%啊,这不过分吧,如果没有英国,法国单枪匹马能战胜德国吗?"

正当英、法两方争得不可开交的时候,美国总统威尔逊出来打圆场:"我们美国可是一分钱也不要,我们的那一份就分给其他国家吧。依我看,你们两国互相让一点儿。你们看这样行不行,法国得56%,英国得28%,利益均沾嘛。"

在美国的调停下,德国赔款的7.14亿美元被瓜分完毕。

克列孟梭见在赔款方面没有占到太多便宜，便又把目光转向割地上，他指着地图："阿尔萨斯本来就是法国的，但我们希望以莱茵河为法德边界，阿尔萨斯旁边的萨尔区归法国所有。"

"绝对不行。"威尔逊与劳合·乔治异口同声地嚷道。如果把萨尔区割让给法国，法国无疑就是欧洲的霸主了，萨尔区可是重要的军事工业区啊。

"难道你不知道德国的反战情绪正在高涨吗？难道你愿意看到德国也像俄国一样建立起苏维埃吗？"劳合·乔治警告克列孟梭。

"随便你们怎么说，如果不给法国萨尔，我们将退出和会。"克列孟梭像一只野兽一样咆哮着。

但是，威尔逊与劳合·乔治丝毫没有退让。最后，法国只好同意暂时把萨尔区交给国际联盟代管。此外，巴黎和会还要求德国在莱茵河以东50千米不准驻军，莱茵河以西由联军占领15年，同时，德国只能保留10万陆军，禁止生产军用飞机、重炮、坦克和潜艇等武器，等等。

在巴黎和会上，除了对德国的苛刻处置和勒索外，还包括其他几项议程，其中就有扼杀新生的苏维埃俄国和筹组国际联盟。

根据美国总统威尔逊的提议，和会决定对苏俄实行经济封锁，保留德国在东线的军队，并对反苏武装进行干涉。威尔逊还竭力主张建立一个"国际联盟"。

等惩罚德国的协议都准备好时，和会已经开到了5月份。5月7日，德国代表终于被召进会场，这个主要围绕德国问题召开的和会，德国竟然没有一点发言的权利，不能不说是一种讽刺。

"这就是我们拟定的各份协议，你们必须在这份文件上签字。"克列孟梭指着分赃条约草案对德国代表说。

"为什么非得要我们承认德国是战争的唯一祸首呢？这是不公平的，我怎能在这种文件上签字呢？"德国代表看到条约上苛刻的条件后站起来申诉。

但是，作为战败国，德国又能怎样呢？在英、法、美等国的一再威胁下，德国代表最终还是在和约上签了字。

巴黎和会表面上是协约国对同盟国制订和约，实际上却是英、法、美和日本等国借以从战败国中夺取领土、殖民地和榨取大量赔款的分赃会议。这次会议并没有解决帝国主义之间的矛盾，反而为第二次世界大战埋下了复仇的种子。

土耳其之父

凯末尔原名穆斯塔法·凯末尔，后来又有了一个新名字凯末尔·阿塔土耳克。"阿塔土耳克"是土耳其的大国民议会为了表彰他的不朽功勋而特意授予他的姓，是"土耳其国父"的意思。在各国历史上，把本国的杰出革命领袖推崇为国父的并不少见，而能把国父当作自己的姓的政治家，恐怕也就只有凯末尔了。

凯末尔于1881年出生于巴尔干半岛的萨洛尼卡，他父亲是位富裕的木材商。他的祖国是历史上赫赫有名的奥斯曼帝国，但当时这个帝国已经败落，几乎沦为了欧洲强国的殖民地。凯末尔从小的愿望就是做一名军人，每当看到街上有军人走过时，他心中就充满了羡慕。他在12岁时就进入了军事预备学校，18岁时进入伊斯坦布尔军事学院学习。毕业后他曾在总参谋部任职，后任第三军团参谋长，并加入了青年土耳其党。

一战爆发后，土耳其加入了德国一方的同盟国，向英、法一方的协约国宣战。凯末尔虽然竭力反对土耳其参战，但是作为军人的使命感和责任感还是使他走上了战场。1915年，他指挥部队在达达尼尔海峡战役中粉碎了英法联军的优势进攻，为祖国赢得了一战中唯一的一次战役胜利。凯末尔也因此名声大振，在1916年晋升为少将。1918年，土耳其向协约国投降，其领土被帝国主义国家的军队分割占领。就在国家处于生死存亡的危急关头，凯末尔毅然辞去军职，竖起了民族独立的大旗。他统一了土耳其各地的护权协会，号召人民奋起斗争，捍卫祖国的独立和荣誉。1920年，土耳其苏丹政府召开帝国会议，在凯末尔等人的努力下，通过了《国民公约》，确立了保护国家领土完整和民族独立的基本纲领。革命派的斗争引起了帝国主义国家的不满，这年3月，协约国军队开到了伊斯坦布尔，开始了对革命派的打击，而土耳其的军事法庭也缺席审判凯末尔等人死刑。

面对严峻的国内外形势，凯末尔在安卡拉召开新议会，成立了临时政府，凯末尔任临时总统。同时，他建立国民军，并任总司令。1920年8月，协约国强迫土耳其签订了不平等的《色佛尔条约》。根据该条约，土耳其的所有领土都被帝国主义国家分割占领，而且它的军事和财政也要受英、法、意三国委员会的监督。凯末尔领导的临时政府拒不承认这一条约。1920年，希腊国王纠集10万大军迅速向土耳其内地推进，凯末尔动员全国的一切力量，又争取到了苏俄的支持和援助，运用机智灵活的战术，终于在1922年赢得了战争的胜利。战争的胜利迫使帝国主义国家放弃了瓜分土耳其的企图，1922年，有英、法、美、希等国参加的洛桑和平会议召开，并在1923年签订了《洛桑和约》。和约重新确定了土耳其的领土范围——几乎包括了今天整个土耳其共和国的领土，并废除了原来强加于土耳其身上的不平等条款。这样，在凯末尔的领导下，土耳其成为第一次世界大战战败国中唯一靠自己的力量恢复了主权完整的国家。

1923年，土耳其国民议会正式宣布废除君主制，建立共和国，并选举凯末尔为第一任土耳其总统。

为了实现土耳其的民族复兴之路，凯末尔在任期内进行了一系列改革。政治上，实行政教分离，废除哈里发制度，推行世俗化；经济上，借鉴苏联工业化的经验，用国家力量促进经济发展；文化上，抛弃宗教精神，培育土耳其民族精神。凯末尔的改革逐步使土耳其走上现代化之路，摘掉了"西亚病夫"的帽子。

1925年，为了表示改革的决心，凯末尔下令禁止戴传统的土耳其礼拜帽，要求戴礼帽、鸭舌帽等欧式帽，因为圆柱形的红色礼拜帽在奥斯曼帝国有强烈的文化象征意义。为了推进改革，凯末尔还亲自戴着巴拿马帽到几个最保守的城镇视察。最后，欧式帽在土耳其流行起来，其中在平民中最流行的是鸭舌帽，因为在做礼拜时可以帽檐朝后戴，不会影响前额贴地。

1938年11月10日，凯末尔在连任了三届总统后病逝，享年57岁。土耳其人民为他举行了最高规格葬礼，以表彰他对土耳其做出的杰出贡献。

非暴力不合作运动

印度的非暴力不合作运动有3次，第一次发生在1920～1922年，第二次发生在1930～1934年，第三次发生在1942年。

一战期间，印度人民同英殖民统治者间的民族矛盾日益激化。战后，为缓和印度人民的反抗情绪，巩固殖民统治地位，英国殖民当局采取了镇压与怀柔两手政策。1918年7月，英国通过了《孟太古—蔡姆斯福改革方案》，次年3月又颁布了《罗拉特法案》。英国殖民当局以为印度人会屈辱接受，谁料到《罗拉特法案》刚一出台，就激起了印度人民的强烈反对，各地集会、示威和罢工活动连续不断。

这一时期，领导国大党的是莫汉达斯·卡尔姆昌德·甘地。

甘地在英国受过高等教育，曾经因为在国外领导印度侨民反对种族歧视而享有盛名。回到国内后，甘地看到印度的革命情形，认为印度必须独立。甘地虽然有进步的思想，但他却主张必须以和平方式进行反英斗争，这种斗争方式被称为"非暴力不合作运动"。"不合作"的内容包括：印度人辞去英国殖民者授予的公职，学生退出英办学校，提倡国货，抵制英货，使用土布等等。非暴力不合作运动得到了印度各阶层人民的广泛响应。1921年，国大党领导的不合作运动同工农运动交织在一起，形成了民族斗争的高潮。

1922年2月4日，印度联合省曹里曹拉村农民突破了非暴力的限制，烧毁警察所，破坏铁路，并杀死向群众开枪的警察。曹里曹拉事件突破了甘地非暴力不合作运动范畴，被甘地认为是"不道德行为"。2月11日，国大党在巴多利召开紧急会议，通过了在全国无限期地停止不合作运动的决议，第一次非暴力不合作运动宣告失败。

从1929年开始，资本主义经济危机在世界范围内爆发，英国为了减少经济危机带来的损失，加紧了对殖民地的掠夺，印度人民反英斗争重新高涨起来。1929年12月，国大党通过了"争取印度完全独立"的决议，当甘地向印度总督提出这一要求后，遭到了严厉拒绝。1930年，英国殖民当局为了加紧对印度人民的剥削，制定了《食盐专营法》，严格控制食盐生产，这一法律的实施更加引起了印度人民的不满。

1930年3月的一天，甘地带领78名印度人在印度西北部阿默达巴德城的修道院门前，对着大海的方向宣誓。

"英国人竟然以《食盐专营法》来逼迫我们，如果他们不加以修改，我们将离开这里。"甘地情绪激昂地说。

"我们宣誓,我们宣誓……"其他的人纷纷响应。

这就是历史上著名的"食盐进军"运动。甘地带领这些人从阿默达巴德出发,徒步行走,沿路号召人民参加"非暴力不合作运动"。4月初,甘地一行人到达丹地海滨。这时候,跟随甘地的队伍已经有了上千人。当天晚上,这上千人的队伍开始绝食祈祷,第二天上午,甘地又带领这些人到海边取海水煮盐。从这天起,甘地每天都带领这些人到海边煮盐,一直坚持了3个星期。

"食盐进军"点燃了全印抗英斗争的浪潮,标志着第二次非暴力不合作运动开始。

和第一次非暴力不合作运动一样,甘地极力主张把群众运动限定在和平范围内,但是,英国殖民当局并不讲什么"非暴力",他们逮捕甘地和国大党的其他领导人,并下令取缔国大党。英国殖民当局的这些做法使印度人民再一次冲破了非暴力的限制,示威游行、罢工、抗税斗争不断发生,有的地方还爆发了武装起义。

印度人民掀起的革命风暴把英国人吓坏了,他们急忙到监狱与甘地会谈,撤销了取缔国大党的命令,想以此来平息印度人民的斗争烈火。1931年3月,受英国殖民当局蒙骗的甘地与英国驻印度总督欧文签订了《甘地—欧文协定》。此后,印度的群众斗争转向低谷。1934年5月,国大党再一次宣布无条件终止不合作运动。第二次非暴力不合作运动失败了。

第三次非暴力不合作运动爆发于1942年,可惜还没有真正发展起来就流产了。

华盛顿会议

"废除英日同盟？我看没有那个必要吧，不如美国也参加到这个同盟中来，以三边协定来代替英日同盟。"英国外交大臣贝尔福带有商量的语气对美国国务卿休斯说。

休斯的口气更是毋庸置疑："我反对这个建议，如果法国也能加入到这个协议中来，我将对这一建议予以考虑。"

"好吧，希望这一同盟能改变各国之间的关系。"贝尔福拿起笔，在四国协定上签了字。

这一幕发生在1921年11月12日召开的华盛顿会议上，其实，英日同盟问题并没有被列为大会议程，但是，迅速崛起的美国很想通过调整列强在远东的相互关系来加强自己的地位。同时，英、日也畏惧于美国雄厚的军事实力，就这样，美、英、法、日四国签订了同盟条约。

美国是这次华盛顿会议的发起者，一战结束后，各帝国主义国家掀起了一场海军军备竞赛，其中以美、英、日最为突出。美国仰仗急速膨胀的工业和金融实力，向海上霸主英国发出了挑战，当时的美国海军部长丹尼尔斯曾宣称将在几年时间里建成一支世界上最强最优秀的海军。而美国如果要与老牌的英国和后起之秀日本争锋，就必须限制他国的海军军备，于是，以此为主要议题的华盛顿会议召开了。这次会议适应了各国人民要求裁军的呼声，为美国赢得了"捍卫和平"的美名，同时，还使美国在限制各方的过程中争夺自己的利益。

"一战"到"二战"

在讨论限制海军军备问题时,与会各国争执不休。

"我们不能再进行无止境的军备竞赛了,我提议,英、美、日主力舰吨位比例为10∶10∶6,你们觉得怎么样?"休斯又提出了他的建议。

贝尔福从座位上站起,面红耳赤:"坚决反对,大英帝国一直是海上霸主,号称日不落帝国,怎么能随便把海上的霸权拱手相让呢?"

休斯干笑了两声:"海上的安全是离不开强大的美国的。我们拥有足够的经济和军事实力来防御海洋,如果诸位不同意我的建议的话,就请继续军备竞赛吧,我国将奉陪到底。"

法国外长白里安也有点沉不住气了:"你们想把法国排除在外吗?我们可也是为世界和平出了不少力啊。"

日本海军大臣加藤友三郎更是嚣张:"我坚持美、英、日三国主力舰吨位比例为10∶10∶7。"

"好啊,如果日本坚持这种比例的话,那么,日本每造一艘军舰,美国就造4艘。"休斯威胁道。

最后,经过激烈的争吵,美、英、日、法、意签订了《限制海军军备条约》,该条约规定5国海军主力舰吨位的比例为5∶5∶3∶1.75∶1.75。美国取得了与英国相等的制海权,从此美、英两国并驾齐驱。

在限制潜水艇问题上五国更是吵得一团糟。英、美拥有大量商船,由于在一战中深受潜水战之苦,所以主张完全销毁潜水艇,在限制军备竞赛中没有占上风的法国却坚决反对。所以华盛顿会议并没有就潜水艇问题达成协议。

中国问题也是这次会议的一项重要议题。出席华盛顿会议的中国代表慑于中国人民反帝斗争的压力,在会上提出了一系列正当要求,如取消凡尔赛条约中关于山东的条款,日本放弃"二十一条",撤销列强在中国的治外法权和"势力范围",等等。而日本企图把中日之间的各种问题一笔勾销,提出华盛顿会议只限于一般问题的讨论,想把中日之间的这些具体问题留到会外与中国代表"直接交涉"。美、英为了打击日本在华势力,支持中国收回山东。迫于形势,日本不得不将山东的主权退还给中国。

1922年2月6日,与会代表签订了《九国公约》,这个公约表面上宣称尊重中国的主权和独立及领土与行政的完整,实际上只是打破了日本独占中国的局面,使中国又回到了列强共同宰割的局面中。

华盛顿会议是巴黎和会的继续和发展,建立了帝国主义重新瓜分世界的新秩序。

新经济政策与苏联成立

苏维埃政权得到初步稳定后,列宁曾向美国人哈默坦诚地介绍苏俄经济建设的情况,并邀请哈默到苏俄考察:"虽然我们两国的政治制度不同,但是你却来到了俄国。听说你曾对战争中的我军进行医务救济,对此我代表我的人民感谢你。不过,我们最需要的还是美国商人,包括美国的资本和技术。苏俄才刚刚起步,资源丰富但却未经开发。而且,我们已经实行了新经济政策,给外商提供了很好的发展平台。所以我们欢迎美国商人来到这里推销产品,你们也可以来我们这里寻找原料,苏俄人对此十分欢迎。"

不久后,哈默成了第一个在苏俄经营租赁企业的美国人。这是苏俄新经济政策颁布后发生的一件事,而在新经济政策颁布之前,这是每一个苏维埃人都不会想到的事。

十月革命胜利后的苏俄成为了世界上第一个社会主义国家。作为新生事物，这个苏维埃国家很快引起帝国主义列强的仇视。帝国主义国家不仅对苏俄实行经济封锁，还派出军队入侵苏俄，进行直接武装干涉，企图颠覆新生的社会主义政权，苏俄国内的反动势力也纷纷寻机叛乱。在这种极端困难的条件下，苏维埃人民在布尔什维克党的领导下，开始了保家卫国的战斗。1920年，苏俄国内战争取得了胜利。

当时，苏俄的经济已处于崩溃边缘。1921年初，粮食产量只有战前的一半，广大农民处于饥荒的灾难之中，他们迫切需要政府对他们进行经济帮助。而连年战祸使工业产量仅为一战前的1/5，燃料、冶金、机器制造等部门几乎完全遭到了破坏，铁路运输几乎停顿，几百座铁路桥梁被毁。

在这种困难情况下，工人中的失望和不满情绪上升，有的地方还出现了罢工事件。农民的不满情绪更为严重，他们不肯再把粮食无偿地献给国家，一些中农甚至还参加了反苏维埃叛乱。

所有这些情况都说明，苏维埃政权实行的战时经济政策已不适合经济发展的需要了。以列宁为首的布尔什维克很快意识到这一点，开始寻求解决的办法。在仔细分析了国内的情况后，列宁认为恢复经济，稳定政权必须从改善国家同农民的关系入手。

1921年3月，俄共召开了第十次代表大会。会议根据列宁的报告，决定用粮食税代替余粮收集制。也就是说，特殊国情下的战时共产主义政策已经被废除，新的经济政策开始实行。这种新经济政策规定，农民不必把全部余粮交给国家，只需交纳一定的粮食税，超过税额的余粮都归农民个人所有。

粮食税的实行调动了广大农民的生产积极性，新经济政策取得了成效。于是，苏俄政府又把新经济政策扩展到其他领域。

在工业方面，除涉及国家命脉的重要厂矿企业仍然归国家所有外,那些中小企业和国家暂时无力经营的企业则允许本国和外国的资本家经营。在商业领域,恢复国内的自由贸易,允许农民和小手工业者把自己的劳动产品拿到市场上自由买卖,等等。

新经济政策实行后,得到了广大农民和工人的拥护,也得到了其他劳动者的拥护。此后,工农联盟日益巩固,苏维埃政权不断加强。到1925年,国民经济已基本恢复。

新经济政策为苏俄从资本主义向社会主义过渡创造了有利条件。1922年12月30日,苏维埃社会主义共和国联盟成立大会在莫斯科召开,大会宣布,在自愿和平等的基础上成立"苏维埃社会主义共和国联盟",参加联盟的4个共和国包括俄罗斯、乌克兰、白俄罗斯和外高加索联邦,简称苏联,苏联由此成立。

啤酒馆暴动

1923年11月8日晚上,在德国慕尼黑一个叫格勃劳凯勒的啤酒馆里举行了一场集会,巴伐利亚行政长官卡尔正在发表施政纲领演说。

"德国人民是伟大的,作为巴伐利亚邦的领导人,我将以我最大的努力来为我的人民谋福利……"由于激动,卡尔面红耳赤,他两只手挥舞着,朝着坐在粗木桌旁的人们情绪昂然地讲着话。

正在这时,一群身穿褐色制服的纳粹冲锋队员冲了进来。

"听好了,全国革命已经开始了。你们别妄想逃出这里,600多名武装人员正守在外面,想逃离这里只是作无谓的牺牲罢了。你们只需保持安静,否则的话……"

从纳粹冲锋队中走出来一个中等个头的年轻人,一副凶神恶煞的样子,他举起手中的枪朝天花板开了枪,然后仰着头看了看,说道:"否则的话,我将动用机关枪了,到时你们身上会出现无数个洞,而不会是一个。"

这个人就是臭名昭著的希特勒。

希特勒崇尚权力,从一个流浪汉一跃成为纳粹党的党魁就可以说明他对政治的渴求。1923年,法国和比利时以德国不按时交纳赔款为借口,出兵占领了德国的鲁尔工业区,德国国内顿时陷入混乱之中。而这时,早已经对德国政权窥视多时的希特勒走上了历史舞台,夺取巴伐利亚邦政权是他行动的第一步。

"告诉你们,巴伐利亚邦政府和全国政府已经被推翻,临时政府已经成立了,国防军和警察营房都已经被革命军占领,你们现在唯一能做的就是服从新政府的统治。"

随后,希特勒命人把卡尔和另外两名巴伐利亚邦官员关进隔壁的一间房子。卡尔早虽然已被吓得面如无血色,但还是强制自己镇静下来。

希特勒正视着卡尔,想使卡尔彻底对自己屈服:"你应该和我合作,除此之外你别无选择。"

卡尔显然是被激怒了,两眼放着凶光,回视着希特勒:"你别做梦了,我怎么会和你这种无耻之徒合作呢?你休想从我手中得到任何好处。"

"是吗?你们三个都得乖乖地合作,否则谁也走不出这间房子。我这把枪里还剩4颗子弹,留给你们三个人和我自己。"但是,不管希特勒如何威逼利诱,卡尔三人就是不与他合作。

气急败坏的希特勒冲出房间,对外面的人说道:"现在我宣布,临时政府正式成立,你们的三位领导委托我担任政策性指导工作,我们将在明天向柏林进军,建立一个全国性的临时政府。"人们被希特勒的谎言蒙骗了,有些人甚至欢呼起来。

正在这时，在德国军队中颇有名望的鲁登道夫将军来到了啤酒馆，他也是受希特勒蒙骗的显赫人物之一。鲁登道夫对卡尔等人耐心地劝解着，最后终于勉强使卡尔三人同意与希特勒合作。正当希特勒兴奋地打算挥兵进攻柏林的时候，有人报告德国的宪兵在到处搜捕他，希特勒这才知道上了卡尔的当。但是，希特勒并没有就此放弃，他决定第二天上街游行，他相信会得到更多德国人的支持。

第二天，希特勒与鲁登道夫率领纳粹冲锋队员从啤酒馆出发向慕尼黑行进，打算得到群众的支持后再夺取全市。到慕尼黑市中心时，冲锋队与100余名警察发生了冲突。在冲突中，冲锋队队长戈林受了伤，60多名冲锋队员被击倒。希特勒一看计划失败，忙跳上一辆汽车逃离了现场。

没过几天，希特勒和其他的一些纳粹头目相继被捕入狱。尽管希特勒在法庭上为自己作了激烈的辩护，但还是被判了5年徒刑。

啤酒馆暴动虽然失败了，但为希特勒挣得了政治资本，使他在德国国内很快成了头面人物。

《非战公约》

20世纪是个战争的年代，局部战争和世界性的大战不断发生。伴随着战争的，是和平主义运动在欧美兴起，各种和平方案层出不穷。

1927年3月，美国非战运动的代表人物肖特威尔访问法国，并与法国外长白里安举行会谈，提出了非战的和平方案。4月6日，是美国参加第一次世界大战纪念日，法国趁此机会在巴黎召开了纪念大会，数千名参加过一战的美国军人参加了纪念大会。白里安作了大会发言,在发言中,白里安建议法美两国缔结条约,永恒友好,互不作战,想以此同美国建立类似军事同盟的关系,借机加强法国在欧洲大陆的地位。6月20日,白里安又向美国驻法大使递交照会,正式提出双边条约草案,提出两点建议:放弃以战争作为执行国家政策的工具;和平解决两国间的一切争端。

对于法国的单方面的热情,美国政府并没有及时给予答复。迫于社会团体的压力,美国对白里安的草案还是进行了研究。半年后,美国决定采用白里安的草案。12月底,美国国务卿凯洛格向法国发出照会,提出非战公约不应只限于美法两国,而应由世界6大强国——美、法、英、德、意、日共同签署,然后邀请世界其他国家参加。美国的目的是想通过多边非战公约的缔结使美国居于领导地位,降低英、法操纵的国际联盟的作用。

美国的多边和平建议使法国的计划落空了。白里安虽然心里极其不满,但慑于美国势力的强大又不好拒绝。1928年1~3月,法美两国多次互换照会,但始终未能就签订多边条约还是双边条约达成一致意见。

4月,美国向英、德、意、日政府发出照会,并附上白里安关于签订非战公约的草案,争取这些国家的支持。不久,德国政府率先表示支持多边公约,并反对法国的保留意见。随即,英国也做出反应,支持多边公约,但坚持只有在不损害英国利益的基础上才接受公约。但此时的英、法两国根本不可能再像以前那样无视美国和其他各国的存在,因此,在美国的压力下,经过多次谈判后,英、法终于同意在条约上签字。

1928年8月27日,美、英、法、德、比、意、日、波、捷克斯洛伐克等15国的代表在巴黎签订《关于废弃以战争作为推行国家政策的工具的一般条约》,这一条约也被称为《凯洛格—白里安公约》或《非战公约》,于1929年7月25日正式生效。《非战公约》包括序言和正文,正文的主要内容是:废弃以战争作为推行国家政策的工具，反对用战争来解决国际争端；不论国际争端或冲突性质或起因如何，都只能用和平方法解决。公约规定，世界所有其他国家都可加入该公约。

签约的同一天，美国将签约照会送交除苏联以外的世界其他国家，邀请各国参加。法国则负责去邀请苏联。9月，苏联宣布正式加入这一公约，但同时也对公约里没有包含关于裁军义务的内容表示遗憾。中国于1929年在公约上签了字。截至1934年5月，加入《非战公约》的国家增加到了64个。当时全世界只有68个主权国家，只有阿根廷、玻利维亚、萨尔瓦多和乌拉圭4个拉丁美洲国家没有加入这一公约。也就是说，世界上的绝大多数国家都希望废除战争，但是，各国在加入《非战公约》时都先后发表备忘录或声明，对公约提出保留条件，声称有权根据实际情况决定是否"诉诸战争"，所以公约提出的"废除战争"只能是一纸空谈，既不能解决任何国际纠纷，更不能废除帝国主义战争。但该公约在国际关系中对反对帝国主义战争的斗争有一定的作用，对国际法产生了一定影响。

罗斯福新政

1929年10月24日，美国纽约证券交易所的股票指数开盘后便一路狂跌，尽管股民们发疯似的抛售各种股票，但还是有无数的股民顷刻间倾家荡产。这一天，有1300多万股票易手，创美国历史上的最高纪录。突然发生的这一切又有谁会想到呢？在这之前的几个月里，美国通用汽车公司、钢铁公司的股票都有过大幅度的上升。就在前一个月，美国财政部长还信誓旦旦地向公众保证"这一繁荣的景象还将继续下去"。但是，一夜之间，股票从顶巅跌入深渊，而且一跌再跌。10月24日是星期四，所以这一天被称为"黑色星期四"。

纽约股票市场的崩溃宣告了一场席卷资本主义世界的经济危机的到来。一战后，美国聚集了大量财富，但它并没有能逃离经济危机的泥沼，以前蒸蒸日上的繁荣景象逐步被存货如山、工人失业、商店关门的凄凉景象所代替，千百万美国人多年的辛苦积蓄付诸东流：8万多家企业破产，5000多家银行倒闭，失业人数由150万猛升到1700多万，大量的牛奶倒入大海，粮食、棉花当众焚毁。

富兰克林·罗斯福就是在这种情况下当选为美国第32届总统，取代了焦头烂额的胡佛。富兰克林·罗斯福是西奥多·罗斯福的侄子，40岁时患脊髓灰质炎造成下肢瘫痪，成了一个残疾人。但是，罗斯福并没有被残酷的命运吓倒，正如他在总统就职演说时说的那样："我们唯一恐惧的只是恐惧本身，一种丧失理智的、毫无道理的恐惧心理……"

面对这场严重的经济危机，罗斯福决心领导美国人冲出低谷。他针对当时的实际情况，顺应广大人民群众的意志，大刀阔斧地实施了一系列旨在克服危机的政策措施。

由于经济危机是由金融危机触发的，所以罗斯福决定从整顿金融入手。1932年3月6日，罗斯福发布总统令，要求国会于3月9日举行特别会议审议《紧急银行法》，3月9日，国会通过《紧急银行法》，决定立即关闭所有的银行。罗斯福的这一行动犹如"黑沉沉的天空中出现的一道闪电"，对收拾残局、稳定人心起到了巨大作用。美国历史上的罗斯福新政轰轰烈烈地开始了。在整顿银行的同时，罗斯福还采取了加强美国对外经济地位的行动。

1933年3月10日，罗斯福宣布停止黄金的对外出口，禁止私人储存黄金和黄金证券，禁止使用美钞兑换黄金，废除以黄金偿付公私债务。这些措施，对稳定局势、疏导经济生活的血液循环产生了重要的作用。在农业方面，政府与农场主签订减耕合同，限制农作物种植面积和农产品产量，维持农产品价格，避免农场主破产。在工业方面，政府颁布《全国工业复兴法》，要求资本家们遵守"公平竞争"的规则，规定工人最高工时和最低工资，订出各企业生产的规模、价格、销售范围，以便限制垄断，减少和缓和了紧张的阶级矛盾。

新政的另一项重要内容是救济工作。1933年5月，国会通过《联邦紧急救济法》，成立联邦紧急救济署，合理划分联邦政府和各州之间的救济款使用比例，制定优惠政策鼓励地方政府用来直接救济贫民和失业者，给失业者提供从事公共事业的机会。到二战前夕，美国政府支出的种种工程费用及数目较小的直接救济费用达180亿美元，修建的飞机场、运动场、学校、医院等更是不计其数，是迄今为止美国政府承担执行的最宏大、最成功的救济计划。

正是在罗斯福的带领下，美国人民才度过了20世纪30年代那段最为严重的经济危机，为美国投入二战及战后的快速崛起奠定了坚实的基础，因此罗斯福也成为继亚伯拉罕·林肯以来最受美国和世界公众欢迎的总统。1936年，罗斯福以压倒多数的票数再度当选为美国总统，1940年、1944年又两次击败竞争对手，成为美国历史上唯一一位连任四届的总统。

纳粹党上台

啤酒馆暴动被镇压后，魏玛政府宣布取缔纳粹党，巴伐利亚当局以阴谋推翻政府罪逮捕了希特勒和鲁登道夫等人。1924年4月1日，希特勒被判处5年徒刑，鲁登道夫、罗姆等人则被无罪释放。

在狱中，希特勒口授了《我的奋斗》一书。希特勒打着反对民族压迫的幌子，进行复仇主义的宣传，叫嚣要对外扩张，以求得生存空间。虽然书中的内容极其反动，但在希特勒等人的掩盖下，还是有一大部分不明真相的德国人对书中的希特勒佩服得五体投地，希特勒也因此有了更多追随者。

1924年底，希特勒假释出狱。此时的希特勒更加狡猾了，他一再向巴伐利亚政府保证，以后一定循规蹈矩，不再进行政治活动。其实，他正在策划重组纳粹党，再建冲锋队。

1929年，整个资本主义世界爆发了经济危机，德国也受到了沉重的打击。战败后的经济已经给德国人蒙上了阴影，更禁不起如此打击。经济危机刚一爆发，德国就有约800万工人失业，无数家中小企业倒闭。魏玛政府为了把危机造成的后果转嫁到劳动人民身上，采取了增加税收、削减失业救济金等措施。国内的阶级矛盾顿时被激化了。1932年，仅两个月全德就爆发了900多次罢工。内外交困的统治阶级感到，"只有剑才是德国的经济政策"，于是，一种对内镇压人民革命，对外用大炮、坦克去夺取殖民地的政府的成立成了许多人的幻想。

希特勒抓住了这一有利时机，开始在德国到处进行鼓动和宣传。他吸取了啤酒馆暴动失败的教训，决定在努力扩大纳粹党的群众基础的同时，全力争取权力集团，即垄断资产阶级、军官团和容克的支持，走合法斗争的道路。

1932年1月，希特勒在垄断资本家的会议上发表了长篇演说，宣扬纳粹的法西斯纲领，博得了资本家们的一致喝彩。希特勒还到全国各地进行"飞行演说"，他滔滔不绝地大谈人民的苦难、民族的仇恨，并向人民许下种种美妙的诺言。在他的欺骗宣传下，处于绝望状态下的失业工人、农民和学生纷纷加入纳粹党，不久之后，纳粹党成为了全国第一大党，而纳粹党的冲锋队也发展到10万余人，比当时德国政府的国防军还要庞大。

1932年2月25日，德国总统兴登堡收到了容克地主代表阿尔尼姆伯爵写来的信，阿尔尼姆伯爵在信中阐述了希特勒和纳粹党对德国的重要性，表示支持希特勒出任政府总理。1932年11月中旬，17名工业界和银行界巨头联合向兴登堡总统递交请愿书，要求任命希特勒为总理。1933年1月下旬，国防军第一军区司令勃洛姆贝格及其参谋长莱斯瑙也在兴登堡总统面前力荐希特勒为民族阵线政府总理。1月30日，经过希特勒的一番策划，才执政57天的施莱彻尔内阁倒台，兴登堡总统正式任命希特勒为总理。此后，德国陷入了法西斯的统治之下。

1933年2月27日，坐落在德国柏林共和广场旁的国会大厦突然间燃起了熊熊大火，转眼间，这座柏林城内的宏伟建筑变为灰烬。事发以后，希特勒断言这场火灾是共产党反对新政府的罪行。于是，一场搜捕共产党的运动在德国开始了。希特勒命令早已进入高度战备状态的冲锋队立即行动，根据事先拟好的名单抓获了4000多名共产党员和许多左派进步人士。德国共产党国会议员托尔格列尔，保加利亚共产党主席、共产国际西欧局领导人季米特洛夫等也同时被捕。

9月21日，纳粹法西斯在莱比锡公开审理了这起"国会纵火案"。在国际舆论的声援下，莱比锡法庭不得不宣布季米特洛夫无罪。"国会纵火案"的失败，不但没有使希特勒醒悟，反而使希特勒更加仇恨共产党，德国共产党则不屈不挠地同法西斯进行着斗争。

1934年8月，兴登堡总统去世，没有了约束的希特勒立即宣布废除总统制，自任国家元首兼总理，独揽了全部大权，由此掀开了德国历史上"第三帝国"的篇章。

希特勒掌权以后，马上撕下伪装的嘴脸，对内进行独裁统治，对外进行侵略扩张，特别是对犹太人实行的种族灭绝政策，使得600万犹太人惨遭屠杀。

道威斯计划

一战结束后,战胜国在巴黎和会上制定了德国的赔偿计划,但是已经被战争打得精疲力竭的德国根本没办法偿还债务,再加上各个战胜国争夺赔款的矛盾,世界政坛一片混乱。为了解决这个问题,协约国赔款委员会于1923年11月设立委员会研究德国赔款问题,由美国银行家道威斯担任主席。1924年4月9日,道威斯拿出了"道威斯计划",这个计划很快就获得了通过,其中心内容是用恢复德国经济的方法来保证德国能够及时偿付赔款。因为赔款总额并没有定下来,所以规定德国第一年偿付10亿金马克,此后逐年增加,到第五年增加到25亿金马克。1924年8月16日,道威斯计划开始实行,此后5年时间,德国偿还了110亿金马克的赔款,但却获得了210亿金马克的贷款,为德国经济的复兴和发展起了重要作用。1928年,德国借口财政问题,拒绝继续执行该计划,1930年,杨格计划将其取代。

1938年3月,德军开进奥地利,张伯伦政府给予了默许。当希特勒挑起捷克境内的苏台德危机时,英国虽象征性地对德施加了压力,但依然没有放弃既定的绥靖政策。而慕尼黑会议和《慕尼黑协定》则是绥靖政策最典型的体现。1938年9月29日,英、法、德、意四国首脑在慕尼黑举行会议,四国正式签订了《关于捷克斯洛伐克割让苏台德领土给德国的协定》,即《慕尼黑协定》。会上,英、德还签订了《英德互不侵犯宣言》。捷克政府在德国的军事威胁和英、法、意的压力下,被迫接受了这个协定。英、法及幕后支持的美国,妄图以牺牲捷克斯洛伐克为代价,来求得"一代人的和平"，并将"祸水东引"。但事与愿违，绥靖政策不但没有给欧洲带来张伯伦所谓的"和平新时代"，反而加速了战争的到来。当希特勒以闪电战占领捷克斯洛伐克时，张伯伦开始有些坐不住了，他一边威胁德国，一边与德国进行秘密谈判，毫无意义的谈判更加坚定了希特勒发动战争的决心。

二战爆发后，西线出现了"奇怪战争"，英、法的"不战不和"战略使希特勒在侵略欧洲小国时忘乎所以，野心越来越大，以至于最后直取法国，进逼英国。

历史证明，绥靖政策不但无法满足法西斯国家的侵略野心，反而加速了第二次世界大战的爆发。

苏联的建设与宪法的确立

列宁逝世后，苏联的社会主义建设主要在斯大林的领导下进行。1925年12月，联共（十四大后，俄共改称为联共）十四大召开。大会通过了社会主义工业化的总方针，决定把苏联从农业国变为工业国。这次会议的召开标志着有计划、大规模实现社会主义工业化时期的开始。

苏联的社会主义建设在国际上受到了帝国主义的包围和威胁，加上国内原有的经济文化和技术基础十分落后，资金短缺，而社会主义建设是史无前例的，没有成功的经验可供借鉴，所以苏联人民只能自己进行摸索。1927年末，苏联的工业生产超过了一战前的最高水平。然而，以落后小农经济为基础的农业并不能适应工业的迅速发展。1927年12月，联共召开十五大，确立了农业集体化的方针，规定党在农村的基本任务是把个体小农经济联合并改造为大规模集体经济。从1928年起，苏联开始了有条不紊地进行经济建设，新经济政策被取消了。

1928年初，苏联发生了粮食收购危机，虽然农业丰收，但国家收上来的粮食却比上年减少了近200万吨。斯大林认为，粮食收不上来是富农反抗造成的。于是，苏联政府采取强制措施，强迫富农把粮食卖给国家，同时推行农业集体化的政策。在经济建设之初，农业集体化进展的速度并不快。但1929年4月以后，集体化运动大规模开展起来，并出现了全盘集体化的趋势，即某些村、乡的农民一起加入集体农庄。斯大林过高地估计了富农的觉悟程度，要求全国迅速实现全盘集体化。

在开展全盘集体化运动的过程中，苏联改变了对富农的政策，从限制和排挤富农阶级转变为消灭富农阶级。农业集体化虽然暂时有利于工业的发展，但它违背了农民自愿加入的意愿，与当时生产力发展水平低下的状况不相适应，使农业生产力得到了破坏，严重阻碍了苏联经济的发展。

随着国家工业化和农业集体化的实现，苏联社会发生了重大变化：社会主义经济成分在国家经济中占据着绝对的主导地位；工商业中的私营经济被消灭了；农村中的富农经济被消灭了；个体小农经济也被集体所有制经济取代，国家所有制和集体所有制成为了苏联社会的经济基础。这些变化都是苏联社会主义建设和改造取得的巨大成就，有必要以法律的形式肯定下来。

根据苏维埃第七次代表大会所作的决议，为了适应社会和经济等方面发生的变化，苏联宪法需要进行修改和补充。会后组成了宪法委员会，负责起草苏联宪法的修改草案，斯大林任委员会主席。

1935年12月，宪法委员会把拟好的宪法草案在报刊中公布，让苏联人民都参与到宪法草案的讨论中来。

1936年11月26日，苏维埃第八次非常代表大会在莫斯科召开。

斯大林在会上作了《关于苏联宪法草案》的报告，斯大林在报告中列举了上一部宪法制定以来苏联社会的变化，归纳出新宪法草案的一些特点，并对新宪法的意义进行了总结。12月1日，新宪法草案得到大会代表的一致通过。

12月5日，大会批准了宪法的最后文本，通过了《苏维埃社会主义共和国联盟宪法》。由于该宪法是在斯大林参加和指导下制定的，所以又被称为《斯大林宪法》，也称《1936年宪法》。苏联新宪法含13章146条，规定苏联是工农社会主义国家，其全部权力属于城乡劳动者，由劳动者代表苏维埃行使，苏联的经济基础为"社会主义经济体系及生产工具与生产资料社会主义所有制"，实行"各尽所能，按劳分配"的原则，凡苏联公民，不论民族和性别，一律平等，享有言论、出版、集社、劳动等自由。

新宪法颁布实施后，苏联党和人民立即转入按新宪法进行苏联最高苏维埃选举的准备工作，并于1937年12月12日进行了苏联最高苏维埃第一次选举。

苏联《1936年宪法》是一部胜利建成社会主义的宪法，在共产主义运动史上具有重要的意义。

马德里保卫战

1936年2月，西班牙举行国会选举。出人意料的是，由共产党、社会党和其他进步力量组成的人民阵线在这次选举中大获全胜。接着，人民阵线成立了以左翼共和党人为首的共和国政府。

西班牙是个工业比较落后的国家，受1929年开始的资本主义世界经济危机的影响，国内的工农业生产陷入混乱状态。1931年4月，资产阶级民主共和国成立。但是，西班牙的政局并没有因此而改观，由资产阶级共和党和社会党组成的联合政府只是实行了一些极为有限的改革，根本性的问题还是没能得到解决。在这种情况下，人民阵线得以胜出。

新政府一组成，立即实施了一系列有利于人民的民主措施：释放政治犯，因政治原因而失业的工人的工作得以恢复；实行养老金和工人休假制度，宣布西班牙各族人民拥有自决权；实行部分土地改革，禁止强制农民迁离他们租佃的土地等。这些措施一出台，很快就得到了人民群众的拥护。

正当西班牙人民表示支持新政府的同时，与德、意法西斯早有勾结的西班牙法西斯却开始秘密行动起来。西班牙法西斯早已经对西班牙共产党恨之入骨，看到仇人登上了统治地位，法西斯党徒们心里当然不是滋味。

7月的一天，西班牙驻摩洛哥军司令佛朗哥纠集了一小撮法西斯军官，指挥着摩洛哥军团从南向北进攻，发动了反共和国的叛乱。与此相呼应，另一叛军将领莫拉率领队伍由北向南，与佛朗哥叛军夹击西班牙首都马德里，企图一举扼杀共和国。

这两股叛军人数众多，装备精良，而刚刚成立的共和国虽然进行了部分改革，但还处在千疮百孔之中。在叛军的步步进逼之下，西班牙南部大片土地失陷，叛军兵临马德里城下。

国难当头之际，共产党号召全体西班牙人民团结起来，与叛军斗争到底。成千上万痛恨封建君主制度和法西斯主义的人参加到这场保卫马德里的战争中。虽然他们没有先进的武器，只有旧式步枪、猎枪、手枪、刀、手榴弹等，但共和军正因为有他们的参与而充满着生机。

不久，佛朗哥向马德里发动了第一次进攻。"决不让法西斯在马德里前进一步！"西班牙军民高喊着斗志昂扬的战斗口号，守卫在马德里的各大要塞。在共和国军民的奋勇反击下，佛朗哥叛军的第一次进攻被打败了。

1937年1月，佛朗哥对马德里发动了第二次进攻，再一次遭到了西班牙军民的有力回击，一次又一次的冲锋被打退，马德里依旧安然屹立。2月6日，不甘心失败的佛朗哥对马德里又发动了第三次进攻，但依然没有多大进展。

正当佛朗哥濒临失败之际，意大利、德国法西斯对西班牙进行了公开的武装干涉，他们派出大量运输机帮助运送叛军，还运输坦克、飞机等武器支援叛军，甚至还派出正规军直接进攻马德里。

3月8日，佛朗哥和德、意干涉军的4个纵队对马德里发动了第四次进攻。但是，由于西班牙军民的顽强抵抗，德、意法西斯和佛朗哥的阴谋还是没能得逞。

马德里保卫战得到了世界各国进步力量的支援。来自苏联、中国、法国、意大利等54个国家的志愿者组成了国际纵队，与西班牙军民一起投入到反法西斯的战斗中。

1939年2月27日，表面上保持沉默的英、法等国宣布承认佛朗哥政权，并与西班牙共和国断绝外交关系，这无疑是支持法西斯的表现，于是，德、意法西斯对西班牙内战的干涉更加猖獗了。

3月5日，人民阵线中的右翼投降分子在德、意法西斯的配合和马德里市内间谍分子的策划下发动政变，共和国军队开始瓦解。3月28日，由于内奸的出卖，马德里失陷，共和国政府被颠覆。此后，西班牙建立起了以佛朗哥为首的法西斯政权。

轴心国的形成

第一次世界大战后,帝国主义国家按国力的强弱重新划分了势力范围。在这次划分中,英、美、法是最大的受益者,这当然会招来德、意、日等国的不满。德、意、日等国都有着很强的军国主义和扩张主义的历史传统,尤其是战后刚刚崛起的日本,雄心勃勃地想占领整个东南亚,而美国却强行加以干涉,于是,这三国都妄想着有一天能以自己的意志重新瓜分世界。

在一战后的巴黎和会上,作为战败国,德国的殖民地全部被瓜分,武装被解除,军备得到了限制,本国的领土也被划出一部分归国际联盟代管。在魏玛共和国时,这些还暂时可以容忍,而对于野心极大的希特勒来说,这些都是绝对不能忍受的。

希特勒上台执政后,一直把称雄世界作为自己的目标,为此,他还制订了一份计划:先占领东欧、中欧等有日耳曼人居住的欧洲大陆,然后向海洋发展,战胜英、美……最后夺取世界霸权。

为了消除美、英等国对德国的防范,希特勒极力主张反共,尤其是苏联。1933年10月,希特勒以"苏联威胁",德国军备不足难以防御为借口,先后退出了裁军会议和国际联盟。两年后,希特勒宣布实行义务兵役制,重建空军。在疯狂扩军的同时,希特勒一再向英、美等国保证:德国只是出于对自身的安全考虑,绝对不会威胁到除苏联以外的其他国家。

英、美等国其实早已经看出了希特勒的野心,但出于遏制苏联的考虑,还是睁一只眼闭一只眼任其发展。

1936年3月，希特勒宣布不再遵守《凡尔赛条约》的各项条款，随后，又出兵占领了战后被分出去的莱茵非工业区。见这些行动并没有引起英、美等国的注意，希特勒的胆子越来越大了。在进行军事备战的同时，希特勒开始寻找"志同道合"的战友。

此时的日本在亚洲也是"踌躇满志"。自1931年把中国东北纳为殖民地后，一直想占领中国全土。日本的这种行为与英、美等国在华利益产生了矛盾。日本是亚洲的一个小国，虽然自明治维新后得到了迅猛发展，但单以自身的力量很难与强大的英、美等国抗衡，而此时的唯一出路就是寻找同盟者。于是，德、日两国开始频繁接触。

1936年12月，德、日两国的代表就反共问题达成了一致意见，并签订了《德日关于反共产国际协定》。在与日本结成联盟后，德、意关系也得到了调节：德国扩大对意大利的出口，支持意大利向非洲扩张；意大利在中欧、巴尔干和多瑙河流域不再与德国争夺，等等。1936年10月，德、意两国签订议定书。12月，意大利又与日本签订了议定书。次年11月，意大利加入了《反共产国际协定》。

此时，德、意、日三国的关系只建立在《反共产国际协定》的基础上，这还远远不够。要发动世界性的战争，还必须进一步加强三国之间的关系。当意大利侵占巴尔干的阿尔巴尼亚时，与英法两国发生了冲突，意大利急需德国的支持，于是，德、意两国于1939年5月22日在柏林签订了《德意钢铁同盟》。按希特勒的计划，德军西线向法、英两国进攻，东线则向苏联进军，但这种计划却很容易造成两线受敌，致使兵力分散。如果稍有不慎，可能会损失殆尽。于是，德国需要意大利和日本从东西两方面对敌国进行牵制，而意大利和日本也同样需要德国对己方的敌国进行牵制。1940年9月，德、意、日在柏林签订了《三国同盟条约》，这一条约的期限为10年。至此，以柏林、罗马、东京为轴心的三国同盟正式形成。

慕尼黑阴谋

1938年初，希特勒吞并了奥地利以后，把侵略矛头指向了捷克斯洛伐克。希特勒的计划是，先占领德捷边境的苏台德区，然后再吞并整个捷克斯洛伐克。一旦德军占领了捷克斯洛伐克，欧洲的大门就等于敞开了：向东既可以进攻苏联，向西又可以进攻英、法。

苏台德区虽然属捷克领土，但却居住着250万日耳曼人。希特勒上台后，极力鼓吹日耳曼人是优等民族，并拉拢苏台德地区的日耳曼人，通过他的代理人、被称为"小希特勒"的汉莱因组织了一个苏台德日耳曼人党。在希特勒的授意下，汉莱因在捷克斯洛伐克不断制造事端，要求苏台德区"自治"，以摆脱捷克斯洛伐克的统治，其实，希特勒是想以这种方式把苏台德区并入德国。捷克斯洛伐克政府早已经看出了希特勒的诡计，断然拒绝了汉莱因要求"自治"的要求。希特勒大肆叫嚣要对捷克发动战争，并向边境调集军队。

英、法两国一直对社会主义国家苏联的建立耿耿于怀。当看到德国法西斯壮大起来后，他们一直希望把德国这股祸水引向苏联。当开始注意到德国明目张胆地侵略他们的盟国捷克斯洛伐克时，感到非常不安：一旦德国侵略捷克，根据英、法与捷克订定的盟约，英、法也必须对德宣战。法国首相达拉第是个害怕战争的人，当德军集结在德捷边境时，达拉第就打电话给英国首相张伯伦，让张伯伦马上去与希特勒谈判，以"尽可能得取得最好的效果"。其实，张伯伦也不希望爆发战争，于是，他冒雨赶到慕尼黑。

希特勒与张伯伦谈判时，希特勒口若悬河，根本不给张伯伦插话的机会。

"依德军的能力是绝对能拿下苏台德区的,但考虑到邻国的感受,我们才迟迟没有动手,谁知捷克政府反倒认为我们不敢发动战争。本来我们只是支持苏台德区自治,现在看来已不只是自治的问题,而是把这一地区割让给德国的问题了,不知首相大人有没有决定权,捷克政府是否已答应把苏台德区割让给德国呢?"

希特勒的这个问题并没有出乎张伯伦的意料。在来慕尼黑之前,达拉第早就向他表达了法国的意思:同意牺牲捷克利益来换取法国的安宁。

"我个人的意思是同意苏台德区脱离捷克,但这还需要回国后做进一步的商议,我相信我的同事们也会支持我的想法的。"张伯伦回答道。

9月22日,张伯伦带着装有英法两国方案的公文包再一次来到了慕尼黑,他向希特勒转交了捷克政府签订的把苏台德区割让给德国的协议。这次的谈判出乎张伯伦的意料,希特勒已不再满足获得一个苏台德区。

"由于形势的发展,苏台德区对我来说已经没有多大用处了,我希望每一个说德语的国家都能回归德国。"

张伯伦顿时慌了手脚,但看到希特勒一副高高在上的样子,知道自己再怎么哀求也无济于事,于是灰溜溜地返回英国。

9月29日,张伯伦第三次来到慕尼黑,参加英、法、德、意4国会谈。当天夜里,张伯伦、达拉第、希特勒、墨索里尼在慕尼黑的"元首宫"里举行会谈。4国于第二天凌晨签订了《慕尼黑协定》,根据协定,捷克斯洛伐克必须在从10月1日开始的10天内,把苏台德区及其附属的一切设备无偿交给德国。

在签订《慕尼黑协定》之后,张伯伦又同希特勒签订了《英德声明》,宣布"彼此不进行战争","要共同维护世界和平"。正是英法两国这种姑息养奸的绥靖政策使得法西斯的贪欲越来越强,从侧面加速了第二次世界大战爆发的步伐。

闪击波兰

作为欧洲交通枢纽的波兰，一直以来都是法西斯德国志在必得的一块肥肉，因为占领波兰，不但能获得大量的军事经济资源，还能消除进攻英、法的后顾之忧，并建立起袭击苏联的基地。这对于法西斯德国来说，实际是在战略地位上得到了改善。于是，在吞并奥地利和捷克斯洛伐克后，德国便把波兰定为下一步的侵略目标。

1939年3月21日，德国先向波兰提出了一系列无理要求——把但泽"归还"给德国，并将在"波兰走廊"建筑公路、铁路的权利也转让给德国，这遭到了波兰政府的拒绝。与此同时，英、法两国表态支持波兰，波兰态度更加坚决。见此情形，1939年4月3日，希特勒命令德国部队于9月1日前完成对波兰作战的准备工作。希特勒在代号为"白色方案"的秘密指令中强调："一切努力和准备工作，必须集中于发动巨大的突然袭击。"

为了赢得德国民众的支持，在闪击波兰前，希特勒政府先在报纸、广播大肆鼓噪，为德国侵略波兰制造借口：波兰扰乱了欧洲和平，以武装入侵威胁德国。《柏林日报》的大字标题警告："当心波兰！"《领袖日报》的标题："华沙扬言将轰炸但泽——极端疯狂的波兰人发动了令人难以置信的挑衅！"甚至"波兰军队推进到德国边境！""波兰全境处于战争狂热中！"等惊人的头条特大通栏标题出现在德国各大报纸上，给公众造成波兰即将进攻德国的错觉。

为了闪击成功，德国还做了另一项准备，即于8月23日与苏联签订了《苏德互不侵犯条约》，并达成了共同瓜分波兰的秘密议定书。希特勒此举目的非常明显，位于欧洲中部的德国是万不敢同时在东线和西线展开军事打击的。

一切准备停当，再无后顾之忧，希特勒下令于26日凌晨4时30分对波兰发起攻击。但在前一天夜里希特勒又取消了攻击令，原来英、波两国于25日正式签订了互助协定，而意大利拒绝站在德国一边参加战争。希特勒之所以收回进攻令，是要对局势进行重新考虑。

想不出什么好对策的希特勒决心破釜沉舟，于8月31日下达了"第一号作战指令"，命令德军于9月1日凌晨发起攻击。

1939年8月31日晚，希特勒派遣一支身穿波兰军装的德国党卫军，冒充波军，袭击了德国边境的格莱维茨电台，在广播里用波兰语辱骂德国，并丢下几具穿波兰军服、实际上是德国囚犯的尸体。接着，全德各电台都广播了"德国遭到了波兰突然袭击"的消息。

1939年9月1日凌晨4时45分，德军轰炸机群向波兰境内飞去，波兰的部队、军火库、机场、铁路、公路和桥梁立即遭到毁灭性的打击。几分钟后，德陆军万炮齐鸣，炮弹呼啸着穿过德波边境倾泻到波军阵地上。1小时后，德军地面部队发起了全线进攻，从北、西、西南三面一起向波军开进。与此同时，在但泽港外的德国战舰"霍尔斯坦"号撕去友好访问的伪装也向波军基地开炮。

对于德国的闪击，波军基本上没什么准备，部队陷入一片混乱。德军趁势以装甲部队和摩托化部队为前导，很快从几个主要地段突破了波军防线。上午10时，希特勒兴奋地向国会宣布，帝国军队已攻入波兰。

而此时的波军统帅部却表现出了过分的自信，他们一方面认为自己有足够的实力对抗德国，一方面认为在关键时刻肯定会得到英、法的援助，于是，便把部队全部部署在德波边境。这样的部署毫无进退伸缩的弹性，使波军在德军高速度大纵深的推进下不是被歼灭就是被分割包围，成了德军后面的孤军。波军统帅预先设计的只要坚决抵抗就能取得胜利的梦想被德军打碎了。

其实，此时德国的西线也存在着致命弱点，在那里他们只有23个师的兵力，而在西线马奇诺防线背后的英、法联军却有110个师。可惜的是，英、法两国在盟国受到侵袭的时候，竟然宣而不战，致使波军完全陷入了被动挨打的境地。英国军事史家富勒曾就此著文写道："当波兰正被消灭之时，西线也正发生了一场令人惊奇的冲突。它很快就被称为'奇怪的战争'，而更好的名称是'静坐战'。"1个月后即10月5日，拥有3400万人口，30.9万平方千米的波兰便被彻底击败了。波兰上空的滚滚硝烟，揭开了第二次世界大战的序幕。

法国沦陷

1939年9月1日，在希特勒的策划下，德军以闪电般的速度占领了邻国波兰。波兰被德国占领后，英、法根据法波盟约和英法互助条约，宣布对德宣战，但英、法两国并没有采取任何实际行动，这种纵容使德国更加肆无忌惮起来。

在法德边境，有一条"马奇诺防线"，这条防线长达200千米，可以称之为现代化防御工事，如果法军充分利用这道防线，二战的历史说不定会改写。但是，当德军入侵波兰时，法军却躲在防线后按兵不动。

1940年，德军向中立的比利时、荷兰、卢森堡进军，西线战争正式打响。1940年5月，德国突破马奇诺防线，向法国发动猛攻。一心等待希特勒向东进攻苏联的英法联军没有料到德国率先把矛头指向自己，遂在毫无准备的情况下仓促后撤。

看到溃不成军的英法联军，希特勒命令德军摧毁法国临时布置的索姆河防线，直捣巴黎，5月14日，德军未发一弹便占领了巴黎，随后向法国内陆挺进。10日的时候，意大利军队从南方也进入法国，并于15日占领凡尔登。16日，卖国贼贝当组成新内阁，新政府不但没有组织军队抵抗德、意军队，反而准备向德意军队投降。这时，法国国防部副部长戴高乐看到贝当政府已无心抵抗，遂毅然乘飞机飞往伦敦。

戴高乐到达伦敦以后，在英国首相丘吉尔的支持下，于6月18日在英国广播电台向法国人民发表了具有历史意义的广播讲话。

"勇敢的法国人民，虽然法西斯已经占领了我们的大片土地，并有可能占领法国全境，但是，他们并没有取得最后胜利。

"我对法国的胜利充满信心，你们也应该和我一样，相信法国一定会转败为胜。而且，不列颠英国将会永远与我们并肩作战……"

戴高乐将军的讲话通过电波传遍了法兰西的每一个角落，法国人民备受鼓舞，有一群学生甚至打着两根渔竿列队在凯旋门集会，表示他们对戴高乐号召的热烈拥护和响应。

但是，虽然法国人民做着抗敌的一切准备，贝当政府还是于6月22日正式与德国签订了投降书，贝当政府同意把法国北部及沿大西洋海岸由德国占领，法国首都由巴黎迁往维希。

贝当政府的这种投降行为遭到了戴高乐的严厉斥责。为了与贝当政府划清界限，戴高乐正式宣布成立"自由法国运动"。对于戴高乐的这种"分裂祖国"的行径，贝当政府和德国希特勒政府恨之入骨。不久，贝当的军事法庭对戴高乐进行了缺席审判，在德国当局的坚持下，戴高乐被判处死刑。

戴高乐并不理会贝当政府对自己的审判，继续以顽强的毅力宣传"自由法国运动"。戴高乐并不是孤立的，自从他发表广播讲话后，已经有数百人从法国来到英国，参加到"自由法国"的旗帜之下。到7月底,已经有7000人志愿拿起武器为"自由法国"而战。

7月21日,戴高乐组织首批"自由法国"飞行员参加了对鲁尔区的轰炸,由于将士们斗志昂扬,这次轰炸取得了胜利。随后,戴高乐又在非洲建立了一个作战基地和一个精干的行政机构,并且开始出版"自由法国"的报纸。

1941年9月,戴高乐正式成立"自由法国"的政府机构——法兰西民族委员会,很快,这个组织便得到了英、苏等大国的承认。不久,"法兰西民族解放委员会"成立,戴高乐任主席。1944年6月,"法兰西民族解放委员会"改为法兰西共和国临时政府。之后,戴高乐带领部队随英美军队返回法国与德军作战,并迅速解放了大片国土。8月25日,巴黎解放。临时政府成立后,戴高乐任总理兼国防部长。

戴高乐以其顽强的毅力和极大的热情,为反法西斯侵略和法兰西民族独立做出了杰出贡献。

不列颠之战

德国闪击西欧,法国投降后,整个西欧海岸线都被德国所控制,英国不列颠群岛陷入德军三面包围的境地。但包括希特勒在内的德国人都把对法国的胜利作为战争的结束,希特勒认为,如果打败英国,其殖民地将会落入美、日和苏联手中,而对德不利,为对付苏联应避免两面作战,希特勒提出愿与英国在瓜分世界的基础上和谈,得到美国支援承诺的英国首相丘吉尔断然拒绝。于是,诱和未遂的希特勒准备武力侵入不列颠。

1940年7月16日,希特勒发出对英登陆的"海狮作战"计划的训令。该计划以奇袭为基础，准备用39个师的兵力，在不列颠的拉姆斯盖特登陆，抵达怀特岛。其中13个师作为第一批登陆部队，并在海峡港口集结大量的各种船只，一切准备要求在8月中旬完成。

德空军集结2400架战机，欲对英伦进行大规模空袭。德军一方面想从精神和意志上摧毁英国，迫使其接受和谈，另一方面为"海狮作战"的海军渡海夺取制空权，为登陆创造有利条件。

7月10日，德军开始了对英护航船队和波特兰、多佛尔等港口、军港进行空袭，以引诱英战机出战，从而查明英空军的部署、防空能力及检验自身的突防能力。德国空军在形势上处于不利地位，他们必须在海上和英国领空上作战。而英空军可以获得地面高射炮的支援，英军的喷火式飞机爬升速度要快于德战斗机，并且以防御战为主的英军还有雷达网的引导。更重要的是，英军掌握了德军无线情报的破译密码，使得德国多数战略情报被英所掌握。

8月13日，德军480余架战机升空，开始对英国雷达站等军事目标进行轰炸。15日又出动1780架飞机，使英军一些军事基地和飞机制造厂遭到摧毁。英军统帅道丁公爵也迅速命令7个"喷火式"和"旋风式"战斗机中队升空迎敌。在雷达的准确制导下，他们在德国机群中进行有效地穿插分割，将德军机群分割成若干小队，利用飞机速度快的优势实施各个击破，这是双方第一次大规模空战。德军付出了75架飞机的代价，英机只损失34架。德军"空中闪击战"一开始就未奏效。

8月24日至9月6日，德空军不分昼夜，每日出动千余架次飞机，对英西南部的机场及海峡商船进行高强度空袭，虽然德机被击落380架，但英机也损失186架。

9月7日，希特勒为了报复8月25日到26日夜袭柏林的英国，开始了对伦敦的狂轰滥炸。企图瓦解英国人民的斗志，动摇民心。但这给了英空军以喘息之机，英军以战斗机、高射炮、雷达、探照灯和拦阻气球组成完备的防空系统。虽说大规模的轰炸使伦敦多处起火、王宫中弹、居民伤亡惨重,但在9月15日,英军抢占先机,德机还没有进入伦敦上空,就遭到数百架英战斗机的截击。英战斗机猛冲德轰炸机,失去保护的德轰炸机除少数逃跑外,其余均被击落。英战机转而围攻德战机,凶狠的英机使德战机招架不住,转头而逃。英战机紧追不放,又击落了多架德军战机。这时,英国轰炸机开始行动,对德国集结在海峡对岸的舰队、地面部队、港口码头进行了猛烈轰炸。德国损失惨重,共损失185架飞机,而英军仅损失26架。

德军不但未击败英国空军,反而使英空军活动更频繁。希特勒感到无法取胜,被迫下令不定期推迟实施"海狮作战"计划,最终"海狮作战"计划不了了之。

不列颠空袭和反空袭之战中,德军共损失飞机1733架,英损失915架,双方飞行员损失约为6∶1。空战受阻后,希特勒开始对英国实施封锁。

这场空战是二战史上历时最长、规模最大的空战,它使希特勒的侵略计划第一次未能得逞,为国际反法西斯同盟鼓舞了士气。这场空战也是人类战争史上首次空战,它揭开了人类战争史上新的一页,同时也证明了大规模空袭,夺取制空权在战争中的重要性及防空的战略意义。

偷袭珍珠港

1941年12月7日凌晨,北太平洋上波涛汹涌,一支庞大的舰队向南飞速驶去,溅起的浪花飞落到船头的甲板上。这支舰队里有6

艘航空母舰和14艘战舰,当这一舰队接近美国在太平洋上的海军基地珍珠港时,航空母舰上的数艘飞机带着巨型炸弹腾空而起,先是紧贴海面飞行,然后冲入港内,炸弹和鱼雷立即倾泻下来,对排列在港内的美太平洋舰队进行轰炸。

这一幕正是日本军国主义对珍珠港发动的偷袭,这次偷袭标志着太平洋战争拉开了序幕。

对珍珠港的偷袭是日本军国主义策划已久的事。早在苏德战争爆发后,日本内阁就认为建立"大东亚共荣圈"的时机已到,于是加紧了对东亚各国的侵略。日本咄咄逼人的攻势,直接威胁到美国在太平洋的利益。从1941年夏天开始,美、英等国联合对日本实行了石油禁运,即不再供给日本石油及其他原料。日本是一个岛国,资源紧缺,对于美英两国的这一做法,日本暂时选择了妥协,与美国举行谈判,但是谈判并没有达成协议。

日本贮备的石油一天比一天减少,如果真的没有了石油,别说是建立"大东亚共荣圈",恐怕连走出本土都相当困难。为此,日本"御前会议"决定暂时停止攻打苏联,改把占领印度支那和南洋诸国作为主要目标,以夺取石油资源。

为了扫清南进道路上的障碍,日本天皇授意日本联合舰队司令山本五十六,秘密制定远渡重洋偷袭珍珠港的计划,南云中将则是这一任务的指挥者。

在偷袭珍珠港之前,日本大使来栖三郎到美国继续与美方谈判,鼓吹"要以最大的努力来防止不幸的战争",借以掩盖日本南进的意图。对于日本军国主义者的意图,美国总统罗斯福仍以为印度支那和东南亚是其主攻对象,并没有料到日本会把矛头首先指向珍珠港。美、日这种"和平"谈判一直持续到偷袭珍珠港的第一发炮弹爆炸之前。

11月26日,日本舰队沿着寒冷多雾的北方航线隐蔽前进,在海上秘密航行了12天,居然一直没有被发现。在距珍珠港以北230海里处，舰队停了下来。12月2日，南云中将接到了山本五十六的密电：按原定计划袭击珍珠港。于是，便出现了前面惊天动地的那一幕。

12月7日是个星期天，美国人在这一天有做礼拜的习惯。美国军舰像往常一样平静，整齐地泊在港内，飞机也密密麻麻地排在瓦胡岛的飞机场上。一部分士兵正在吃早饭，一部分则上岸度假去了，珍珠港沉浸在一片平静的假日气氛之中。

"快看，那里有两架飞机。"一个哨兵发现雷达屏上出现了异常，慌忙向上级长官报告。

"别大惊小怪了，那是我们自己的飞机，你们对此还不熟悉吗？"一位军官把这个新来的哨兵嘲笑了一番，然后接着开始欣赏收音机里的音乐。

港内的其他美国士兵，甚至美军司令部也没有意识到这是一场真实的战争，而以为是一次"特殊的演习"。就这样，日本的轰炸机从美军眼皮底下溜进了珍珠港。

突然间，随着一阵飞机的轰鸣声，炸弹从天而降。直到发现自己的舰只起火，美国太平洋舰队司令部才发出备战的特急电报。但是，什么准备都来不及了，刹那间，珍珠港成了一片火海，港内升起一道道的冲天水柱。几分钟内，希凯姆机场、惠列尔机场、埃瓦机场和卡内欧黑机场已被炸得一片狼藉，几百架美机在没有起飞之前就被击毁。

偷袭持续了95分钟，美军损失了约40多艘舰艇、300多架飞机，另外还有3500多人死亡。美国太平洋舰队除航空母舰出港外，几乎全军覆没。

日本偷袭珍珠港的第二天，美国宣布对日本处于战争状态，太平洋战争全面爆发。

世界反法西斯同盟建立

1941年6月，德国终于像英、美期待的那样大举进攻苏联，使苏联成为世界反法西斯战争的主要战场。苏德战争的突然爆发并没有使英国首相丘吉尔如释重负，虽然此前他曾一度希望德国能尽快把侵略矛头指向苏联，但此时他感到的竟是无形的恐惧。经过反复的思考之后，丘吉尔发表了慷慨激昂的广播演说："过去25年来，没有谁比我更彻底地反对共产主义……进攻俄国，只不过是企图进攻不列颠诸岛的前奏。因此，俄国的危难就是我们的危难，也是美国的危难。"与丘吉尔的反应一样，当德军入侵苏联的消息传到美国时，身患重病的国务卿赫尔向美国政府建议，"全力以赴支援俄国"。美国政府同时发表声明，指出："今天的希特勒军队是美洲大陆的主要危险……"6月24日，美国总统罗斯福在举行的记者招待会上宣布美国将尽力援助苏联。至此，美、英等国才放弃了先前的绥靖政策与中立政策，并改变了对社会主义苏联的态度。

此时的苏联也正希望得到英、美的援助。1941年7月12日，苏联和英国在莫斯科签署了《苏英对德作战联合行动协定》。双方保证，彼此给予各种援助和支持，不单独同敌国谈判和媾和。紧接着，两国又签订了《贸易、贷款和支付协定》，英国在协定中同意给予苏联1000万英镑的贷款。苏联在与英国改善关系的同时，也加强了与美国的接触。

8月10日，大西洋纽芬兰的阿金夏港笼罩在一股严肃的气氛之中。原来，美国总统罗斯福与英国首相丘吉尔正在这里举行战时会晤，以商讨国际形势及联合反对德国法西斯的政策。4天后，《大西洋宪章》的发表成为英美两国政治联盟的标志。

为了进一步确定反法西斯政策，9月29日，苏、美、英三国代表在莫斯科召开会议。在这次会议上，三国签署了一个议定书。议定书规定：从1941年10月1日到1942年6月30日，英、美每月向苏联提供400架飞机、500辆坦克及其他武器、物资，苏联则向英美提供原料。莫斯科会议标志着苏、美、英三国反法西斯联盟的初步确立。

太平洋战争爆发后，美国对日本宣战，中国也正式对日宣战，德、美之间也相互宣战，美国正式加入第二次世界大战。不久，英、澳、荷、加、波等国也相继对日本宣战。至此，世界主要国家都被卷入战争旋涡中来。

随着德、意、日法西斯的不断扩张，国际反法西斯同盟也进一步得到壮大和发展。

1942年1月1日，华盛顿热闹非凡，这里聚集着美、苏、英、中等26个国家代表。虽然各国代表都维护本国的利益，但在对待德、意、日法西斯的问题上却是意见一致。经过磋商，26国代表共同签署了一项《联合国家宣言》，宣言规定，各签字国家相互合作，不准与法西斯各轴心国议和和单独交涉，并保证运用军事和经济的全部资源同与之处于战争状态的轴心国及其仆从国家作战。《联合国家宣言》的发表，标志着国际反法西斯联盟的正式确立，并为以后联合国组织的建立奠定了基础。

斯大林格勒保卫战

第二次世界大战中，德军在莫斯科战役中遭到惨败，被迫放弃了全面攻势。德军在各地战场面积的扩大和大规模的战役，使石油的补给量成为制约其战争进程的严重问题。若没有新的石油补给，战争将难免崩溃，希特勒遂决定获取苏联高加索油田。德军统帅部趁欧洲尚未开辟第二战场的有利时机，继续增强东线苏联境内的军事力量。1942年夏季，改为在南线实施重点进攻，企图迅速占领石油资源丰富的高加索和粮食充足的斯大林格勒。

1942年7月17日，德军精锐部队第6集团军27万人在鲍罗斯将军的指挥下，向斯大林格勒逼进。

斯大林格勒位于伏尔加河下游西岸，是连接苏联欧洲部分南北水陆的交通枢纽，也是重要的军事工业基地。该城一旦失守，将会切断莫斯科和高加索地区的联系，进而威胁到巴库的石油和库班的粮食产地。还可北上迂回莫斯科，南下切断英、美支援苏军的供给线，并染指中东和印度洋，打通日、德联系通道，它的得失将会影响到整个战局。因此，苏联决定死守该城，并在奇尔河、齐姆拉河一线布置了顽强的防御部队，迟滞德军的推进速度。

7月24日，德军接近斯大林格勒西面的顿河河岸大弯曲部，并企图对苏军进行两翼突击包围，进而从近道直逼该城。但是由于燃料和弹药的缺乏，以及第4装甲军团调往高加索战场，进攻斯大林格勒的德军只能停在卡拉赤正面的顿河岸上。30日，希特勒开始调集部队增援鲍罗斯，第4装甲军团又被调回，从西南向斯大林格勒进攻。8月3日攻占了科特尼可夫，9日，德军遭到苏军的激烈抵抗而被迫转入防御。这时鲍罗斯在苏军的顽强阻击中攻占了顿河上的一个据点，并占领卡拉赤。23日占领了斯大林格勒城北面近郊，计划从北面沿伏尔加河实施突击作战，夺取该城。他派出2000架次飞机昼夜对城区进行狂轰滥炸，使整个城市变成一片火海。苏空军及防御兵也对德军进行激烈反击，击落敌机120架。苏统帅部急调预备部队对德军实施侧翼反击。德军继续增加兵力，9月底，德军已达80多个师，进攻苏联的主力都转移到斯大林格勒会战之中。

"一战"到"二战"

9月15日，德军全面进攻斯大林格勒。在飞机、大炮及装甲坦克的配合下，德军于23日突入城市中心，勇敢的苏军与敌人展开了巷战。一座房子，一条街道，常常是几经易手。日以继夜的激战使斯大林格勒变成了第二个凡尔登。希特勒命令变换战术，用炮火和飞机把该城变为废墟。直到11月12日，德军从该城的南部冲过伏尔加河，从7月到11月，德军在顿河、斯大林格勒却付出了70万人的惨重代价。迅速攻占该城的企图及整个战局计划被打破，苏军的疲惫消耗战为统帅部组织反击争取了时间。

9月份，两军鏖战正激之时，苏军朱可夫元帅开始组织策划反击，并秘密调集110万兵力集中在顿河以北的森林中，准备伺机大反攻。朱可夫兵分两路，一路以德中央集团军群为目标，以阻止其向顿河战线增援；一路则与斯大林格勒以南的攻击配合，从北面攻击德军。

11月19日，苏军反攻开始，南北两侧强大的钳形进攻包围了德军第6军团等30万人，并一举攻占了德军交通瓶颈罗斯托夫。鲍罗斯的处境艰难，储备物资早已枯竭，补给也基本中断。为解救被围德军，希特勒将全部预备部队投向斯大林格勒，但苏军的顽强阻击使解围计划破产。12月21日，欲突围的鲍罗斯却因燃料不足而无法实施机动，希特勒仍下令死守斯大林格勒，并授予鲍罗斯元帅军衔。

1943年1月底，德军在顿河上的全部正面军被苏军击溃。包围圈越缩越小，苏军南北对进，将德军分割成多个孤立的集团。31日，德军开始整团整师地陆续投降。2月2日，全歼被包围的30万德军，包括鲍罗斯在内的24位将领、2000名校级以下军官和9万残存士兵全部投降，斯大林格勒保卫战结束。

这次会战为苏德战争乃至整个第二次世界大战的根本转折，苏军从德军手中夺取了战略主动权，转入战略进攻，极大地鼓舞了世界反法西斯同盟。

中途岛海战

"报告长官,我们截获了一份日军密码电报,据破解,日本的水上飞机可能要到中途岛上加油。"译电员向美国海军司令部报告着。

美国太平洋舰队司令尼米兹是在日本偷袭珍珠港之后临危受命的,他托着腮思索片刻:"我们最好能将计就计,设下陷阱,让日本海军自投罗网。"

中途岛位于太平洋中部,是北美和亚洲之间的海上和空中交通要道。在日本偷袭珍珠港后不久,日本就利用海、空军优势,向美、英、荷在东南亚和西南太平洋的属地发动猛烈攻势,控制了东起中途岛,西至太平洋,南起澳大利亚,北至阿留申岛的广大地区。

但是,在珍珠港一战中幸免被歼的美国航空母舰的存在却成了日本法西斯的一大隐患。因此,日本决定集中优势兵力,彻底歼灭美国航空母舰。日本联合舰队总司令山本五十六制定了一个夺取中途岛的计划,山本认为,只要拿下中途岛,对美国的航空母舰围而歼之就有希望,而且也可以把中途岛作为向中太平洋和西南太平洋扩张的基地。为了这场战争,山本五十六调集了8艘航空母舰、22艘巡洋舰、11艘战列舰、66艘驱逐舰,组成了一支空前庞大的舰队。

1942年6月2日凌晨,太平洋上升起的大雾使海面上的能见度很差,但由南云中将率领的日本突击舰队还是在浓雾中起航了。这支舰队没有安装雷达系统,只能以缓慢的速度在太平洋上摸索前进。上午10点左右,大雾散去,南云中将急令日本军舰全速前行。两天后,这支突击舰队和其余8支协同作战的舰队都已驶入了预定位置。

"全体注意,开始起飞。"南云中将直盯着前方的中途岛,用扩音广播向航空母舰上的所有飞行员命令。转瞬间,排列在"赤城"、"加贺"、"飞龙"、"苍龙"4艘航空母舰甲板上的108架飞机腾空而起,拉出一条白烟后向中途岛方向飞去。

"第二批做好准备。"南云中将继续命令着,然后等待着第一批飞机的归来。

此时,中途岛的美军在总指挥官尼米兹上将的率领下早已经做好了应战的准备。当日本轰炸机距离中途岛还有30英里的时候,遭到了美军25架"野猫式"战斗机的拦截。在激烈的空战中,"野猫式"有17架被击落,7架被击伤。

南云中将正在指挥室里准备发出第二道命令,但是他却有些犹豫,第一批轰炸机并没有达到轰炸的预期目的,也就是说,中途岛的美军并不是像山本五十六预料的那样没有任何准备,而第二批轰炸机能否顺利完成任务呢?

正当南云中将举棋不定的时候,6架美国鱼雷轰炸机和4架B—26轰炸机出现在"赤城"号航空母舰的右舷,南云中将忙命令高射炮迎战。在猛烈的炮火下,美机呼啸着朝"赤城"号扑来,但却闯入了高射炮的射程,然后落入到太平洋里。

当美军的最后3架轰炸机遍体鳞伤地朝中途岛方向飞去以后,南云中将终于下令第二批飞机在5分钟内起飞。然而就是这短短的5分钟,战局发生了根本性的变化。

3架美国"无畏式"轰炸机正从空中向"赤城"号俯冲下来。而日舰上的所有反击都不再起作用,一颗颗黑色的炸弹从空中降落,"赤城"号则只有"拥抱"炮弹的能力。很快,巨大的航空母舰成了一片火海,"赤城"号已经完全失去了作战能力。

在"赤城"号被袭击的同时,"加贺"号和"苍龙"号也遭到了袭击,最后,连同"飞龙"号在内的这4艘一直让山本五十六引

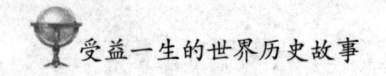

以为荣的航空母舰都沉入了海底。

在几百海里外指挥作战的山本五十六得知4艘航空母舰被击沉的消息后,悲痛不已:这次战争已经以日本的失败而结束了,如果硬着头皮与美军抗争到底,只会徒劳地增加失败的成分。最后,山本五十六只得下达了撤销中途岛作战的命令。

中途岛战役是第二次世界大战太平洋战争的分水岭,之后,日本海军一蹶不振,被迫从战略进攻转入战略防御。

击溃"沙漠之狐"

第二次世界大战的北非战场,处于沙漠地带,连水都要靠后方供应,后勤保障成为胜败的关键因素。制空权又是控制地中海等海陆交通的决定因素,这就使交战双方不能离开港口和交通线,同时需要掌握制空权。1942年6月,德、意非洲军在昔兰尼加战争中取胜后,乘势追击,直抵埃及境内,到达距英地中海舰队基地亚历山大港仅110千米的阿拉曼。阿拉曼是保护埃及腹地的屏障,非洲军的攻击,无疑似一把尖刀顶住英国人胸膛。

1942年8月初,丘吉尔亲自前往开罗,调兵遣将,加强北非英军第8集团军的力量,美国支援的300辆新式薛曼式战车和100门机械炮将陆续运到,同时任命个性活跃、自信心强的蒙哥马利为第8集团军司令。

蒙哥马利上任后,开始组建一支精兵,把陆军和空军联合在一起。为了加强阿拉曼的防御能力,他在险要的地形前面布满浓密的雷阵。以厚密的雷阵配合,对阿兰哈法岭以重兵据守,敌人从任何地方进入，都可以从侧面加以反击。

8月30日，德、意非洲军在有"沙漠之狐"之称的隆美尔的指挥下对防线发起攻击。他从北中南三面同时展开攻势，北部只作佯攻，中部也只是牵制性的进攻，他把主力放在南面，试图攻下阿兰哈法岭。对隆美尔的进攻，蒙哥马利采用坚强的守势，派飞机、大炮对非洲军阵地不间断地轰炸，消耗对方实力。对于缺乏补给且武器落后的隆美尔来说，阿兰哈法岭之战是孤注一掷。英军的坚固防御和空中攻击的猛烈，打破了隆美尔的企图。9月1日，非洲军被迫放弃大规模进攻。两天内3艘补给油船被英军击沉，严重缺乏燃料的隆美尔不得不加强防御。他在前方阵地埋下50万颗地雷、炸弹和炮弹，只用前哨据点扼守，在雷区后做防御战准备。

随后隆美尔因病情严重，将指挥交给斯徒美将军后，于9月22日返回德国就医。蒙哥马利这时正积极准备着反击工作，他把主力的打击摆在北面，派一个装甲师盯死阵地南端，分散敌人的注意力，用13军牵制敌人右翼的辅助性进攻。从10月6日到23日的夜间，英空军加紧对敌人的交通线及运输工具的轰炸，阻断其供给。为掩盖其作战意图，隐蔽各部分兵力，诱骗敌人对于攻击日期和方向作错误的预测，蒙哥马利实施了一个用假帐幕、仓库、战车、车辆、炮位、水塔和油管做伪装的大规模掩蔽计划。

10月23日，在满月的光辉下，英军发起反攻，1000门火炮同时向德、意军阵地进行20分钟的狂轰滥炸后，英军分别从北南两个方向发起进攻。北部第30军攻占了敌人前进防御阵地后遇到了顽强抵抗，进展缓慢，南线的13军受到德军火力拦阻而受挫。但德、意军内部也乱作一团，交通网被摧毁，斯徒美将军因心脏病突发死于沙漠，燃料的缺乏使机械化部队基本丧失了运动攻击能力。

紧急返回的隆美尔命令部队进行坚决的防御。他准确地判断出英军的主攻方向，着手向北调集军队，南部只留意大利军防守。激烈的战斗持续到29日晨，隆美尔指挥部队有效地遏止了英军的进攻。

鉴于德军主力向北集中,蒙哥马利改变进攻计划,决定在德意两军的接合处,发起"增压作战"的进攻。11月2日,在猛烈炮击和轰炸机支援下,英军开始进攻,飞机和炮兵转向轰击德军防御阵地,美式薛曼式战车可远距离发炮,德军火炮却不能击毁它。隆美尔调集全部的坦克,拼命抵抗。虽然阻止住英军的长驱直入,但战车仅剩下35辆。11月4日,英军突破德意防线,意军全军覆没,知道失去交通线和制空权而无法补给,最终会输掉这场战争的隆美尔下令撤退。

然而,蒙哥马利用兵过于谨慎,没能及时察觉隆美尔的撤退行动,失去了全歼敌人的良机。9日,隆美尔退回利比亚。

阿拉曼的胜利,是反法西斯同盟在北非战场上的转折点,盟军从此掌握战略主动权,为英美联军登陆非洲奠定了基础。

围歼山本五十六

1942年4月18日清晨,神气十足的山本五十六穿着白色的海军礼服,登上了他的专用飞机。6时整,飞机腾空而起,在天空呼啸几声后飞向了远方。山本五十六究竟要去哪里呢?原来,自从中途岛战役后,美日两国又为争夺瓜岛而进行了长达半年之久的交战,最后,还是以日本的失败告终。作为日本联合舰队总司令的山本五十六调集了300多架飞机,准备对瓜岛和新几内亚的美国舰艇进行报复性的轰炸。为了提高日军士气,山本决定到前线亲临观察。

"报告长官,后方发来密电,山本总司令将于4月18日前往巴拉尔岛、肖特兰岛和布因基地视察,请各方做好迎接准备。"译电员向前线的第11航空战队司令城岛高次海军少将报告。

"他简直是疯了,如果这封电报被美军截获,后果将不堪设想啊。"城岛高次接到电报后有些大惊失色。但城岛高次深知山本的脾气,他认准了的事决不会再加以更改,而且这时候再加以劝告已经来不及了。

"希望我的担心是多余的。"城岛高次在心中不由得祷告起来。

美国太平洋舰队的情报局里,情报专家正在破译一份来自日方的秘密电报。这封电报正是刚刚截获的山本发给城岛的那份。

"电报被破译出来了,4月18日,山本五十六将会乘座机飞往卡希里湾视察,具体日程是这样安排的……"

美国海军部长尼米兹将军得知山本五十六的行踪后喜出望外。山本五十六是日本军方有胆有识、精明能干的指挥官,他曾参加过日俄战争和第一次世界大战,并指挥日军成功偷袭了珍珠港,如果能除掉这个人,日本举国上下一定会慌乱不已,而且还能对他偷袭珍珠港这一事件进行报复。尼米兹将军虽然对自己的这一想法很快加以了肯定,但他还是把这一文件放进了总统罗斯福的办公室,以求得总统的指示。

"马上截击山本五十六座机,并不惜一切代价击落它。"罗斯福总统非常赞同尼米兹将军的想法,下达了截击的命令,并命尼米兹制订具体的行动计划。

山本五十六哪里会想到,他的这次视察之行竟成了他的死亡之行。

4月18日凌晨7时左右,由18架美国闪电式战斗机组成的机群从瓜岛起飞了。半个小时后,山本的机群出现在美军雷达的视野里。

"准备,狙击机与掩护机各就各位。"领队的驾驶员约翰·米切尔少校和小汤玛斯·兰菲尔少校向机组的飞行员发出命令。接到命令后,担任引诱任务的12架美机迅速飞上6000米的高空,暴露在日本机群的视野里,其余6架担任狙击的飞机则低空飞行,躲过了日机的注意。

日本担任护航的战斗机看到12架美机前来袭击山本的座机，忙一窝蜂似的朝着飞在高空的12架美机追了过去。这个时候，6架狙击美机从隐蔽的位置冲了出来，全力追逐山本的座机，并不断向山本座机猛烈开火。当看到又有6架战斗机出现在山本座机的周围时，日本护航机才知道上了美军的当，于是加大油门，全速俯冲下来，企图掩护山本的座机。但为时已晚，山本座机发出了一声长长的呼啸声，朝着卡希里湾方向栽了下去。紧追其后的美机从机身的两翼施放出一排子弹，正中这架大型轰炸机的机身。转眼间，坠落的机身在离山本的目的地卡希里不远的荆棘中爆炸了。策划和发动太平洋战争的罪魁祸首终于得到了应得的下场。

山本五十六死后，日本天皇失去了一个得力助手，虽然接替山本的古贺峰一海军大将也足智多谋，但还是无法扭转日本海军每况愈下的趋势，日本联合舰队也逐渐走向了覆灭。

德黑兰会议

美英两国本来极其痛恨社会主义国家苏联的，但是自从德国法西斯进攻苏联和日本偷袭珍珠港以后，美英两国与苏联的关系由敌对暂时转为合作：美英两国同苏联结成了反法西斯同盟，共同对德国作战。1942年1月《联合国家宣言》的发表，标志着世界反法西斯统一战线的形成。

随着盟国在各条战线上的顺利进军，苏、美、英三国首脑觉得有必要尽快召开高峰会议，以解决协调行动、共同作战等迫切需要解决的问题。尤其是斯大林格勒会战取得胜利以后，这一要求更加迫切了。关于会议的地点，斯大林坚持在伊朗首都德黑兰举行，因为他要亲自指挥红军作战，不能离国境太远。而且，苏、美、英三国在伊朗当时都驻有军队，安全有保障。

1943年11月下旬，罗斯福、丘吉尔和斯大林来到德黑兰。当时的德黑兰是近东的一个间谍中心，为了防止意外，盟军情报人员建议三国首脑下榻在各自的使馆内。由于美国的使馆离苏、英使馆较远，罗斯福受斯大林的邀请下榻在苏联的使馆内。

11月28日下午3点左右，三国首脑举行正式会晤前一个小时，斯大林走进了罗斯福总统的别墅，进行礼节性的会晤。

"很高兴见到你，早就想同你见面了，今天才终于如愿以偿。"斯大林走上前去，热情地同坐在轮椅上的罗斯福握手。

罗斯福的脸上洋溢着刚毅的笑容："同你的心情一样，我也盼望着同你就当前的形势谈谈看法。"

在斯大林与罗斯福的这次会晤中，双方谈到了法国的戴高乐将军。

"虽然我很敬佩戴高乐将军的勇猛，但是，我个人认为，法国在战争结束后不应该再回到印度支那了。他们应该为与法西斯合作付出代价。"斯大林严肃地谈道。

"我非常同意你的观点。我想提醒你，我们最好不要同丘吉尔首相谈及印度问题，据我所知，他还没有就这一问题想出可行的办法。"

下午4时，三国领导人会议正式开始了。罗斯福主持了第一次会议。

"今天是俄国人、英国人和美国人第一次为了共同的目标相聚一堂。我们的目标就是要赢得这次战争的胜利。我们共同的敌人法西斯已经成了强弩之末，但却在负隅顽抗。我希望通过这次会议能使我们的合作作战更加协调，我也相信不久的将来盟军就会取得胜利。"罗斯福做了热情洋溢的开幕词。

丘吉尔看了老朋友一眼,意味深长地说:"这次会议是史无前例的空前大聚会。刚坐到会议桌前那一瞬,我似乎感觉到人类的幸福和命运完全掌握在我们手中。"

斯大林对罗斯福和丘吉尔的讲话表示同意,并把英国国王通过丘吉尔转交给他的宝剑视为珍宝。三国首脑的第一次会议在友好的气氛中结束了。

但是,当讨论到具体问题——如何尽快开辟欧洲第二战场的时候,三国之间产生了分歧。当时,苏联是抗击德军的主要力量,迫切需要美、英在欧洲西部开辟另一条战线,以牵制德军,缩短战争时间。其实,早在1941年,斯大林就曾向英国要求开辟第二战场,但遭到了丘吉尔的拒绝。后来,随着形势的发展,美英两国看到开辟另一条战线势在必行,才制定了代号为"霸王"的战役计划,准备在1944年从法国诺曼底登陆。

斯大林刚一提及第二战场的问题,丘吉尔马上又提出"柔软的下腹部"战略,觉得应该把重点放在地中海战役上。而斯大林则认为,意大利离德国心脏很远,对德国威胁不大,难以减轻苏军的压力,而从法国攻入德国本土则是最快也是最有效的战略。

"如果两路并进是不是更好呢?"丘吉尔思索了一会儿,算是作出了让步,但实际上丘吉尔担心的是,如果按斯大林的建议进行,苏联红军可能会进入奥地利、罗马尼亚和匈牙利,而这些对英国战后的利益将是多么不利啊。

罗斯福早就看出了丘吉尔的心思,他对丘吉尔说:"难道你想把战争向后推迟几个月吗?那样将给世界带来多么大的威胁啊。如果你坚持要这么做,我将单独执行'霸王'战役。"

最后,经过反复争论,三国达成了一致协议:1944年5月,英、美将实行"霸王"战役,并进攻法国的南部。斯大林也答应同时发动攻势,阻止东线德军西调。斯大林还明确表示,在击溃德国法西斯后,苏联将参加对日作战,不过条件是苏联要得到库页岛和千岛群岛。

1943年12月1日，斯大林、罗斯福和丘吉尔签订了《苏美英三国德黑兰宣言》和《苏美英三国德黑兰总协定》（后者作为秘密文件，当时没有公布）。

　　德黑兰会议公报的最后写着："我们怀着希望和决心来到这里。我们作为事实上的朋友而在这里分手。"

诺曼底登陆

　　苏德战争爆发后，斯大林便向丘吉尔提出在欧洲开辟第二战场的要求。丘吉尔担心斯大林会代替希特勒而未置可否。美国参战后，苏、英、美三国政府多次协商攻击法西斯的战略问题。但各方就时间和地点发生分歧，各国间不同的利益与苏和英、美两种不同的社会制度交织在一起，错综复杂，争论不休。但是法西斯的扩张，又使他们不得不相互妥协。几经周折，各方求同存异，在1943年11月的德黑兰会议上，三方最终达成开辟第二战场的协议。

　　1943年12月6日，美国的艾森豪威尔将军被选定为联军总统帅，近300万盟军陆海空将士在英伦三岛集结，准备横跨英吉利海峡，登上欧洲大陆，和东线苏联红军配合，夹击德军。这个大规模的作战计划代号为"霸王"行动。

　　1944年1月21日，艾森豪威尔及其参谋部结合各种条件，决定在法国西北部的诺曼底登陆。计划从卡昂到奥尔尼河之间占领一个立足点，并攻占不列塔尼的各港口，英第2军团在卡昂地区进行突破，吸引敌人预备队。美第一军团趁势登陆，从西面侧翼实施突破，一直向南前进到卢瓦尔河上。联军正面以卡昂为轴旋转，使右翼向东前进到塞纳河上。

1944年3月30日开始，联军对德阵地实施不间断的战略性轰炸，对铁路、公路、桥梁、车场、海防工事、雷达站、飞机场等设施进行大规模的摧毁，不仅造成德军指挥体系的瘫痪，交通运输补给线路的中断，而且最大限度地孤立联军登陆区和塞纳河与卢瓦尔河之间整个联军前进作战区的德军。

英美联军对登陆的突然性特别重视，他们制订了一个伟大的骗敌计划。在英国东南部建造了假总司令部、假铁路、假电厂、假油站、假船只等大规模的系统假象，暗示敌人联军会在英吉利海峡最窄处的加来港登陆，而且时间会更晚些。

1944年6月6日，天气条件不好，艾森豪威尔果敢决定实行登陆计划，早已做好充分准备的联军开始发动渡海攻击。海军扫除德军水雷阻碍线，并用重炮轰击敌人阵地。两个空降集团分别在圣梅尔艾格里斯和卡昂东北部地区降落，担负保卫登陆部队的任务。在舰队重炮和空军猛烈火力的配合和空降师的策应下，登陆联军在5个登陆区开始登陆。

这些突然攻击使因天气恶劣而防备松懈的德军惊恐。联军对交通线路的战略轰炸，使德军处于"铁路沙漠"之中；对制空权的绝对控制，使德军防御工事遭到摧残，联军的登陆极为顺利。凭借大西洋长城的防御，德军仍顽强抵抗，夜幕低垂时，联军终于突破防线。

6日下午，希特勒仍然认为联军的攻击只是佯攻，目的是掩护在加来方向主力的攻击，于是德军只是用步兵封锁住美军的渗透，用一个装甲军在卡昂地区与英军周旋，而精锐部队第15军团仍部署在安特卫普与奥尔尼河之间。

6月12日，联军登陆区连成一片，开始向诺曼底中部推进。但在德军的顽强抵抗下，联军进展缓慢，直到7月25日，才推进到卡昂、科蒙、圣洛以南地带。艾森豪威尔决定发动全面进攻，部队开始向法国心脏进攻。8月15日,美第7军团侵入法国南部,对德军造成钳形阵势。此时苏联反攻,牵制住德军的大股部队,没有预备队的德军遭到联军的痛击,损失惨重。8月19日,巴黎被联军攻占,诺曼底登陆以联军的胜利而结束。

诺曼底登陆是战争史上最大的登陆战役,它突破了希特勒所吹嘘的"大西洋铁壁",使战争进入反法西战争的最后决战阶段,加快了欧洲解放和第二次世界大战结束的进程。

雅尔塔会议

1945年初,法西斯的失败已成定局:一个月前,德军在西线发动的最后孤注一掷的攻势被击退;苏联红军占领了波兰和东欧,并从东线向德国逼近;美国部队解放了马尼拉,并从空中轰炸日本。但是,德黑兰会议上没有解决的问题必须在战争结束之前得到解决,这些问题包括:如何处置德国、波兰的疆界问题、其他东欧国家的地位、联合国组织和远东问题,等等。

1945年2月4日,斯大林、罗斯福、丘吉尔在黑海海滨雅尔塔举行会议。

罗斯福看了看斯大林和丘吉尔,说道:"我们三人已经成为了老朋友,而且我们三个国家之间的了解也在不断加深。大家都想尽快结束战争,也都赞成持久和平,所以,我觉得我们可以随时进行非正式会谈,以达成共同的目标。"

在罗斯福的感染下,会场的气氛很活跃。首先,苏联副总参谋长阿列克赛·安车诺夫将军和美国将军马歇尔分别就东线和西线战势作了汇报：苏军已占领了波兰波兹南，打开了通向柏林的大门，西线的盟军则向德国的莱茵河防线进攻，空军正对德国全境的军事目标进行轰炸，德军已经组织不起像样的撤退。

看到胜利在即，其他人也纷纷就当前的形势发表了自己的看法。最后，三方首脑就目前军事配合交换了意见。

第二天，会议就如何处置德国的问题进行了讨论。早在德黑兰会议上，三巨头曾就这个问题交换过意见，会后，成立了欧洲咨询委员会，专门研究分割德国的问题。根据英国的提议，战后的德军被划分为3个占领区，由美、苏、英分别占领，柏林由三国共同占领。而在这次会议上，罗斯福却建议道："在管制和占领战败的德国问题上，我认为应该统一化，不宜瓜分为各个占领区。不仅在最高层机构中行政管理应该统一，各级机构均应联合统一。"但是，罗斯福的这一建议却招致斯大林和丘吉尔的一致反对，只能作罢。

随后，丘吉尔又提出了让法国在德国占领一个区的提议。斯大林表示了强烈反对，他认为法国在打败法西斯德国的战争中并没有起到多大作用。而丘吉尔坚持己见，他认为法国在未来的欧洲将起到重要的作用，对管制德国也会有很大帮助。

正当双方争执不休的时候，罗斯福过来打圆场："美国在战后不会长久地在欧洲驻军，考虑到法国也曾为大战作出过不少贡献，丘吉尔首相提议的让法国协助英国来压制德国的提议还是可行的，阁下不如考虑一下。"斯大林看罗斯福同意了丘吉尔的提议，只好勉强表示同意。

当天下午，战败国赔款问题又引起一场激烈的争吵。斯大林说："在反法西斯特别是德国法西斯的战争中，苏联人民做出了巨大贡献，单独与德军抗衡了两年之久，死亡人的人数超过了两千万，这是一个多么庞大的数字啊。我认为德国的赔款总数不应该低于200亿美元，其中一半应该归苏联所有。如果德国没有能力偿还，可以用实物抵偿，如粮食、工厂、矿山等。"

丘吉尔对斯大林关于赔款问题的这一提议表示了反对:"我认为巨大数额的赔款只会招致更大的麻烦,一战后的德国就是个典型例子。"但是,在斯大林的坚持下,罗斯福和丘吉尔最后还是同意了这一赔款方案。

雅尔塔会议中,由于本身的实力和在打败法西斯中的作用,美、苏成为大会的主宰,英国则不得不处于陪衬地位。在讨论对日作战的问题时,斯大林和罗斯福并没有邀请丘吉尔参加,而是用私人讨论的形式完成的,他们无视中国主权,把中国权益当作交易的筹码。斯大林同意德国战败后两三个月内对日作战,罗斯福也保证战后苏联收回对库页岛南半部和千岛群岛的主权,并允许旅顺由苏联控制,甚至同意苏联人在"满洲"得到特权以及外蒙独立等。雅尔塔会议虽然争执四起,但也基本解决了战后德国的处理问题,并划定了波兰的疆界。

雅尔塔会议对战后世界格局的形成和发展产生了重大的影响。

墨索里尼的末日

1943年7月17日上午,一阵巨大的轰鸣声从罗马的上空传来,惊恐万分的人们纷纷四处躲藏。出乎意料的是,这次,盟国轰炸机并没有投下炸弹,而是撒下了几百万份传单,传单是美国总统罗斯福与英国首相丘吉尔联名签署的致意大利人民的《公告》。《公告》如一声惊雷,给意大利人民指明了方向,在意大利引起了极大的震动,罢工与游行此起彼伏,墨索里尼政府像站在了火山口。当墨索里尼内外交困的时候,法西斯集团也开始对他失去了信心,最后，连一直支持他的国王埃努尔三世也对他疏远了。7月25日，埃努尔三世下令把墨索里尼囚禁起来。

墨索里尼被监禁后，几经迁徙被藏匿在亚平宁山脉顶峰上的一座饭店里。9月12日，希特勒指派德国的特种部队"弗里登"突击队把墨索里尼从囚禁地救了出来。两天以后，在希特勒的扶植下，墨索里尼在德军占领的意大利北部地区成立了"意大利社会共和国"。

这个傀儡共和国注定了是短命的。1945年初，德国防线一一被摧毁，墨索里尼预感到末日即将来临。4月24日，他收到希特勒的一份电报：苏联军队已经攻入柏林，美英军队也在迅速地向柏林推进……墨索里尼知道大势已去，绝望地瘫倒在座椅上。

4月25日，意大利的反法西斯抵抗运动举行了全国总起义，并成立了最高领导机构"北意大利民族解放委员会"。反法西斯组织命令墨索里尼在两个小时内投降，墨索里尼不甘心就这样束手就擒，而且他深知，如果自己投降，同样会受到人民的审判。于是，他打算逃离罗马。深夜，一支由30辆汽车组成的德国和意大利法西斯分子的车队正在意大利瑞士边境公路疾驶。昔日威风凛凛的墨索里尼缩在汽车里，他用一床破旧的毛毯裹住身体，用大衣领子和帽子盖住自己的脸，不想别人看到他落到今天这个下场。

"停车，我们要例行检查。"突然，道路上出现了全副武装的意大利游击队员。

前面的几辆德国军车停了下来，后面意大利的军车则开始逃窜，有的掉过车头往回开，有的钻进了旁边崎岖的小路。游击队员立即分头追击。逃跑的人全部落网，并被关进了附近的一所学校里。

"报告长官，听说墨索里尼就在德军这个车队里。"一个满脸大胡子的中年士兵走到游击队队长奈里身旁低声说。

奈里眼睛一亮，然后走近德军车队，他一辆车一辆车检查着，最后，他在一辆卡车上发现了一个人蜷缩在驾驶室里。

"他是谁？"

"噢，长官，他刚刚喝醉，你瞧，他可是一个醉鬼啊。"一个德国兵慌忙答道。

"是吗？不过他的腿上怎么穿着高级军官才有的镶着金色条纹的法西斯军裤？我看他不会是一个简单人物吧。"奈里一边说着一边看了看已六神无主的"醉鬼"。

"看好了，别让这辆车开走。"奈里悄悄对身旁的一个游击队员说，随后，走向指挥部去报告他发现的可疑人物。

不大一会儿，游击队副队长拉扎罗拉走了过来，他摘掉那个人的帽子，拉下他的衣服领子。

"去报告队长，他就是意大利法西斯党魁墨索里尼。早前我曾经和他有过一面之缘，我肯定没有认错。"然后，拉扎罗拉庄严地对早已经吓得面无血色的"醉鬼"说，"我以意大利的名义逮捕你。"

"醉鬼"没有答话，只是慢慢地站了起来，举起双手，弯着腰下了车。经审讯，这个"醉鬼"的确是罪大恶极的墨索里尼。和墨索里尼一起被抓的还有法西斯其他几个头目，其中还包括墨索里尼的情妇佩塔奇。

听说墨索里尼被抓住了，人们激动万分。4月28日，意大利人民举国欢庆。这天下午，游击队总参谋部派瓦莱里奥上校来到东戈，瓦莱里奥将代表总参谋部对墨索里尼和其他几个法西斯头目进行就地处决。

傍晚时分，游击队员将墨索里尼和佩塔奇押上汽车，把车开到贝尔蒙蒂的公馆大门前。游击队员把墨索里尼和佩塔奇拉下车，让他们站到别墅的的大铁栅栏旁边，然后荷枪实弹地守卫在四周。

看到这阵势，墨索里尼明白自己的末日来到了，吓得发起抖来。

"我以人民法庭的名义宣布：本尼托·墨索里尼，死刑！克拉拉·佩塔奇，死刑！"瓦莱里奥宣布道。"呼！呼！"几声枪响过，墨索里尼和佩塔奇双双倒在地上。第二天，墨索里尼的尸体被运到米兰的洛雷托广场，吊在一个废弃加油站的钢梁上供人指责唾骂。

攻克柏林

1945年初,德国法西斯的失败已成定局。4月16日,苏军元帅朱可夫到达库斯特林附近奥得河岸的第8司令部。凌晨5时,朱可夫下达了进攻德国首都柏林的命令。

得到元帅下达的命令,苏军的几千门大炮齐吼起来。此时的德国已经没有还击之力,经过半个小时的轰击,敌军阵地上先前的几声抵抗的枪声消失了,变得死一般的沉寂。

突然,数千枚信号弹升上了天空,燃起了五彩缤纷的火花。顿时,地面上的140多部强力探照灯齐放光芒,一同照向德军阵地。在探照灯的指引下,苏联红军的步兵在坦克的协同下向柏林发起了冲锋。与此同时,苏联的轰炸机也对德军阵地进行了轮番轰炸。苏军很快突破了敌人的第一道防线,但是,在进抵德军的第二道防线时,苏军却遇到了阻碍。尽管朱可夫一而再、再而三地集结大量兵力和坦克进攻第二道防线——泽劳弗高地,却屡屡失败。

斯大林在得知苏军进展缓慢时,忙致电朱可夫,协助他调整了战略部署。终于,苏军攻占了泽劳弗高地。

4月25日,苏联红军完成了对柏林的包围,并与美、英联军会师,随即红军突入市区,开始了激烈的巷战。

但是,苏军对胜利即将到来的憧憬又一次落空了。在柏林城高大的砖砌楼房和各类建筑物之间,残酷的最后战争开始了。苏联人的坦克开进了柏林,这些坦克对摧毁德军工事的确起到了很大作用,但是,在狭窄的市区,这些重型武器就显得笨拙多了。在苏联红军"像辛勤园丁在花园里洒水般"倾泻炮弹的时候,德国士兵已经躲到了地下室里。而炮击一停止,他们就会爬到地面上,依托每一条街道和每一座楼房向苏军射击。在碎石垃圾成堆的柏林街道里,只要有一辆苏联坦克被击中,道路就会被堵塞,这时,德国人会用反坦克火箭弹逐个从侧面消灭敌人。德国人利用机动兵力,往往出现在苏军的背后给苏军以意想不到的打击。

但是,德国法西斯毕竟已经成了强弩之末,再多的抵抗也只不过是垂死挣扎而已。27日,柏林的争夺战已经向市中心一带转移。在隆隆的炮声中,柏林总理府已经是一片废墟。希特勒再也没有了以前的嚣张气焰,此时的他已经成了孤家寡人,几天前,他的得力助手、空军总司令戈林挟大量的金银财宝逃到了萨尔斯堡,并声称接管帝国的全部领导权。

"快来柏林解围,你们难道没有听说苏军已经到了柏林了吗?海因里希和温克的军队都在哪里?"希特勒在离地面几十米的地下室里对着话筒狂叫着,他哪里知道,他所求助的这些部队早已经被苏联红军消灭了,柏林之围是解不了了。

又打了几个没头没脑的电话后,希特勒已经精疲力尽,他躺在沙发上,想休息一会儿,但从地面上传来的轰鸣声却使他更加烦躁不安。头顶上的炮弹声越来越近了,夹杂着坦克碾过地面的声音。

"看来我的末日是临近了。"希特勒默默地对自己说。

坐在沙发上,他眼前浮现出墨索里尼被曝尸街头的场面,不由得打了个寒战。他转身对卫队长格林说:"我和爱娃将会在这里自杀。你去准备两条羊毛毯子和足够焚烧两具尸体的汽油。我们死后,你把我们裹着抬到花园里烧掉……"格林吓了一跳,而希特勒却是相当平静。

4月29日,希特勒命人把还留在柏林的德国官员请到总理府的地下室,虽然来的人寥寥无几,但他还是摆出一副非常庄重的表情。

"很高兴各位能在大敌当前来到这里,今天我有两件事宣布。一是,海军元帅邓尼茨将完成我没有完成的任务,二是我的私事,我将与爱娃在今天夜里举行婚礼。"爱娃是希特勒的情妇。

当天夜里,希特勒与爱娃的婚礼在地下室的地图室举行,柏林市政府参议员瓦格纳主持了婚礼。

4月30日,希特勒坐在总理办公室的沙发上,爱娃蜷缩在他的脚边。他环视着四周,看了爱娃最后一眼,然后拿起预先准备好的手枪朝着自己的右太阳穴开了一枪。希特勒死后,爱娃也挣扎了片刻就停止了呼吸,她早已经服下了剧毒药品氰化钾。也就在这一天,苏军攻占了德国国会大厦。5月2日,苏军占领了整个柏林。

第一颗原子弹

1939年8月的一天,一封由著名科学家爱因斯坦签名的信放在了美国总统罗斯福的办公室桌上:

"总统阁下:

我读到了费米和西拉德近来的研究工作手稿。这使我预计到,元素铀在最近的将来,将成为一种新的、重要的能源……

为此,我建议……和有关人士及企业界实验室建立接触,来促使实验工作加速进行……

据我所知,目前德国已停止出售它侵占的捷克铀矿的矿石。如果注意到德国外交部次长的儿子在柏林威廉皇帝研究所工作,该所目前正在进行和美国相同的对铀的研究,就不难理解德国何以会有此举了。"

罗斯福坐在轮椅上,默默地读完了这封信,开始了激烈的思想斗争：爱因斯坦是个正直的科学家，由于纳粹的迫害，爱因斯坦和一批科学家逃离德国迁居美国。1939年夏，有消息称德国正在进行一项秘密工程，即试图利用原子科学的成果，制造一种毁灭性很强的新式武器，万一德国法西斯抢先制造出原子弹，人类的命运将不堪设想。但是，这种谁也没有见过的原子弹是否真的能制造出来呢？如果美国要赶在德国之前制造出这种武器，那经费从哪里来呢？如果不慎爆炸怎么办？

罗斯福想了许久，还是理不出头绪来。

"您是否还记得，拿破仑就是因为没有采用富尔顿利用蒸汽船的建议而未能横渡英吉利海峡的。而一旦德国的研制成功，美国将会是第一批受害者。"罗斯福的科学顾问萨克斯及时提醒了他。

为了慎重起见，罗斯福与美国一些官员进行了反复的研究。

10月19日，罗斯福终于对爱因斯坦的信做了肯定的回答。按照罗斯福的指令，一个以"S－11"为代号的特别委员会成立了，这个委员会将负责核试验的研究。1941年12月6日，美国成立了一个庞大的工程机构——曼哈顿工程管理处，它的使命就是负责设计制造原子弹。与此同时，纳粹德国也在加紧研究制造原子弹。为了不让德国制造成原子弹，英美两国想尽了一切办法来炸毁挪威的重水工厂，以切断德国的重水来源。第一次突击失败以后，英国突击队又在1943年2月17日进行了第二次突击，这就是著名的"重水之战"。这次爆破的胜利，使纳粹德国丧失了建立原子反应堆必不可少的重水，制造原子弹的计划不得不向后推迟。

1942年8月，美国陆军工程兵团建筑部副主任格罗夫斯将军主持了"S－11"委员会家、高级管理人员会议，制定了一个名为"曼哈顿"的新计划。"曼哈顿"计划规定，研究工作所有指挥权都集中在曼哈顿工程管理处，设在新墨西哥州荒原上的原子实验室由著名科学家罗伯特·奥本海姆主持，奥本海姆则每天都与坐镇华盛顿"曼哈顿"总部的格罗夫斯将军汇报情况。这项工作具有高度保密性，就连副总统杜鲁门也是在1945年4月，罗斯福去世后接任总统时才知道这一机密的。

为了能抢在德国人之前造出第一颗原子弹，美国还向欧洲战场派出了名叫"阿尔索斯"的行动小组，专门搜捕德国科学家和收集德国制造原子弹的情报。

1945年7月16日凌晨，美国新墨西哥州阿拉英戈多沙漠里正在进行着试验原子弹的准备工作。5点30分，随着一声巨响，一团巨大的火球从地面升腾而起，窜上8000米的高空。火球升起的一刹那，沙漠上尘土飞扬，大地被震得颤动起来。美国政府集资25亿美元，动用40万科技人员和工人，经过3年研制出来的世界上第一颗原子弹终于爆炸成功了。

第一批原子弹共有3颗，被试验爆炸的一颗命名为"瘦子"，另外两颗被命名为"胖子"和"小男孩"。

第一颗原子弹爆炸成功的时候，杜鲁门正在德国波茨坦参加会议。为了对付日本和抑制苏联，杜鲁门在8月2日的回国途中决定对日本投掷原子弹。8月6日和8日，美军先后在日本的广岛和长崎投下了两颗原子弹，加速了日本投降的进程。

日本投降

1945年7月26日，中、美、英三国发表了《波茨坦公告》，公告的主要内容是督促日本必须立即无条件投降。

8月6日，美军第509混合大队奉命向日本广岛投掷了一颗原子弹，原子弹爆炸的威力造成了广岛6万多建筑物被毁，9万多人死亡，3.7万多人负伤，13万人患上了放射病。第二天，美国总统杜鲁门向全世界发表声明，敦促日本政府赶快投降，否则就将遭到"来自空中的毁灭"。在美国广播之后，日本的海军统帅部才接到设在广岛的日本第二军总司令部的报告："美军使用了一种破坏力极强的炸弹，据推断可能是原子弹。"但是，广岛的悲剧并没有使日本立即同意接受《波茨坦公告》的最后通牒，而是把希望寄托在苏联的调停上。

8月8日，苏联向日本宣战，并出兵中国东北，盘踞在此的关东军土崩瓦解。同时，美国又在长崎投下了第二颗原子弹，长崎全城的27万人中，有6万在当日就死去了。次日，中国向日寇展开了大反攻。朝鲜、越南、菲律宾、马来亚、泰国、印度尼西亚等许多国家的军民也对日军发起了最后反攻，日本侵略者被打得焦头烂额。

就在日本法西斯四面楚歌、陷入绝境之际，一群日本军政要人聚集在防空洞里就是否接受《波茨坦公告》展开了激烈的争论。

"盟国正在督促我国投降，我想听听大家的意见。"铃木首相一副疲惫的样子，把身子靠在沙发上，等着听其他军政要人的意见。

"从现在的情况来看，我们只能投降了，我想盟国会同意我们维护国体、保存天皇制度的。"外相东乡茂德垂头丧气地说，显然，他已经没有其他的办法了。

海军司令部总长丰田副武似乎有些不甘心："投降可以，但除了维护国体外，盟国还必须答应我们三个条件：我们要自行处理战犯，自主地解除武装，最重要的是我们不能让盟国占领日本本土。""大日本帝国怎么能无条件投降呢？不如我们实行本土决战，说不定我们可以击退敌军呢。"陆相阿南惟几一直是个顽固的抵抗派。

在争论半天毫无结果的情况下，铃木首相决定上奏天皇。此时的天皇裕仁早已经没有刚开战时的锐气，他有气无力地说："这几天的情况大家也看到了，即使我们有足够的精神去重新投入战争，但胜利的希望已经没有了。依我看，还是接受《波茨坦公告》吧。"

8月10日，日本接受《波茨坦公告》的广播传到美国，美国总统杜鲁门征询了英、苏、中三方的意见，向日本政府发出了一道复文："自投降之时起，日本天皇必须听命于美国最高司令官……日本政府之最后形式，将依日本人民自身表示之意愿确定之。"

两天后，美国飞机越过太平洋飞抵日本东京上空，从飞机上向下散发日语传单，其中包括日本政府接受《波茨坦公告》的电文和同盟国复文。8月14日，日本又召开了御前会议。会上，陆相阿南惟几再恳请天皇向盟国提出照会：如果盟国不允许保护天皇制，那日本只有背水一战。阿南惟几的请求并没有使天皇无条件投降的决心改变，天皇不但下令起草了无条件投降的诏书，还将诏书录了音。阿南惟几声泪俱下地离开了会场。8月15日，日本天皇以广播"停战诏书"的形式，向盟国宣布无条件投降。28日，美国空军在东京降落，接着，大批的盟军在日本登陆。

9月2日，是日本向盟国举行签降仪式的日子。这天上午，停泊在东京湾的美国战列舰"密苏里"号见证了这一历史性的时刻。日本新任外相重光葵和参谋总长梅津美治郎首先在投降书上签了字，接着，同盟国代表、盟军最高统帅麦克阿瑟，美国代表尼米茨，中国代表徐永昌，英国代表福莱塞，苏联代表杰列维亚科等也依次在投降书上签了字。至此，日本帝国主义15年的侵略战争以彻底失败告终。

正义的审判

二战后，如何处理战败的德国和日本的问题，成为国际关系中一个重要的问题。为了彻底肃清法西斯势力，实现民主化和非军国主义化，防止军国主义和法西斯主义死灰复燃，维护世界和平，盟国对德、日法西斯战犯进行了审判，这就是纽伦堡审判和东京审判。

1943年10月，苏、美、英三国莫斯科宣言规定，战争结束后，将对战争罪犯进行审判。1945年8月，上述三国和法国在伦敦签订协定，拟定欧洲国际军事法庭宪章，规定由四国指派检察官组成委员会进行起诉，由四国指派的法官组成国际军事法庭进行审判。1945年10月18日，国际军事法庭第一次审判在柏林举行。从11月20日开始，审判移至德国南部城市纽伦堡举行，至1946年10月1日结束，历时近一年。包括纳粹第二、三号人物戈林、赫斯和外长里宾特洛甫在内的20多名战犯被提起公诉。法庭进行了403次公审，以大量确凿的证据揭露了德国法西斯的种种滔天罪行。法庭根据四条罪行对战犯进行起诉和定罪：策划、准备、发动、进行战争罪；参与实施战争的共同计划罪；战争罪（指违反战争法规或战争惯例）；违反人道罪（指对平民的屠杀、灭绝和奴役等）。前两条合起来称为破坏和平罪。1946年10月1日，法庭作出了最后判决，判处戈林等12人绞刑，3人无期徒刑，4人有期徒刑。

死刑判决于1946年10月16日执行，戈林在处决前一天服毒自杀。与此同时，法庭还宣布了4个犯罪组织，它们是：纳粹党领导机构、秘密警察（盖世太保）、保安处和党卫队。对这几个犯罪组织的成员，各国可以判以参与犯罪组织罪直接判处死刑。此后，在美、英、法、苏各个占领区以及后来的联邦德国和民主德国各法庭，又对众多的战争期间的犯罪分子进行了后续审判，他们大多是法西斯医生、法官、工业家、外交人员、国防军最高司令部人员、军事骨干以及党卫军高级干部等。

纽伦堡审判基本上是一次公正的审判，是人类有史以来对侵略战争发动者的第一次法律制裁，有利于防止历史悲剧的重演。它为以后对破坏和平罪的审判奠定了基础，标志着国际法的重大发展。

在第二次世界大战进行之时，盟国就认为，日本战犯也应受到与德国战犯同样的处理。1945年12月16日至26日，苏、美、英外长决定实施《波茨坦公告》中的日本投降条文，包括惩办日本战犯。根据《波茨坦公告》、日本投降书、盟国的《特别通告》以及《远东国际军事法庭宪章》，盟国决定在东京设立法庭审判日本战犯。

根据宪章规定，法庭将审判及惩罚被控以个人身份或团体成员身份犯有以下三种罪行的战犯：破坏和平罪（策划、准备、发动或进行侵略战争）；战争罪（违反战争法规或战争惯例）；违反人道罪（对平民进行杀害、奴役和放逐，或以政治、种族和宗教为理由对平民进行迫害的行为）。盟军最高统帅麦克阿瑟于1946年2月18日任命澳大利亚的韦伯为首席法官，中国、苏联、美国、英国、法国、荷兰、菲律宾、加拿大、新西兰和印度10国各派一名代表为法官，美国的约瑟夫·B.凯南为首席检察官。

1946年4月29日，东条英机等28名战犯正式被起诉。1946年5月3日，远东国际军事法庭正式开庭。首席检察官历数了28名战犯在战争中的罪行，列举了55项罪状，指控他们犯有破坏和平罪、战争罪、违反人道罪。1948年11月4日，法庭宣读判决书，对25名出庭战犯判决如下：判处东条英机等7人绞刑；16人被判处无期徒刑；其余判处有期徒刑。

1948年11月12日，远东国际军事法庭闭庭。1948年12月23日，东条英机等7名战犯在东京巢鸭监狱被绞死，尸体被火化。其余战犯入狱服刑。对日本战犯作出的严正判决，受到了世界舆论的欢迎。这次审判，使全世界人民进一步了解了日本帝国主义从"九一八事变"到太平洋战争期间的侵略真相和罪恶的事实，是对日本法西斯分子的一次全面清算和重大打击。但是，一些应该受到审判的战犯并未成为被告，一些罪大恶极的战犯并未受到严惩，给深受其害的各国人民留下了不良的印象。

联合国建立

1945年4月25日，美国旧金山市中心的大歌剧院里一片沸腾，来自世界各国的人们兴奋地谈论着即将开幕的大会。是什么重要的大会让世界各国的人们聚集到了一起呢？原来，今天在这里举行的大会将要讨论联合国的成立，并制定《联合国宪章》。

下午4点左右，美、中、英、苏4个发起国和其他国家的代表先后走入歌剧院。紧接着，1800多名各国记者也进入会场，他们将成为这一历史性时刻的见证人。

联合国是在第二次世界大战期间开始筹备创立的，它是世界人民渴望和平的产物。第二次世界大战的战火燃烧到世界60多个国家和地区，有近20亿人被卷入战争，其中有5000万人死亡，全部交战国直接战费总额计11540亿美元。蒙受战争苦难的世界各国人民是多么渴望实现持久的和平啊。早在1941年英美两国发表的《大西洋宪章》里，两国首脑就提出了要在战争结束后建立一个"广泛而永久的普遍安全制度"，道出了饱受战争之苦的人们的心声。

1943年10月，中、美、英、苏代表在莫斯科举行会议，并签订了《四国关于普遍安全的宣言》，这是呼吁建立国际安全机构的开端。

1943年11月的开罗会议中，中、美、英三国代表商讨了战胜日本及战后的共同策略。不久，美、英、苏又在德黑兰举行会议，在这次会议期间，罗斯福与斯大林提出了战后成立联合国的建议，但这次会议并没有提出建立联合国的各个细节，这些细节是在一年后提出来的。1944年8月至10月，苏、美、英三国代表和中、美、英三国代表分别举行会议,讨论并拟定了《关于建立普遍性国际组织建议》,在这个《建议》中,规定了联合国的宗旨、原则和各机构的组成。

尽管世界各国在维护世界和平方面的宗旨一致,但却也存在着很大的分歧,尤其是美国和苏联。作为两种社会制度的代表,美国和苏联永远都是针锋相对。美国的目标是想建立一个战后世界各国的协调机构,而苏联却以防止德、日法西斯侵略力量的再起为目标。此外,苏联代表提出的苏、美、中、英、法五大国享有否决权的问题也遭到了美、英的反对。

在1945年2月召开的雅尔塔会议上,罗斯福和丘吉尔终于与斯大林达成了协议,接受了苏联关于联合国的组织方案,同意五大国拥有否决权,并把乌克兰和白俄罗斯列为联合国会员国。于是,几个大国才在举行制定联合国宪章的会议问题上取得了一致意见,并决定"制宪会议"在旧金山召开。

大会的开幕式上,美国代表发表了简短的讲话,接着是新继任的美国总统杜鲁门的讲话,杜鲁门在讲话中强调了联合国对世界和平与人类发展的意义,并一再强调"和平"与"合作"是此次大会的两大主题。开幕式洋溢在一种和谐友好的气氛中。

"制宪会议"持续了整整两个月,这时的会员国已增至到51个。各国代表都先后在大会上发了言,研讨了会议的组织工作,并确定了英、俄、法、汉和西班牙语为大会正式工作语言。6月26日,大会一致通过了《联合国宪章》,51个国家的代表在《宪章》上签了字。为了纪念《宪章》的签定,6月26日这天又被称为"宪章日"。

1945年10月24日,联合国正式宣布成立,并把总部设在美国东海岸纽约市的曼哈顿区。

冷战时期

二战结束后,美苏双方冲突不断,美国为了争夺世界霸权,于1947年推出了"杜鲁门主义","冷战"开始。为了进一步控制欧洲,1949年4月,在美国的主导下,成立了北大西洋公约组织。1955年,苏联与一些东欧国家建立了华沙条约组织。这两大集团在欧洲尖锐对立。

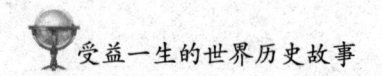

丘吉尔的"铁幕"演说

1946年3月,美国密苏里州富尔顿城里的威斯敏斯特学院热闹非凡。学院门口车水马龙,院内的草坪上密密麻麻地排列着座椅,3000多名观众陆陆续续地进场,并不断地兴奋高昂地讨论着。原来,英国前首相丘吉尔将在这里进行一次演讲。

在众目睽睽之下,美国总统杜鲁门走上了讲台,他首先对丘吉尔来美访问致了欢迎辞。紧接着,丘吉尔在一片掌声中迈着稳健的步子走上了讲台,他满面微笑,向听众们挥动着手里白色的礼帽,发表了题为《和平砥柱》的演讲。

在演讲中,丘吉尔首先对美国进行了吹捧,称其为"正高踞在世界权力的顶峰",随即话锋一转,提醒听众新的战争和暴政正日益威胁着世界,而根源就是苏联和国际共产主义运动。为了表示他本人对世界和平的担忧,丘吉尔沉默了许久,然后带着激动的声音说道:"从波罗的海边的海斯德丁到亚得里亚海边的的里雅斯特,已经拉下了一张巨大的铁幕。这张铁幕后面坐落着中欧、东欧古老国家的城市——华沙、柏林、布达佩斯、布拉格、维也纳、贝尔格莱德、布加勒斯特等。这些著名的都市和居民都处于苏联势力范围之内了。这些都市不是以这样就是以那样的形式屈服于苏联的势力范围,而且越来越强烈地受到来自莫斯科的高压控制。

在这张铁幕外面,共产党的'第五纵队'遍布各国,刚被盟国的胜利照亮的大地,又被罩上了阴影,到处构成对基督教文明的日益严重的挑衅和危险。没有人知道,苏联和它的共产主义国际组织

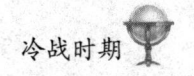

打算在最近的将来干些什么……

如果我们不趁现在还来得及的时候正视这些事实,而任苏联继续扩大它的势力范围,那么我们的危险会越来越大,所以,现在是我们该做出决定的时候了……"

丘吉尔呼吁英美联合起来,建立"特殊关系",推动西方民主国家"团结一致"。并建议在军事上"继续保持密切的联系,以便共同研究潜在的危险",用实力反对苏联。

坐在台下的杜鲁门带头鼓起了掌,他与丘吉尔的想法是非常一致的。自从他接任总统后,马上就表示要对苏联采取强硬政策。尤其是日本投降后,他公开宣称"已厌倦了笼络苏联人",开始推行一种以苏联为主要对手,以欧洲为重点,以谋求世界霸权为目标的战略。而苏联也不甘示弱,在波兰、罗马尼亚、匈牙利、保加利亚等国建立了人民民主政权,同美国进行直接对峙。1946年2月9日,斯大林发表演说时指出"战争是现代垄断资本主义发展的必然结果"。杜鲁门正为找不到反击苏联的理由而苦恼,于是,马上把这篇演说污蔑为"第三次世界大战的宣言",并表示赞成美国驻苏联大使馆代办乔治·凯南提出的必须对苏联采取"遏制"政策的建议。

当时国际国内舆论对苏联普遍持有好感,如果一意孤行对苏联采取"遏制"政策,肯定会招来不必要的麻烦,于是,杜鲁门开始寻找志同道合的反共斗士,他首先把目标锁定在英国前首相丘吉尔身上。

丘吉尔发表如此言辞激烈的演说也并非是一时心血来潮,而是当时国际形势与英国的利益、自身的反共情结使然。二战后,昔日的日不落帝国风光不再,沦为二流强国,美、苏转而成为世界一流强国,美国始终是维护资本主义国家利益的,就算它在全世界发号施令,英国也还能接受,而作为社会主义国家代表的苏联却也位居其上,很是让英国不服气。于是,丘吉尔在杜鲁门的邀请下欣然来到美国访问,并发表了旨在反苏反共的这一演讲。

丘吉尔的"铁幕"演说是第二次世界大战之后西方政界一位最有身份的人对苏联进行的最公开、最大胆的指责，也是美国统治当局借别人之口发出的对以苏联为首的社会主义阵营开始"冷战"的最初信号。1947年3月12日，美国提出了要求遏制苏联和共产主义的杜鲁门主义，冷战正式开始。

"铁幕"一词不是丘吉尔的首创，但自从丘吉尔这次演说后，"铁幕"便成为了战后国际关系中有关东西方对抗的专有名词。

柏林危机

1948年2月，美、英、法、荷、比利时、卢森堡6国在伦敦召开外长级会议。在这次会议上，美国代表提议在德国西方占领区建立德意志国家。由于美国在德国问题上的主导地位，他的这一主张得到了其他5国的赞同。这次会议完全是在美国的操控之下进行的，持续了近4个月。6月7日，伦敦会议才告一段落，参会的国家在会后发表公告，决定在德国西区拟定"基本法"，召开"制宪会议"，把美、英、法等国的占领区合并成统一的德意志国家，在建立的"西德"进行币制改革，"西德"的工业生产由6国组成的国际管理机构进行管理，等等。伦敦会议为什么没有苏联参加呢？原来，美国召开这次伦敦会议的主要目的就是想排斥苏联在德国问题上的发言权，试图单独解决德国问题，在德国西部建立一个国家，以此为反苏的前沿阵地。

在二战前夕的雅尔塔会议和波茨坦会议上，众参会国达成了在战争结束后由苏、美、英、法4国分管德国的协议。德国投降后，苏、美、英、法将德国领土分区占领：苏联占据东区，英国占据西北区，美国占据西南区，法国占据西区，而首都柏林由4个国家共同管理。1945年以后，4国曾举行过数次外长会议。但是，4国在各自的占领区内实行军事管制，只按照本国政府的政策行事，对本国政府负责，所以各国之间出现的分歧越来越多，很难就同一个问题取得一致的意见，这就使得盟国管制委员会形同虚设。

1946年底，美、英签订了双方对德国占领区合并的协定。第二年初，苏、美、英、法4国外长在莫斯科讨论德国问题，苏联代表在会上提出的建立德国临时中央政府的主张遭到了其他3国的反对。同一年，美国开始推行杜鲁门主义和马歇尔计划，加紧了对西欧的控制。尤其是在1948年的伦敦会议之后，美国蓄意分裂德国的意图越来越明显。

1948年3月20日，对美国行为极度不满的苏联宣布退出盟国管制委员会。6月19日，苏联针对美国宣布将于20日在德国西区进行币制改革的消息发表了政府声明，指出柏林是苏占区的一部分，并警告西方国家，如果其对苏占区货币流通进行破坏，苏联将采取措施加强管理，进一步控制西方国家进入柏林的通道。柏林危机由此开始。

美国把苏联的警告当作了耳旁风。6月21日，在美国的坚持下，美、英、法3国在德境西占区实行了单独的币制改革，发行了新的德国马克。苏联对美、英等国的上述活动一再提出抗议和反对，美国依然我行我素。

22日，苏、美、英、法4国代表在柏林召开会议，讨论柏林货币问题。针对德国西区的情况，苏联代表在会上宣布：苏联决定在柏林发行新货币，并拒绝了美国提出的西方3国管理柏林货币的要求。由于柏林是由4国分管的，美、苏关于柏林货币的问题一时争执不下，双方都声称有权在柏林推行新的货币政策。最后，柏林当局采取了折中方案，允许美国在西柏林执行其货币政策，在东柏林则执行苏联的货币政策。

柏林是苏联红军最先占领的,在攻克柏林的战役中,无论是从兵力还是财力上,苏联的损失都是巨大的。而用这么大代价换来的成果却白白地被美国占去了一半,苏联不能不为之恼火。24日,苏联封锁了柏林,中断了西柏林与西方占领区之间的水陆交通。美、英则对苏占区实行交通和贸易限制,并向西柏林空运物资。此时,柏林苏占区和德境西区关系非常紧张,市政管理陷入混乱之中,战争一触即发。

尽管柏林局势非常紧张,但美、苏双方都不愿最先使用武力。1949年1月31日,斯大林表示,如果美、英、法3国同意把建立单独的西德国家推迟到研究整个德国问题的外长会议召开时,苏联将会取消对柏林的交通管制。经过谈判,双方于5月12日解除了对德国各占领区和柏林之间的交通限制。双方还决定于5月23日在巴黎召开4国外长会议,继续就德国问题进行讨论。

5月23日,德意志联邦共和国在西占区宣布成立,10月7日,德意志民主共和国在苏占区也宣布成立。至此,德国被分裂成两个国家。

华沙条约

北约组织使苏联感到自身面临着严重的威胁。1949年1月29日,苏联外交部针对美国国务院的声明进行严厉谴责,把北约称作"美国和英国统治集团推行侵略政策的主要工具"。此后,苏联在各种场合都猛烈地抨击北约组织,并向联合国大会上诉。1954年10

月23日，西方国家签订了《巴黎协定》，允许联邦德国建立正规军，并加入北大西洋公约组织，公开重新武装德国。11月13日，苏联政府立即向以美国为首的西方国家发布照会，要求他们不要批准《巴黎协定》，并建议召开全欧洲会议，讨论防止德国军国主义的复活问题，但遭到西方国家拒绝。11月29日至12月2日，苏联召集阿尔巴尼亚、保加利亚、匈牙利、波兰、民主德国、捷克斯洛伐克和罗马尼亚等东欧七国政府代表在莫斯科汇聚，警告西方国家，一旦《巴黎协定》被批准，苏联与东欧国家将采取共同措施，组建联合武装。但西方国家对苏联的警告置若罔闻。1955年5月5日，《巴黎协定》正式生效。5月14日，苏联与东欧七国在波兰华沙签订了友好互助合作条约，称为《华沙条约》，简称"华约"。

华沙条约组织具有军事同盟的性质。条约规定：当缔约国之一遇到武装威胁时，其他缔约国应采取一切必要的方式给予援助；设立统一的武装部队司令部和政治协商委员会；缔约国不参加与华约相反的任何联盟或同盟，不缔结与华约相反的任何协定。华约还欢迎一切赞同该条约的国家参加。华约组织的主要机构有政治协商委员会和联合武装部队司令部。前者由缔约国各派一名政府成员或一名特派代表参加，负责审议一切重要的政治、军事问题。从1960年以后，政治协商委员会一般由各缔约国执政党的第一书记或总书记以及政府首脑、外交部长、国防部长和华约联合武装部队总司令参加。联合武装部队司令部负责统率根据缔约国各方协议拨归其指挥的各国武装部队。上述两机构总部均设在莫斯科。

华约的建立使东、西方最终形成了两个对立的军事集团，使两大阵营带有强烈的军事对抗色彩，从而使冷战的气氛更加凝重。

华约组织后来成为苏联控制东欧的工具。1968年8月，苏联以华沙条约组织名义，出兵侵占了捷克斯洛伐克。同年9月阿尔巴尼亚退出该组织。1990年10月，民主德国并入联邦德国，民主德国不复存在。1991年4月1日，华约组织宣布解散其军事机构，7月1日，

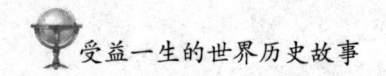

华约6个成员国领导人在布拉格签署议定书，宣布华约结束。至此，华沙条约组织正式解散，两大阵营的对峙宣告结束。

欧洲共同体

欧洲共同体是一个联合的政治和经济集团，包括欧洲煤钢共同体、欧洲经济共同体和欧洲原子能共同体，其中以欧洲经济共同体最为重要。

20世纪50年代中期，资本主义经济迅速发展，美国与西欧国家的力量对比发生了变化：西欧一些国家利用"美援"和美资，进行了大规模经济重建工作，使经济迅速恢复和发展起来，而此时美国的经济则开始衰退。

自二战后，美国一直把西欧作为主要销售市场，西欧国家经济恢复和发展后，力求摆脱美国控制，维护自己的市场。要实现这种目的，建立一个排他性经济集团势在必行。大垄断集团之间也相互结合，彼此渗透，建立起了一些跨国垄断组织。同时，它们也要求各国资本、劳动力和技术互相流通，打破国界，扩大市场。应这种形势的要求，欧洲共同体得以建立。

1950年5月9日，法国外长舒曼主张把法国和联邦德国的煤炭与钢铁工业置于一个"超国家"机构领导下，形成一个一体化国际组织，即建立欧洲煤钢共同体，还欢迎欧洲其他国家加入该组织。舒曼的倡议很快得到了联邦德国和西欧一些国家的响应。1951年4月18日，法国、联邦德国、意大利、荷兰、比利时、卢森堡6国外长在巴黎签订《欧洲煤钢共同体条约》，条约规定，建立6国煤钢共同市场，取消各种关税限制，调整各类煤、铁及钢的生产和销售。《欧洲煤钢共同体条约》于1952年7月25日生效，有效期50年。随着《欧洲煤钢共同体条约》的生效，欧洲煤钢共同体问世了。

欧洲煤钢共同体建立后，建立一个更为完整和广泛的经济共同体被提上了议事日程。1956年10月21日，欧洲煤钢共同体6个成员国外长再一次齐聚巴黎，讨论成立"欧洲原子能共同体"和建立欧洲"共同市场"等问题。1957年3月25日，6国外长在意大利罗马签订《欧洲原子能共同体条约》和《欧洲经济共同体条约》。这两款条约于1958年1月1日生效，同时，欧洲经济共同体和欧洲原子能共同体成立。《欧洲经济共同体条约》的主要内容包括：各成员国间建立关税同盟，逐步建立起统一的对外关税率和贸易政策；制定共同竞争规则，消除各种限制和歧视竞争的协定和制度；实现共同市场内部商品、劳动力和资本的自由流通，等等。条约还规定设立欧洲投资银行，设立欧洲社会基金。

1965年4月8日，上述6国在布鲁塞尔召开会议，签订了《布鲁塞尔条约》，决定将欧洲煤钢共同体、欧洲原子能共同体和欧洲经济共同体合并为统一的机构，统称欧洲共同体。

欧洲共同体的总部设在比利时首都布鲁塞尔，欧洲议会秘书处和欧洲法院设在卢森堡。欧洲共同体的主要机构有：部长理事会、欧洲理事会、欧洲议会、执行委员会、欧洲共同体法院、审计院、经济社会委员会、欧洲投资银行等。其中，部长理事会是最高的决策机构，欧洲议会是监督和咨询机构。

欧洲共同体成立后，于1973年接纳英国、爱尔兰、丹麦为正式成员国，1981年和1986年又接纳了希腊和西班牙、葡萄牙为正式成员国，1995年，瑞典、奥地利和芬兰也加入欧洲共同体。此后，又相继有欧洲国家加入。

欧洲共同体作为一个经济、政治实体，同世界上130多个国家和地区建立了正式关系。在不少国家和国际组织中派驻了代表团，各国也派遣外交官驻欧洲共同体。中国与欧洲共同体于1983年11月全面建立正式关系，并派驻了大使。

欧洲共同体已经成为当代国际关系中一支重要的经济、政治力量。欧洲共同体在实施经济一体化和政治一体化方面的主要活动包括：建立工业品关税同盟和实行统一的外贸政策，实施共同的农业政策，走向经济和货币联盟，统一对外渔业政策，统一预算，加强政治领域的合作，等等。

1993年，《欧洲联盟条约》的签订标志着欧共体的发展进入了一个新时期，根据内外发展的需要，欧洲共同体正式易名为欧洲联盟。

日内瓦会议

1954年2月28日，苏、美、英、法4国外长在柏林会议上达成协议，决定于同年4月在瑞士的日内瓦举行会议，主要讨论朝鲜问题和印度支那问题。

4月26日，除苏、美、英、法、中五大国的代表外，还有有关国家的代表参加。中国代表团由总理周恩来率领，日内瓦会议是中国首次以五大国之一的地位和身份参加讨论国际问题的一次重要会议。

日内瓦会议的第一项议事日程是讨论朝鲜问题。参加这次讨论的有朝鲜半岛两国、澳大利亚、加拿大、比利时、希腊、哥伦比亚、荷兰、新西兰、菲律宾、土耳其等国的代表。

日内瓦会议对朝鲜问题和印度支那问题的讨论是交叉进行的。从5月8日起，各国代表就开始讨论印度支那问题，参加者除五大国外，还有越南民主共和国、柬埔寨、南越、老挝的代表。

印度支那问题主要讨论包括：停战后一段时期内为越南交战双方武装力量划分集结区，停战的监督和保证，印度支那3国的政治前途等。越、中、苏3国代表主张印支全境停火，政治解决印度支那问题，但法、美等国则坚持军事停火只限于越南，拒绝承认印度支那3国的民族权利。美国的目的很明显，企图延长或扩大印度支那战争。在这种情况下，中国代表团同苏联和越南代表团紧密合作，尽力争取与会国的多数，包括法国，集中反对美国的破坏，推动了会议的发展。

7月21日，会议通过《日内瓦会议最后宣言》，签订了关于在印度支那三国交战双方停战的协定，结束了法国在这个地区多年的殖民战争和统治，确定了印度支那三国的民族权利。

日内瓦会议表明，国际争端是可以用和平协商的方法求得解决的，不同制度的国家是可以和平共处的。持续了8年之久的印度支那战争通过协定停止下来是日内瓦会议的重大成就，这次会议对维护世界和平起到了巨大作用。

万隆会议

1955年4月18日，印度尼西亚的万隆沉浸在一片喜气之中。市礼堂前，一阵礼炮声过后，操着各种语言的代表们步入礼堂，举手投足之间尽是喜悦。原来，这里将举行一场国际盛会，这是历史上第一次由亚非国家自行发起召开而没有帝国主义国家参加与操纵的国际会议，这次会议由于在万隆召开，因此被称为万隆会议。

二战后，亚非的许多国家都摆脱了帝国主义国家的殖民统治，赢得了政治上的独立。但是，由于长期的奴役，这些国家在经济上与帝国主义存在着千丝万缕的联系。为了彻底摆脱帝国主义的控制，将命运真正掌握到自己手中，许多亚非国家认识到，只有制定一个针对帝国主义和殖民主义的共同纲领，才能保卫民族解放运动的胜利成果。

1954年4月，印尼总理沙斯特罗·阿米佐约在南亚5国（印尼、缅甸、印度、斯里兰卡、巴基斯坦）总理会议上提出了"举行一次更广泛的亚非国家会议的可能性"的建议，与会代表对此表示支持。此后，印尼、印度、缅甸、中国等国都为召开非亚国家代表会议做着努力。1954年6月，中国总理周恩来访问缅甸和印度时，在中印、中缅的联合声明中提出了互相尊重领土主权、互不侵犯、互不干涉、平等互利、和平共处的五项原则，并认为这五项原则同样适用于国际关系准则。12月底，南亚5国总理在印尼茂物举行会议，决定联合发起亚非会议，邀请一些新独立的亚非国家和地区参加，并把反对殖民主义、争取和保障民族独立、促进世界和平、推动亚非国家的团结与合作、维护民族自主权等作为会议宗旨。

但是，帝国主义反对势力不会轻易放弃亚非这块肥肉，他们对亚非的独立进行了阻挠。看到独立趋势不可阻挡，他们便又对亚非国家的团结进行破坏。

1955年4月15日，美国总统艾森豪威尔向亚非国家宣布，在他的建议下，美国国会将通过新的"援助"计划，妄图以经济援助为诱饵对某些参与国施加影响。但万隆会议还是如期举行了。

参加这次会议的除5个发起国和中国外，还有阿富汗、柬埔寨、老挝、约旦、苏丹、泰国、土耳其、伊朗等共计29个国家和地区的代表参加。美国虽然没有被邀，但却派遣了一个庞大的记者团参会。

印尼总统苏加诺致开幕词说："这是人类有史以来第一次有色人种的洲际会议。为了反对殖民主义和种族主义，亚非国家应该联合起来。我们并不是要建立反对其他集团的集团，而是为亚非各国乃至全人类找出一条通向和平的道路。亚非国家在世界政治舞台上发出呼声的时刻已经到来了……"

4月24日，万隆会议举行了最后一次全体会议，通过了《亚非会议最后公报》，就亚非国家共同关心的问题达成了协议。《公报》还提出和平共处和友好合作的"十项原则"。

在万隆会议之后，亚非各国争取和维护民族独立的斗争更加深入，越来越多的国家奉行和平中立的外交政策。

古巴猪湾事件

古巴的猪湾景色秀丽，一片片茂密的红杉树显得极外抢眼，游客们在海滩上缓缓地散着步，一派悠闲之态。而40多年前的春天，这里曾发生过震惊世界的猪湾事件。

1959年，菲德尔·卡斯特罗领导古巴人民推翻了亲美的巴蒂斯塔独裁政权，摆脱了美国长达60年的控制。随后，卡斯特罗宣布成立古巴临时革命政府，并出任古巴总理兼军队总司令。为了摆脱国内严重的经济困难，卡斯特罗很希望得到美国的经济援助。1959年4月，卡斯特罗曾以私人身份访问了美国，当他提出要求后，遭到了美方的拒绝。5月，在美洲国家组织的经济委员会议上，卡斯特罗的这一要求再次遭到了美国的拒绝。在得不到外援的情况下，卡斯特罗便在古巴大刀阔斧地实行社会主义改革：没收外国资本，实行经济独立，对外坚持独立自主，并发展和社会主义国家的友好关系。一向骄横的美国不甘心自己在拉丁美洲的利益受到威胁，想方

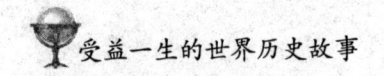

设法地推翻卡斯特罗政权。

1960年，美国政府宣布停止进口古巴食糖。古巴是产糖大国，要靠食糖的出口来换取进口物资和外汇，而美国则占了古巴出口食糖的60%。美国以为以此就能逼卡斯特罗乖乖就范，但是，卡斯特罗也并非等闲之辈，他向社会主义大国苏联伸出了求助之手。

苏联大批的食糖订单使美国的计划破产了。其实，苏联也早就想扩大自己在西半球的影响，只是一直没有找到机会，古巴的求助正好给苏联制造了一个向古巴渗透的借口。美国政府看到卡斯特罗同苏联关系密切，怒火中烧。10月，美国宣布对古巴实行全面禁运，古巴则宣布将美国在古巴的财产收归国有，两国关系严重恶化。

1960年底，美国总统艾森豪威尔接受美国中央情报局的提议，招募流亡在海外的古巴人，把这些流亡者送到危地马拉的一个偏僻山谷，对他们进行训练并提供装备，组成"古巴旅"，随时准备对古巴发动突然袭击。

1961年1月，新总统肯尼迪刚一上台，就加紧了对古巴的颠覆行动。4月17日，美国中央情报局实施了一项代号为"猫鼬行动"的旨在推翻卡斯特罗的计划。黎明时分，由1400名古巴流亡分子组成的"古巴旅"在美国飞机和军舰的掩护下，于古巴南端的猪湾登陆，并继续向北推进，试图在古巴制造内乱，推翻卡斯特罗政府。

然而，"古巴旅"对猪湾的突然袭击并没有使古巴出现混乱局面。相反，在卡斯特罗的指挥下，古巴军队和民兵与入侵的敌人展开了殊死搏斗。卡斯特罗把猪湾附近一座制糖厂改成了临时指挥部，他高声对他的战友们喊道："击沉所有的船只！胜利是属于我们的！"卡斯特罗非常镇静，古巴军民也异常英勇。而美国雇佣军方面则相形见绌：停泊在猪湾的船只被古巴方面的轰炸机炸沉，4架B-26轰炸机被击落，前去进行空袭的6架B-26轰炸机由于天气原因没有成功。

为了挽救陷在猪湾的"古巴旅"，美国政府命令驻扎在加勒比海地区的美国空军掩护从尼加拉瓜起飞的B－26轰炸机对古巴进行轰炸。但这并没有改变"古巴旅"失败的命运,4月19日,即"古巴旅"登上猪湾72小时之后,便遭到了全军覆没的惨败。

猪湾事件的第二天,苏联领导人赫鲁晓夫就写信给美国总统肯尼迪,呼吁美国停止对古巴的侵略,并向美国政府发出警告,如果美国继续侵略行为,苏联将向古巴提供反击侵略所需要的一切帮助。猪湾事件发生后,古巴政府也对美国提出了强烈的抗议。然而,美国政府却一再声明美国并没有参与策划和发动猪湾事件,并声称这一事件只不过是"古巴爱国者的杰作"。

不过,美国中央情报局局长艾伦·杜勒斯随后的辞职却向世人昭示了这一事件的真相。

古巴导弹危机

卡斯特罗领导的古巴新政府成立后,美国政府担心距离美国佛罗里达南端只有90多千米的古巴将成为苏联威胁美国的桥头堡。所以,美国中情局一直秘密训练古巴流亡分子,准备登陆古巴,推翻卡斯特罗政权。1961年初,在美国中央情报局的策划下,1400名古巴流亡分子组成"古巴旅",在美国飞机和战舰的掩护下在猪湾登陆,企图颠覆古巴政权。但"古巴旅"刚一登陆,便遭到了古巴革命军事武装的迎头痛击。

美国不肯就此罢休,又先后多次派遣间谍潜入古巴暗杀卡斯特罗,但卡斯特罗对美国的态度一如既往的强硬。1962年7月,古巴国防部长前往莫斯科请求苏联对古巴实行军事援助。苏联方面立即应允，并秘密地与古巴达成协议：苏联提供的军事援助中，常规武器归古巴所有，导弹、核弹由苏联掌握。古巴开始在极其保密的情况下建立导弹发射基地。

美国总统肯尼迪早就对古巴与苏联的关系心生疑虑，恰在这时，美国中央情报局侦察到苏联正用货船向古巴运送导弹。肯尼迪意识到问题的严重性，立即召集由国务院、国防部、中央情报局、参谋长联席会议等方面的负责人和一批顾问参加的紧急会议。会上，有的人主张实行海上封锁，有的人主张采取进行军事打击。最后，肯尼迪考虑到苏联实力的强大，决定对古巴实行海上封锁，为了避免与国际上的其他国家产生摩擦，美国对外宣称这次行动为"海上隔离"。此外，美国还在佛罗里达集结重兵，数百架战略轰炸机随时待命。

10月22日，肯尼迪发表电视讲话，向全世界宣布了苏联在古巴建立进攻性导弹发射场的消息。肯尼迪称，苏联的这种做法极大地威胁到了包括美国在内的西半球，为安全着想，美国会采取相应行动，迫使苏联把导弹撤出西半球，而"海上隔离"只是行动的第一步。与此同时，肯尼迪还命令部署在加勒比海域的180艘美国舰只，对前往古巴的船只进行拦截和检查。美国海外的军事基地以及潜艇上的导弹也进入了戒备状态，并通过卫星追踪站密切监视苏联在古巴境内的一切军事活动。

苏联领导人赫鲁晓夫看到建设导弹基地的计划已经被美国人识破，忙下令加快向古巴运送导弹，并发表声明，如果苏联船只遭到拦截，苏联将会予以回击。此刻，在赫鲁晓夫的命令下，一支由25条商船和战舰组成的苏联船队正向美国海军的警戒线冲来。随着双方距离的拉近，战争一触即发。

10月24日，美国对古巴实施的"海上隔离"正式开始。美军舰队在执行任务时，与两艘苏联货船相遇，双方在海上形成了对峙。

最终，肯尼迪的强硬态度还是使赫鲁晓夫退却了。当苏联船只

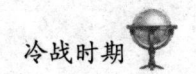

在即将到达美国警戒线时，突然停了下来，即而掉头返航。

10月25日，在联合国的调停之下，赫鲁晓夫表示愿意停止向古巴运送武装。赫鲁晓夫还致信肯尼迪，要求美国解除对古巴的封锁，并保证不再入侵古巴，防止危机升级。肯尼迪思量再三，表示同意赫鲁晓夫的建议。

10月28日，莫斯科电台广播了赫鲁晓夫的决定：苏联已经停止在古巴的导弹发射场施工，下令撤除这些武器并包装运回苏联，等等。随着这一消息的发布，古巴导弹危机最严重和最危险的时刻终于过去了。12月6日，苏联运走了在古巴的全部导弹和轰炸机。经过核实后，美国也宣布解除对古巴的海上封锁。

古巴导弹危机是美、苏争夺霸权的结果，也是战后美苏关系的一个转折点。

越南战争

第二次世界大战后，越南领袖胡志明宣布越南独立，1954年，在由中、美、苏、英、法等23个国家参加的日内瓦会议上，法国承认了印度支那三国的独立、主权和统一的地位，并同意从三国撤军。而美国出于在远东的利益和其全球性战略考虑，一心想在该地区取代法国，因此拒绝在日内瓦协议上签字，只表示不会使用武力威胁来妨碍协议的实施，暗中却指使吴庭艳在南越成立南越共和国傀儡政权。

吴庭艳上台后，5年内残害革命者8万余人。在越共的领导组织下，1960年12月20日，以越共为核心的人民解放武装力量组建

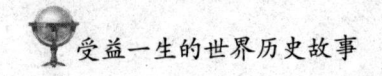

起来。

1961年5月,为保护吴庭艳政府,美国出钱、出枪、出装备,武装南越伪军,并派遣一支特种部队作为顾问,对越南人民解放武装军队进行剿杀,开始了美国利用越南人打越南人的"特种战争"。1962年2月,美国在西贡设立军事司令部,由保罗·哈金斯将军指挥。南越伪军在美国的指使下,在南方建立1.7万个"战略村",周围用带刺的铁丝网和碉堡围圈,将整个南部划分成为较小的若干地区,使越共很难渗透到村里,群众也全部被囚禁在村里,"战略村"成了变相的集中营。游击队针对敌人的战略村计划,想方设法与群众联系,将战略村变成战斗村。

1963年1月,美荻省丐礼县北村对敌人的扫荡进行勇猛的反击,击伤击落美直升机15架,粉碎了敌人的扫荡。到年底,南方游击队共打死打伤美军2000余人,南方大部分地区获得解放。

南越的军事受挫,使美国统治者愤怒。1963年11月,美国策划政变,杀死吴庭艳。1964年初,"特种战争"宣告结束。

1964年8月5日,美国借口其驱逐舰"马多克斯号"在越南领海被北越鱼雷袭击,制造了"北部湾事件"。美军开始对北越义安、清化、鸿基等地进行连续空中轰炸,企图以"逐步升级"的局部战争取代原来的"特种战争",以挽回败局。接着,美军实行焦土政策,对北方进行大规模的轰炸,对南方不断增兵。

越南群众极其愤怒,他们积极参加民族解放军和游击队,采用奇袭战、游击运动战、伏击战,围点打援,给美军及伪军沉重打击,歼灭美军6000余人。

1968年1月30日,南方军民开始对大中城镇进行攻击,对西贡、岘港、顺化等64个城市展开全面的"新春攻势"。45昼夜的激战,歼灭敌军15万余人,赢得了新春大捷。美军虽然拥有各种兵种54.5万人,伪军110余万人,但在战场上完全陷入被动防御。

1968年3月11日,美国被迫提出和谈。企图一面和谈,一面继

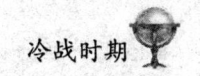

续增兵,搞战争升级。越南军民的顽强反击,使计划屡遭失败。美国总统尼克松上台后,迫于国内及国际压力,不得不调整侵越政策。不甘心失败的美国政策决定实行"战争越南化",一面从越南撤军,一面由南越伪军承担作战任务。

1973年1月27日,美国被迫签订《巴黎协定》,宣告结束其在越南的军事行动。但变相地使两万余名军事顾问和相当规模的海空部队留守越南,支援南越伪军。

1975年3月,在越南共产党的领导下,越南民族解放军和游击队展开了大规模的自卫反击战,在顺化、岘港、西贡会战中,全歼阮文绍伪军,彻底解放了整个越南,结束了越南战争,实现了全国的统一。

越南战争使美国遭到惨重失败,从此美国的霸权开始衰落。越南虽然赢得胜利并实现了统一,但战争的残酷,尤其是美国在越南使用的大量除草剂、除叶剂等生态武器,给当地群众带来极为深重的灾难。

纳赛尔之死

埃及原为英国的殖民地。1952年7月23日,以纳赛尔为首的"自由军官组织"推翻了依附英国的法鲁克王朝,并于第二年废除了君主制,建立了埃及共和国。此后,纳赛尔高举阿拉伯民族主义的旗帜,努力摆脱英国的控制,如废除1936年屈辱的《英埃条约》,迫使英国于1954年10月19日签订《开罗协定》,等等。

1955年2月,以色列在英、美等国的支持下向埃及控制的加沙地带发动进攻,使刚刚建立共和国的埃及损失惨重。同时,美国撕毁了先前与埃及达成的帮助埃及修建阿斯旺水坝的合同。迫不得已，纳赛尔向苏联请求援助。苏联也早想插足中东，以排挤英、美，但一直苦于没有机会。当纳赛尔一提出请求，执政的赫鲁晓夫立即表示接受请求，并决定向埃及提供武器。与此同时，埃及与西方的关系恶化，纳赛尔拒绝了西方国家带任何条件的军事援助。

在苏伊士运河问题上，埃及也表示出了强硬态度。纳赛尔于1956年7月26日在亚历山大港向25万埃及群众发表演说："苏伊士运河是用埃及人民的鲜血、生命和灵魂建成的，而却被英、法所控制。我在此宣布，国际苏伊士运河公司将收归国有，运河的收入将用来建造阿斯旺水坝，运河的航运将由埃及管理。"埃及人民群起响应，纷纷要求把英、法势力从埃及清除。

英、法当局听到埃及政府的这一决定后极为恐慌，迅速拟定了军事占领苏伊士运河的计划。1956年8月2日，英、法、美三国外长发表联合宣言，借口运河是国际航道，不承认埃及对运河实行国有化的权利，英法两国还冻结了埃及在英、法的存款和运河公司的费用。但是，纳赛尔政府顶住英、法、美的压力和封锁，于9月9日实现了运河的国有化。

英、法、美对纳赛尔和埃及共和国恨之入骨，于是，他们开始支持以色列对埃及发动战争，甚至直接出动军队进行干涉。

1956年10月29日晚，以色列军队兵分4路向埃及的西奈半岛全线进攻。在纳赛尔的号召下，埃及守军进行了反击。两日后，英、法成立了联合作战司令部，并出动飞机轰炸埃及的各大城市和机场，但空袭并没有取得多大效果，于是，英、法决定派兵入侵埃及。不过，不久以后的失败再一次使英法两国失望了：在塞得港登陆的英法士兵不是做了俘虏就是被就地打死，英、法不得不于11月6日被迫停火。通过这次战争，埃及人民维护了主权，纳赛尔也因此成了风云人物。

为了遏制苏联和纳赛尔的影响，美国抛出了"艾森豪威尔主义",拉拢亲美的阿拉伯君主国,抗衡纳赛尔主义的扩散和苏联势力的渗透。但是,西方各国的如意算盘又一次打错了。1958年7月14日,伊拉克亲西方的费萨尔王朝被推翻了,伊拉克退出了巴格达条约组织。紧接着,中东其他国家的亲西方政权也岌岌可危,纳赛尔分子异常活跃。为了摆脱困境,美国决定诉诸武力,支持以色列发动旨在打击整个阿拉伯世界的"六五战争"。

"六五战争"后,纳赛尔为收复失地,要求苏联给予军事援助。苏联也表示将帮助纳赛尔,但这种帮助却是有条件的。1967年6月底,苏联最高苏维埃主席波德戈尔内及苏军总参谋长扎哈罗夫到达开罗与纳赛尔进行谈判,要求埃及把亚历山大港借给苏联作为海军基地,并悬挂苏联国旗。纳赛尔断然拒绝了这一要求,但为了争取苏联的援助,同意为苏联的地中海舰队提供停泊场所,并允许苏联的军事专家深入到埃及的营级单位担任顾问。

为了督促苏联履行诺言,1968~1970年,纳赛尔曾4次访问莫斯科,但苏联领导人却以不愿"冒风险"为由,不售与埃及进攻性武器。甚至代表中东国家与美国进行谈判,进入"不战不和"的状态。

纳赛尔从苏联回国后,忧愤交加,意识到自己想依靠苏联收复失地的意愿彻底破灭。1970年9月28日,纳赛尔含恨去世。

苏联入侵阿富汗

阿富汗位于亚洲中南部,虽然经济落后,土地贫瘠,但它是连接亚欧大陆和印度洋的枢纽。20世纪70年代,苏联加紧了与美国争夺世界霸权的步伐，积极推行全球战略。阿富汗在苏联的全球战略中具有特殊的地位，从1973年起，苏联便对阿富汗从政治、经济、文化和军事等方面进行渗透，在阿富汗内部培植亲苏势力。阿富汗政局动荡，军事政变不断发生，苏联趁机以支援为名向阿境内派军。1979年9月，试图摆脱苏联控制的阿明发动政变，夺取了政权。苏联担心失去对阿富汗的控制，决定采取军事行动。

1979年12月中旬，苏军把军队集结在预定区域。26日，280架大型运输机在喀布尔国际机场和巴格兰空军基地降落，5000余名苏军和大量军事装备运抵。27日，空降部队兵分三路向阿首脑机关、电台和国防部进发，入侵阿富汗的战争拉开序幕。苏军的闪击行动，使阿明猝不及防，他本人被杀，苏军控制了首都喀布尔。随后集结在边境的苏军6个师，以阿富汗发生政变、受新上台的卡尔迈德之邀的名义，分东西两路进攻阿富汗。8.5万苏军在亲苏派的支持下，进展顺利。次年1月2日，两路大军在坎大哈会合，不久苏军占领了阿富汗的主要城市和交通要道。

苏军的入侵激起了阿富汗人民的愤怒，他们奋起反抗，大大小小的起义组织如雨后春笋。他们利用对地形的熟悉，以游击战、运动战为主，不断奇袭苏军和政府伪军。妄想速战速决，一举征服阿富汗的苏军陷入了阿富汗人民游击战的泥潭之中。

1980年2月，苏军将战略转移到扫荡、清剿反政府的游击队上来，但是阿富汗的地形复杂，苏联现代化机械部队受到严重限制，扫荡并没有收到成效。于是，苏军全面封锁游击队的根据地，切断其对外联系，随后集中优势兵力，分进合击，空降突袭，利用飞机、大炮、坦克对游击队根据地进行猛烈轰炸，清剿根据地的游击队。

出乎苏军意料的是，扫荡和清剿并没有给游击队造成重创，相反，游击队伍迅速壮大到10万余人。他们充分采用机动灵活的战术，破坏苏军交通线，频繁向大城市发起攻击，给苏军和政府军造成很大麻烦。1985年，7大抵抗组织建立了统一战线，各战场上的游击队进入相互策应、协同作战的新阶段。6年战争中，苏军共伤亡3.5万余人、耗资400亿美元，苏联不但看不到胜利的希望，而且背上了沉重的战争包袱，还遭到国际社会的纷纷谴责。

阿富汗人民的勇敢抵抗，使苏联在政治、经济、外交、军事上都承受着巨大的压力。1985年，刚上任的苏共总书记戈尔巴乔夫改变侵阿政策，将清剿起义军的任务移交阿政府军，苏军只控制重要城市和交通要道。

为把苏军赶出国土，推翻现政权，游击队采用奇袭、破坏交通线、迂回包抄等战术，攻击苏军已被孤立的据点，对城市进行围困打援。游击队虽给苏军和政府军造成了很大威胁，但没能改变苏军控制城市和交通线的局面。

在旷日持久的战争僵持和国际舆论的压力下，1988年4月14日，苏联被迫接受了日内瓦会议上达成的协议，从5月15日开始至1989年2月15日，从阿富汗撤出全部军队，苏联侵阿战争结束。

苏联入侵阿富汗，改变了苏联的全球战略，对国际战略格局产生深远影响，也表明苏联的扩张进入了新的阶段。这场战争不仅使苏联付出了巨大的人力、财力，而且其国际声誉也大大降低，为苏联的解体埋下了重重的一笔。

英阿马岛之战

在南美洲的最南端，有一块星罗棋布的群岛——马尔维纳斯群岛，简称马岛。英国人把马岛称为福克兰群岛，认为英国人约翰·斯特朗在1690年就曾到过此岛。但是，英国人的说法并没有得到世人的认可。马岛曾被法国、西班牙等国占有。1816年，独立后的阿根廷把马岛变成了自己的第24个省。几年后，马岛上的阿根廷人与到该岛捕猎的美国人发生冲突。在美国人和阿根廷人进行争执的时候，英国人乘机占领马岛。此后，马岛一直为英国所占。

二战后，阿根廷多次就马岛问题向联合国提起申诉。1965年和1973年，联合国大会也两次通过敦促英、阿通过和平谈判解决马岛问题的决议，但英阿谈判却丝毫没有进展，不过矛盾也没有激化。

随着科学技术的发展，昔日荒凉的马岛被发现埋藏有丰富的石油、天然气和其他矿藏。再加上航运技术的突飞猛进，马岛的地理位置也越来越重要起来。出于对资源的需要，英阿谈判终止。在美国的调停下，不久谈判又得以恢复。1980年，英国虽然同意将马岛主权移交阿根廷，但却要求长期租借马岛。英国的这一无理要求被阿根廷毅然拒绝，此后，英阿两国的矛盾越来越深。1981年，军人出身的加尔铁里被选为阿根廷总统。加尔铁里刚一上台，便开始制定用武力收复马岛的计划。

"马岛是阿根廷的一座宝库，英国人却强行将它占领。100多年过去了，我们实在忍无可忍，我们必须要夺回马岛的主权，把英国人赶出去。"加尔铁里在讲话中表达了他收复马岛的决心。随后，加尔铁里命令军方制订了代号为"罗萨里奥"的行动计划。

1982年4月2日凌晨，4000名阿根廷海军陆战队队员在航空母舰"五月花号"统领下，乘坐数艘军舰浩浩荡荡地奔赴马岛，经过精心策划的阿军登陆马岛后攻占了机场和港口。英国对马岛已经占领了100多年，没有料到阿根廷军队会进行突袭，所以只在岛上留驻了80名守军，其余英军被调到南乔治亚岛同阿根廷军队交战。世界各国的目光马上被聚集到马岛上，在被英国占领149年后突然又升起了阿根廷的国旗，难道这不意味着一场战争的到来吗？

初战告捷的阿根廷人举国欢庆，士气高涨，加尔铁里也因此成

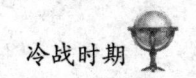

了民族英雄。而此时的英国国内则一片议论，一种蒙羞的感觉正在迅速蔓延，官员们则为丧失"领土"而相互指责，任英国首相的撒切尔夫人更是如坐针毡。

为了稳住国内阵脚，撒切尔夫人于4月3日召开紧急会议，并发表了激烈的讲话："英国的领土主权多年以来第一次受到了侵犯，福克兰群岛是英国发现的，岛上居民的生活方式是英式的，而阿根廷人却占领了它，这是对大英帝国的侮辱，我们必须把它夺回来。"随后，英国议会决定派出一支由英国海军少将约翰·伍德沃德为统帅的特混舰队开赴马岛。看到英军势在必得的架式，美国国务卿黑格又想通过外交方式来调解英阿的矛盾，但这一次没有成功，有"铁娘子"之称的撒切尔夫人不会像二战时期的张伯伦一样听由别人摆布。

4月25日，英军击毁了阿根廷数艘潜艇、巡洋舰，马岛在英战斗机的疯狂轰炸下一片狼藉。30日，英军完成了对马岛周围200海里范围的海上和空中封锁部署，阿军也进入了最高戒备状态。5月2日下午，英国的"征服者号"核潜艇在马岛200海里禁区外36海里处击毁了阿海军旗舰"贝尔格诺将军号"巡洋舰。第二天，在马岛北侧，英军用"海鸥"式导弹击沉了阿军的"索布拉尔号"巡逻艇。面对接连的胜利，英军开始沾沾自喜起来，但一场噩梦正悄悄地向他们袭来。

面对英军咄咄逼人的攻势，加尔铁里把目光投向了从法国购得的5枚"飞鱼"导弹上。5月4日，英国花费两亿多美元最新建造的"谢菲尔德号"军舰被阿根廷"超级军旗"战斗轰炸机携带的两枚"飞鱼"导弹击中了。不久，英国当作"第三艘航空母舰"用的大型运输商船——"大西洋运送者号"也被"飞鱼"导弹击中。这对骄傲自大的英军是一个沉重的打击。

但是，阿根廷在总体实力上毕竟不能与老牌资本主义英国相抗衡，当最后一枚"飞鱼"导弹发射出去后，阿根廷再也拿不出任何足以抵抗英国的力量了。6月8日，3000名英军乘坐"伊丽莎白二世女王"号客轮登上马岛，使岛上的英军人数增加到了8000人。英军仗着人多势众，牢牢地掌握着马岛的海空控制权，并封锁了马岛。

6月13日，英军调集火力，飞机、导弹、大炮等一齐向马岛进行了最后轰炸，阿军阵地瞬间被夷为平地。次日晚7时，马岛阿军司令梅内迪斯将军向英军投降，为期74天的马岛之战终于结束了。

海湾战争

1990年8月2日凌晨，伊拉克突然出动了10多万兵力，以迅雷不及掩耳之势进攻邻国科威特。科威特是一个小国，只有2万人的部队根本禁不住伊拉克军队潮水般的进攻。次日，伊拉克军队攻入科威特王宫，随后占领科威特全境，并宣布科威特政府被推翻，将成为伊拉克的第19个省。

伊拉克的这种侵略行为很快激起了国际社会的强烈谴责。联合国安理会先后12次通过决议要求伊拉克恢复科威特的主权与独立，尽快从科威特撤军，并对伊拉克实行经济封锁和武器禁运。其他国际组织也相继与伊拉克方面接触，试图说服伊拉克领导人结束这场侵略战争。但是，处于内外交困中的伊拉克总统萨达姆·侯赛因却对此置若罔闻。萨达姆心里有自己的如意算盘，他知道国际社会正把眼光盯在忙于和平演变的苏联身上，中东地区根本不会引起太大注意。伊拉克的近邻科威特是海湾地区一个盛产石油的阿拉伯国家，在奥斯曼土耳其时期，这里是伊拉克巴士拉省的一部分，虽然伊拉克于1961年承认了科威特的独立，但从未正式承认过两国间的边界，这为以后的战争埋下了祸根。

伊拉克入侵科威特使美国等西方国家在海湾的利益受到了威胁。为了保证在海湾地区的石油利益和战略地位，为了防止伊拉克操纵石油输出国组织进而控制西方国家经济命脉，也为了维持中东地区的稳定和势力均衡，显示在世界事务中的作用，美国与部分西方国家制定了代号为"沙漠盾牌"的军事行动计划，随后便以联合国的名义开始了在海湾地区的大规模的军事集结。

11月29日，联合国安理会通过了授权使用武力将伊拉克军队赶出科威特的678号决议，规定1991年1月15日为伊拉克从科威特撤军的最后限期。萨达姆根本无视国际社会的和平努力与联合国的最后通牒，依然加紧扩军备战。在积极进行军事部署的同时，还打出了"人质盾牌"作为对"沙漠盾牌"的反应：禁止所有敌视伊拉克国家的外国公民离开伊拉克和科威特，一旦战争爆发，这批滞留在伊拉克和科威特的外国人将成为第一批牺牲品。同时，以美国为首的8个国家派往海湾地区的军队已经达到了70万人左右，组成了以美军将领斯瓦茨科夫为总司令的多国部队，进行好了随时发起军事行动的准备。海湾地区剑拔弩张，一场恶战已不可避免。

1991年1月17日，以美国为首的驻海湾多国部队向伊拉克发动了大规模的空袭，开始执行"沙漠风暴"军事计划，720多架飞机从不同的方向向伊拉克的60多个目标发起攻击。由于此前采取了迷惑伊拉克的措施，多国部队的军事行动并没有被伊拉克方面察觉。当巴格达市民还处在甜美的睡梦中时，一枚枚炸弹临近了他们。代表美国最先进技术的F-117隐形轰炸机把一颗激光制导炸弹投到了位于巴格达闹市区的电话电报公司大楼的正中，在剧烈的爆炸声中，大楼周围火光冲天，而负责守卫大楼的伊拉克士兵还不明白到底发生了什么事情。顷刻间，密集的炸弹从天而降，铺天盖地地落下，爆炸声不绝于耳。总统府大楼、国防部大楼、空军指挥部大楼及近郊的萨达姆国际机场等军事目标先后被击中。很快，整个巴格达处于一片火光之中。在连续不断地进行狂轰滥炸的同时，驻守在

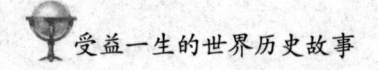

波斯湾海域的多国部队的军舰，向伊拉克及科威特也发射了近百枚载有重磅弹头的"战斧"式巡航导弹。

伊拉克虽然对多国部队强大的空袭进行了还击，但却收效甚微。80%的"飞毛腿"导弹被美国的"爱国者"导弹拦截，伊拉克的反击能力被削弱了。

经过一个多月的空中打击，伊拉克的指挥系统、导弹基地、军工厂等均遭到了严重的毁坏和损伤。2月，多国部队统帅部决定执行代号为"沙漠军刀"的作战计划，转入地面进攻阶段。在多国部队强大的攻势下，伊拉克最精锐的共和国卫队伤亡惨重。

2月26日，萨达姆被迫下令驻在科威特的伊拉克军队撤离科威特。27日，萨达姆宣布无条件接受安理会关于伊拉克的决议。至此，历时42天的海湾战争结束了。

世界新格局

20世纪80年代以来,世界局势很不稳定。苏联和东欧的剧变,彻底打破了以雅尔塔体系为基础的两极格局,并使世界进入了新旧国际格局的大转换时期。人类历史进入又一次的重大转折时期,政治、经济、文化等各领域都呈现出鲜明的特点。随着两极格局的终结,世界格局开始朝着多极化方向发展。

东欧剧变

1989年12月，波兰修改了宪法，将国名由"波兰人民共和国"改名为"波兰共和国"。这样，在东欧国家中出现了第一个非社会主义国家。

波兰是东欧诸国中局势最不稳定的一个国家。二战后，尤其是华沙组织成立之后，波兰的经济大多采用苏联的模式和管理体制，实行中央高度集权，限制商品经济，强化指令性计划，片面强调重工业，使农、轻、重工业比例严重失调。20世纪70年代，波兰政府不顾实际情况，推行"高速度、高积累、高消费"的政策，大量举借外债，以此来提高人民生活水平。

1980年7月，波兰政府举借的外债已高达近300亿美元，波兰政府不得不采取冻结工资、提高商品价格的措施来偿还外债。对政府的这种做法，群众极为不满，以各种活动进行抗议，波兰经济顿时陷入混乱。

政府宣布肉类价格上涨40%～60%的当天，一座小城里的交通设备厂的工人举行了罢工。很快，罢工浪潮席卷各地。这次罢工成为波兰战后规模最大、持续时间最长的群众抗议活动。在罢工中，有一个叫瓦文萨的年轻人脱颖而出，他原是格但斯克造船厂的电工，由于无法忍受波兰政府的政策，他四处奔走，广泛联络，成立了"团结工会"，他本人担任工会主席。在瓦文萨的宣传下，团结工会很快壮大起来，在总人口不足3700万的波兰有950万人成为了工会的会员，而且，政府部门也有大批官员加入了团结工会。

1981年9月，团结工会召开了第一次代表大会。会上通过了《纲领决议》，决议明确指出，"不承认波兰统一工人党的领导和社会主义"，宣布要"改造国家机构"，并公开提出要夺取国家政权。会后，瓦文萨开始准备武装夺权的各项工作，建立了武装工人卫队。

在团结工会的策划下，波兰全国进行了无休止的罢工，全国经济陷入瘫痪状态，使人们本来就困难的生活更加雪上加霜。没多久，人们对团结工会也产生了怀疑。

在这种情况之下，雅鲁泽尔斯基将军出任统一工人党第一书记。雅鲁泽尔斯基是一个手段强硬的人，他并没有被接手的烂摊子吓倒，而是宣布从12月13日零时起在全国实行军事管制，取缔团结工会，并且逮捕了瓦文萨等团结工会的领导人。这次罢工浪潮总算被遏制下去了，波兰经济开始复苏。可惜好景不长，1988年，波兰再次出现了财政危机，物价暴涨，罢工浪潮再度掀起。在这种形势下，美、英等国政府也开始向波兰政府施加压力，要求波兰政府恢复团结工会的合法地位。

在内外交困的情况下，统一工人党于1988年12月举行十届十中全会，决定在波兰实行政治多元化和工会多元化，有条件地承认团结工会为合法组织。

东山再起的瓦文萨吸取之前的经验教训，表示不再以"推翻当局"而是以"帮助政府摆脱困境"为主要目的。次年2月，波兰政府与团结工会及其他反对派举行圆桌会议，统一工人党向团结工会作了原则性的让步，同意实行立法、行政、司法三权分立，实行总统制和议会制，进行议会和参议院的大选。

按照圆桌会议达成的协议，1989年6月，波兰举行议会选举。在选举中，统一工人党虽然获得了议会中的299个席位，但在参议院中未获一席，而团结工会则获得了参议院100个席位中的99个。团结工会一跃成为控制两院的第一大党。

在议会投票中,雅鲁泽尔斯基以一票的微弱优势当选为波兰总统,而新政府则由团结工会的成员为主。出任总理的是团结工会顾问马佐耶茨基,此外,在23名内阁成员中,团结工会占12席,统一工人党仅占4席。就这样,统一工人党节节败退,在不久后波兰议会通过的宪法修正案中,又删去了统一工人党在国家中起领导作用和波兰是社会主义国家的条文,将国名由"波兰人民共和国"改为"波兰共和国"。在1990年12月的大选中,在美、英等国的支持下,瓦文萨当选为波兰共和国总统。

波兰是东欧国家出现的第一个非共产党领导的政府。紧接着,东欧各国相继发生剧烈的政治变动,匈牙利、保加利亚、捷克斯洛伐克、罗马尼亚、东德、阿尔巴尼亚等国均发生了政权更迭。

总体来看,东欧剧变是以美国为首的西方国家实施和平演变战略的结果。

苏联解体

1991年12月25日,在克里姆林宫上空飘扬了69年之久的有着镰刀和锤子图案的苏联国旗徐徐落下,取而代之的是一面蓝白红三色的俄罗斯国旗,世界上第一个社会主义国家苏联就这样消逝在历史之中了。

苏联是无产阶级革命导师列宁亲手缔造的,建国之初,面对以美国为首的西方帝国主义的干涉,苏联人民给予了坚决反击。二战后,苏联开始了与美国争夺世界霸权的明争暗斗。20世纪70年代末,苏联的政治、经济与民族关系出现了严重的危机。但是,苏联领导人认为依然有必要与美国抗衡，只相当于美国经济实力1/3的苏联就这样维持着与美国不相上下的庞大的军费开支。1979年，苏联入侵阿富汗，这不仅使苏联陷入了经济泥潭之中，还使苏联共产党的威信一落再落。

在这种情况下，54岁的戈尔巴乔夫于1985年出任苏共中央总书记。

戈尔巴乔夫出生于俄罗斯联邦南部的斯塔夫罗波尔边疆区的一户农民家庭，他从小就聪明过人。1950年，戈尔巴乔夫进入莫斯科大学法律系学习，毕业后，戈尔巴乔夫从事共青团工作，曾任边疆区团委宣传部副部长、第二书记、第一书记，一路青云直上，直到成为契尔年科时期的第二把手。随着外交活动的增多，西方世界普遍认为戈尔巴乔夫是一个平易近人又思辨超群的人。

戈尔巴乔夫上台后，大刀阔斧地进行了改革。他主张进行深刻的经济体制改革，以提高人民生活水平为重要任务。重视科技发展，强调在科技进步的基础上提高生产效率，把社会主义民主和人民自治提上议事日程。在对外关系上，他主张缓和矛盾和和平共处。此外，他还进行了重大的人事调整，提拔年轻干部，以保证共产党的年轻化，新的上层领导核心基本形成了。

1987年，戈尔巴乔夫在《改革与新思维》一书中阐述了政治改革的民主社会主义的思想倾向，强调"新思维的核心就是承认全人类的价值观的优先地位"。在苏共代表大会上，戈尔巴乔夫明确地提出了"人道的、民主的社会主义"的概念。《改革与新思维》书中以"公开性"、"民主化"、"多元化"、"全人类的价值高于一切"等所谓新观点取代了马克思主义的一系列基本原理。他对西方干预东欧各国的所谓"自由化"改革不加干涉，最终加速了东欧剧变。所有这些都使得苏联在国际上的地位下降，许多人开始对戈尔巴乔夫表示不满。

随着改革的加深，苏联的政治和经济局面不但没有好转，反而越来越糟糕，社会出现了混乱和动荡。无政府状态迅速蔓延，罢工、犯罪事件不断，反对党公开反对社会主义。民族主义趁机抬头，矛盾斗争激化。

1989年8月，民族分离主义势力组织的"人民阵线"在波罗的海沿岸举行抗议活动，提出"脱离苏联"。1990年3月，苏共的法定领导地位被取消，多党制和总统制开始实行，戈尔巴乔夫当选为苏联首任总统。同月，立陶宛宣布独立，紧接着，爱沙尼亚、拉脱维亚、亚美尼亚也先后宣布独立。

面对失控的政局，戈尔巴乔夫于1990年11月提出了新联盟条约草案，草案规定，除国防、外交和关系全国经济命脉的部门仍由联盟中央掌握外，其余主权均归各共和国所有。将"苏维埃社会主义共和国联盟"改名为"苏维埃主权共和国联盟"，不再强调社会主义。但是，苏联再一次统一的最后希望还是破灭了。

1991年8月19日，副总统亚纳耶夫向外宣布，正在黑海克里米亚度假的总统戈尔巴乔夫"因健康状况无法继续履行苏联总统职责"，他本人即日起"履行总统使命"，并宣布实行紧急状态，成立苏联紧急状态委员会，呼吁全国人民支持他们"采取重大措施，使国家和社会尽快摆脱危机"。尽管戈尔巴乔夫在"八一九"事件中被叶利钦等人解救出来，但他已无法继续留在领导职位上。8月24日，戈氏宣布辞去苏共中央总书记职务，于12月25日辞去总统职务。

12月1日，苏联的15个加盟共和国全都宣布独立。21日，除格鲁吉亚外的原苏联11个加盟共和国签署了《关于建立独立国家联合体协议议定书》。26日，苏维埃举行最后一次会议，从法律上宣布苏联解体。

科索沃战争

科索沃是南斯拉夫联盟塞尔维亚共和国的一个自治省,其居民90%以上是阿尔巴尼亚人,其余是塞尔维亚和黑山人。历史上,阿族和塞族长期不和。20世纪80年代末,阿族人要求建立"科索沃共和国",从塞尔维亚共和国脱离出来。一直视科索沃为家园和宗教圣地的塞族人不愿放弃,两族矛盾激化,阿族极端分子组建了"科索沃解放军",暴力冲突愈演愈烈。1998年2月,南联盟总统米洛舍维奇派军队对阿武装进行镇压,科索沃局势急剧恶化。

科索沃危机伊始,以美国为首的北约就积极卷入,使其国际化,以便利用科索沃民族矛盾来扩大北约的影响,实现在科索沃驻军,进而控制巴尔干地区,完成东扩目标,并从该地区排挤俄罗斯的传统势力。1999年1月,在美国的操纵下,冲突双方进行谈判,但谈判最终破裂。3月24日,北约以保护人权为名,对南联盟开始了代号为"盟军"的大规模空袭行动。

3月24日19时,以美国为首,拥有19个成员国的北约盟军,在其最高司令兼美军驻欧洲部队总司令韦斯利·克拉克上将的指挥下,一批接一批的北约战斗机、轰炸机向南联盟军营、防空设施、电厂、通讯设施实施猛烈轰炸,科索沃战争由此开始。

27日前,北约空军先后进行4轮空袭击,旨在摧毁南联盟的防空体系、指挥和控制中心、军工厂和在科索沃的塞族部队。但南联盟军民并没有屈服,纷纷拿起武器,对北约的入侵进行顽强的抵抗。美国最先进的、拥有不可战胜神话的F－117隐形飞机在贝尔格莱德以西60千米的上空被击中，坠落在布贾诺夫齐村附近。在海湾战争中显赫一时的"战斧"巡航导弹命中率仅为20%，多次被南军防空武器截击。

3月28日，美军对南联盟开始了新一阶段的空袭。对南部的南联盟地面军队和军用物资进行疯狂轰炸，试图摧毁南军的军事装备，迫使南联盟屈服。南联盟军队充分利用山多、地形复杂的有利条件和当时多雨多雾的有利天气，分散队形，隐藏弹药等军需物品，不失时机创造局部优势，采用藏、打、运动、迂回相结合的战术，不断使北约的飞机、导弹部队受到突袭。

南联盟军民的反抗，给北约军造成严重损失。4月13日，美国总统克林顿宣布对南联盟扩大空袭范围、增加空袭强度，实施24小时不间断轰炸。轰炸开始变得惨无人道、丧心病狂，民用设施的桥梁、铁路、公路、工厂、电视台、通信系统、电力系统、供水系统、医院、商店，甚至居民楼都遭到狂轰滥炸。灭绝人性的轰炸，使南联盟1800多名平民丧生，6000多人受伤，近百万人沦为难民，20多家医院被毁，300多所学校遭到破坏，交通干线、民用机场、广播电视基本瘫痪。

北约的野蛮行径遭到国际社会的强烈反对，5月7日，中国驻南联盟大使馆遭到北约战略轰炸机的袭击，3名记者死亡，20多名外交人员受伤，馆舍严重毁坏，引起中国人民及世界人民的极大愤怒，北约在国际社会中越来越孤立。

6月5日，在中、俄及联合国秘书长安南的斡旋下，北约和南联盟在马其顿举行谈判。9日，双方签署了南军撤退协议书，北约结束了对南联盟的轰炸。

科索沃战争是20世纪末世界格局转型进程中的一个重要的阶段性标志，这场战争使南斯拉夫人民遭受巨大灾难，联合国宪章和国际法准则遭到践踏，世界和平与发展受到严重威胁。通过这场战

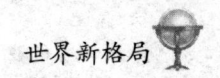

争,美国独霸全球的战略野心暴露无遗,美国及其西方盟国利用北约组织在推进欧洲地区的整合、实现其主导世界新格局的战略目标方面又迈进了一步。

美国"9·11"事件

2001年9月11日,美国东部地区发生一系列严重恐怖袭击事件,纽约的世界贸易中心和位于华盛顿的美国国防部所在地五角大楼等重要建筑遭到恐怖分子的袭击,并造成重大人员伤亡。这一事件必将载入美利坚民族的史册,也必将长存于人类的记忆之中。

9月11日,纽约当地时间上午8时25分,一架由波士顿开往洛杉矶的美国美洲航空公司第11次航班飞机,突然与空管中心失去了联系。空管中心马上意识到该架飞机遭到了劫持,立即与北美防空司令部取得联系。当防空司令部想做出一些应对措施时,被劫持的飞机已经撞在了纽约曼哈顿世界贸易中心的北侧大楼。十几分钟以后,一架由华盛顿飞往洛杉矶的第77次航班客机撞击世贸中心南侧大楼。两架飞机撞入楼内,喷出一团巨大的火球。当时是美国人上班高峰时期,听到巨响后,在世贸大楼附近的行人和住户忙抬头观望,眼前的景象使他们惊呆了。

就在人们还没明白过来发生什么事时,一辆辆警车长鸣而来。虽然消防队员和救护人员克服千难万险进入大楼对困在里面的人员进行抢救,但却无法挽回爆炸吞噬的生命。据幸存者之一的德维塔回忆:"当北楼被撞以后,人群才陷入了恐慌……最令人难过的是,当我们一步一步摆脱死亡纠缠的时候,一些年轻的生命(与他们相向而行的救护人员和消防员们）正陷入到了绝境之中……"

世界贸易中心由两座塔楼组成，分居南北，高110层，是曼哈顿地区的标志性建筑。当初在建造世贸中心时，动用了1万多名工人，历经了8年时间。楼内有世界著名的银行6家，著名的投资公司5家，还有国内外大大小小的公司数千家。每天约有3.5万名雇员在楼内工作，有5万名内工从事服务工作。可想而知，世贸中心两座大楼的倒塌会造成多大的损失。

数以千计的生命被坍塌的大楼吞噬，曾经辉煌壮丽的世贸大楼顷刻间灰飞烟灭，成为了历史。

当惊魂未定的人们还处在痛苦的哀叹中时，从华盛顿也传来了噩耗。当地时间上午9时45分左右，美国联合航空公司的第175次航班客机从华盛顿杜勒斯机场起飞后不久，被劫持并撞在了五角大楼西南端。紧接着，美国国务院大楼、国会山附近相继发生炸弹爆炸事件，美国总统府白宫附近发生大火。在宾夕法尼亚州，当地时间上午10点左右，从新泽西州纽瓦克飞往旧金山的联合航空公司的第93次航班客机在距匹兹堡东南130千米处坠毁，机上40名乘客和机组成员遇难……

灾难发生后，刚刚上任的美国总统小布什正在佛罗里达的萨拉索培。当他惊悉恐怖袭击事件后，于9时15分发表声明："我们国家发生了一起全国性的悲剧。显然是由于恐怖分子的袭击……我已和副总统、纽约市市长以及联邦调查局通过电话，命令动用联邦政府的所有资源来帮助遇难者，已经采取了一切适当的安全防范措施来保护美国人民。并彻底调查追捕策划发动恐怖袭击的人，对我们国家的恐怖主义再也不能继续下去了……"

当日，美国联邦航空局宣布美国有史以来首次关闭领空。与此同时，政府各部门、各大公司等机构的工作人员也都从办公地点紧急疏散，战斗机开始在空中巡逻。

"9·11"这一系列恐怖袭击事件共造成3200多人死亡或失

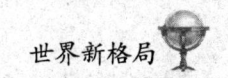

踪，造成的直接和间接的经济损失达数千亿美元，是迄今世界上策划最周密、造成损失最大的恐怖袭击事件。

"9·11"造成重大伤亡的消息迅速传遍全世界，世界各国纷纷发表声明谴责恐怖主义分子惨无人道的袭击。

9月14日，美国参众两院通过决议，授权总统动用武力对恐怖袭击进行报复。15日，小布什表示，美国"正在准备一场对恐怖分子的全面战争"，并认定藏匿在阿富汗并受到塔利班庇护的本·拉登是"9·11"恐怖事件的主谋，决定从10月7日起对阿富汗实施大规模的军事打击。到12月初，在美国和阿富汗北部联盟的共同打击下，塔利班完全放弃抵抗。

"9·11"事件之后，不但美国视恐怖主义为当前头号大敌，世界各国也都把恐怖主义对世界和平与发展的威胁提上了议事日程。

图书在版编目（CIP）数据

受益一生的世界历史故事 / 史言编著. -- 北京：中国书籍出版社，2016.5
（中学生阅读书系）
ISBN 978-7-5068-5628-7

Ⅰ.①受… Ⅱ.①史… Ⅲ.①世界史—青少年读物
Ⅳ.①K109

中国版本图书馆CIP数据核字（2016）第125984号

受益一生的世界历史故事

史　言　编著

策划编辑	王志刚
责任编辑	王志刚
责任印制	孙马飞　马　芝
版式设计	添翼图文
出版发行	中国书籍出版社
地　　址	北京市丰台区三路居路 97 号（邮编：100073）
电　　话	（010）52257143（总编室）（010）52257140（发行部）
电子邮箱	eo@chinabp.com.cn
经　　销	全国新华书店
印　　刷	北京温林源印刷有限公司
开　　本	880毫米×1230毫米　1/32
字　　数	200千字
印　　张	11
版　　次	2016年8月第1版　2019年8月第4次印刷
书　　号	ISBN 978-7-5068-5628-7
定　　价	28.00元

版权所有　翻印必究